神話から現代まで

一気にたどる

日本思想

稲田義行

日本実業出版社

はじめに

つとに感じていたことなのだが、近ごろはちょっとした観光名所に足を運んでも、外国人観光客が目立つようになった。観光局のデータを見ても、実際に外国人観光客の数は増えているから、同じように感じている人も少なくないだろう。

彼らの多くは、決して飲み食いや買い物だけが目当てで日本を訪れたわけではない。わざわざ海を越えて「観光」にきているのだ。そして、ほとんどの観光名所は日本の歴史や文化、芸術と無関係ではない。つまり、日本の歴史的な遺産である建築や庭園、絵画、彫刻などを通じて、日本の伝統を感じ取りたいと考えている外国人が少なくないのである。

海を越えてきた彼らは、われわれ日本人に対してさまざまな質問を投げかけるだろう。「ワビとは、どういうことですか」「武士道とは、何ですか」「日本人にとって神話とは?」「神道はいつごろ、どのようにして成立したのですか」……。

彼らの素朴にして、至極まっとうな疑問にすら、われわれ日本人は明瞭、簡潔な回答を用意できていないのが実情ではないだろうか。

外国人の多くは、自分たちの宗教や信仰、神話について、よく理解しているし、語ることができる。彼らにしてみれば、当然のことながら、他の外国人たちと同様、日本人もその歴史や文化、宗教、神話について理解していると思っているはずだ。加えて、日本を訪れる外国人には富裕層が多く、彼らの学歴や教養のレベルも総じて高い。彼らの旺盛な知的好奇心は「なぜ?」「どうして?」と、ストレートな質問を矢継ぎ早にぶつけてくるに違いない。

そうした問いかけに対して的確に答えることができるかどうかは、日本思想の理解にかかっている。ところが、日本の義務教育では古代から現代にいたる日本思想を扱う科目も単元もない。高等学校でも、日本思想を端的に取り扱う科目、すなわち「倫理」という科目は学校のカリキュラムしだいでは設置されていない場合が多く、たとい設置されていたとしても、選択科目として置かれていることが少なくない。つまり、高等学校の卒業者といえども日本思想を学び、それを理解している人はきわめて少ないといわざるを得ないのだ。

さらに、大学入試に関しても、いわゆるセンター入試の科目として「倫理」が単独で受験できるようになったのは一九九七(平成九)年からなのだが、その受験者数は減少傾向にあり、二〇一六(平成二八)年には二万六〇四六人にまで落ち込んでしまった。その間、センター入試の受験者数は毎年、五〇万人を超えており、二〇一六年に「地歴公民」を受験したのは四五万七六〇六人なのだが、そのうち「倫理」を受験したのは、わずか五・七パーセントにすぎないことになる。

ちなみに、高等学校における社会科という科目が地歴科と公民科に分かれたのは一九九四(平成六)年からである。ちょうどその年、「世界史」が必修科目になっている。当然、それ以降はセンター入試でも「世界史」を受験する生徒が増えていると予想されるが、さにあらず。同年以降の「日本史」と「世界史」の受験者数を比べてみると、後者が前者を上回ったことは一度たりともないのである。それどころか、「世界史」の受験者数も減少傾向にあって、二〇一六年の「日本史」受験者約一六万人に対して、「世界史」受験者は約八万四〇〇〇人となっている。

ということは、あくまで大学受験レベルの話だが、該当する世代で高等学校のカリキュラムとして「歴史」と向き合った人のうち、圧倒的に多いのは「日本史」を選択した人であり、「世界史」より「日本史」のほうが、まだしも馴染み深いという人が多いことになる。

ここで、先ほどの問いに立ち返るならば、日本の歴史については何となく理解している人が少なくないだろう。しかし、「倫理」を学び、それを理解している人は少ない。「倫理」という科目は、思想系としては「源流思想」「日本思想」「西洋思想」に分かれるが、「日本思想」を学んでいない人は外国人からの問いかけに対して、容易には答えることができないのではないか。たとい「日本史」を学んでいても、思想系についてはせいぜい重要用語を押さえるだけで、思想内容にまで立ち入ることはない。

そこで、本書である。本書では、多くの人が用語としては耳にしたことがあるかもしれないが、いざ問われてみると答えに詰まってしまうこと、それでいながら日本人にとって他人ごとでは済ませられないこととして日本思想を取り上げ、日本人の思想が長い歴史のなかでどのように形成され、根づいていったのかを体系的に、わかりやすく紹介したいと思う。

日本思想に関する専門書はいくつかあるが、その多くは難解で、ある程度の基礎知識を学んでいなければ敷居が高いのではないだろうか。一方、図解・雑学系の書籍は比較的わかりやすいが、専門性が担保しにくい。

その点、本書は日本思想の専門書へいたる前書、いうなれば専門書一歩手前の本である。文部科学省の指導のもとに検定された高等学校の倫理の教科書で取り扱う思想を中心に、その内容をできるだけかみくだいて、わかりやすく説いていきたいと考えている。

年齢にかかわらず、もう一度、日本思想を学びなおしたい人や教養としてその概要を知っておきたい人、ビジネスライフのツールとしてそれを活かしたいビジネスパーソンなど、日本人のものの見方や考え方の原点とその成立過程を理解することで、あらためて自分自身を取り巻く世界を視野に入れつつ、日本という国の「立ち位置」を問い直したい読者にとって、最適・最良な一冊となることを願っている。

二〇一七年二月

稲田義行

第1章　古代の歴史と思想

第2章 中世の歴史と思想

第3章 近世の歴史と思想

第4章　近現代の歴史と思想

カバーデザイン　志岐デザイン事務所（萩原睦）
本文ＤＴＰ　　　一企画

序章

旧石器時代から縄文・弥生・ヤマト王権まで

第一項

「思想」と「哲学」は何がどう違うのか

古代から現代にいたる日本思想をこれから駆け足でたどっていくわけだが、その前に、そもそも「思想」とはいかなる意味で、「日本」とはいつ、どのような経緯で使用され始めた国号なのか、そして日本思想なるものが生まれ育った日本列島は、どのようなプロセスを経て形成されたのかも含めて確認しておきたい。

そう考えて、いくつか類書をのぞいてみたが、そこでもやはり「(日本)思想とは何か」という定義が語られていた。

たとえば、倫理学者の清水正之氏は『日本思想全史』のなかで、「日本の思想とは、さしあたってこの列島の上に固有の言語によって生成し展開されてきた思想を指す」と述べている。

また、宗教学者の佐藤弘夫氏が編集委員代表となって発刊した『概説 日本思想史』では、「考える営みや考えられたもの、つまり思想はことばとともにある」が、「ことばと思想が切り離せないものならば、人類がことばを使い始めた時には、すでに思想が存在したことになる」と記されている。そして、「思想史のこれまで採られて来た主要な方法とは、この書き残された文字史料を読み、様々な時代の様々な人々の考えを明らかにするという方法である」とあり、いずれにしても文字史料を手がかりにして日本列島で考えられてきたものを総じて「日本思想」と定義しているようだ。

そうなると、日本思想とは日本における固有の言語を使って考えられ、固有の言語によって発展したものであり、それらはすべて「考える営み」ということになる。しかし、「考える営みや考えられたもの」を「哲学」と置き換えたらどうであろうか。一見すると、おかしくはない。

◇「哲学」とは何か

やはり、もう少し突っ込んだかたちで「思想」について定義しておくべきだろう。

ご承知のように、「哲学」はギリシア語のフィロソフィア（Φιλοσοφία=philosophia）の翻訳語である。フィロソフィアは、ギリシア語のフィーレン（philein＝「愛する・求める」の意）とソフィア（sophia＝「智」の意）からなる合成語である。したがって、哲学とは「知を愛し求めること（学問）」ということになる①。

ただし、この場合の「知」は「知識」のことではなく「知恵」を意味する。では、「知

①文久二（一八六二）年、江戸幕府の蕃書調所において日本で初めて西洋哲学を講義した西周は、フィロソフィアを「希哲学」と翻訳したが、明治維新前後から「哲学」として定着した。また、西はソフィストを「賢哲」、フィロソフォス（哲学者）を「賢学を愛する人」と訳している。

識」と「知恵」は何がどう違うのだろうか。「知識（episteme＝エピステーメー）」とは誤謬《ごびゅう》なき知であり、自分が知っている事柄に思い込みや誤った事柄がまったく含まれていないことをいう。ちなみに、自分が知っている事柄に誤りや思い込みが含まれている知のことをドクサ（doxa）といい、一般的に「臆見《おっけん》」と訳される。

さて、知識とはまったく誤謬の含まれていない知のことだが、知識を備えているだけでは単なる物知りに等しい。人間はさまざまな経験をするわけだが、その過程で知識が活かされないと知恵にはならないのだ。つまり、自分がこれから経験するであろう場面場面で、知識が活かされて初めて知恵となるのである。まさに、知識と経験が一体となったものが知恵なのだ。そのような知恵を愛し求める学問こそ哲学であり、知恵を愛し求める者を哲学者という。

となると、既述の「考える営みや考えられたもの」を「哲学」と置き換えたらどうであろうか。しっくりこないことが見て取れるだろう。

◇「思想」とは何か

それでは、「思想」という言葉にはどのような意味が込められているのであろうか。日本思想という場合の「思想」である以上、その字義・字源は「哲学」の語源のように西洋のそれに遡って理解することはできない。というのも、西洋の思想を取り扱うわけではなく、あくまで日本の思想である以上、日本の字義に込められた意味を汲んで「思想」を定義し、その定義にもとづいて日本の思想を整理体系化したほうが整合するからである。

思想の「思」とは、「田」と「心」からなり、「田」は「ひよめき」や「おどりこ」と呼ばれる「泉門《せんもん》」に字源がある。泉門とは、新生児（生後ゼロ日から二八日未満の赤ちゃんのこと）の未完成な頭蓋同士の境目のことである。左右二つの前頭骨と左右二つの頭頂骨とに挟まれた菱形の部位を大泉門といい、左右二つの頭頂骨と後頭骨との間に見られる三角形の部位を小泉門という。大泉門も小泉門も、生まれたばかりの赤ちゃんは骨化が進んでいないため、脈拍に合わせて起伏するのだ。

そして、「心」は「心臓」を意味する。したがって、「思」という字は心や頭の奥深いところで考えたり、感じたりすることを意味する。

一方、「想」の字源を調べてみると、「木」は大地を覆う木、「目」は見ることで、それらが「心臓」を意味する「心」と合わさって、「想」は心の中でものの姿を広く深く見たり、感じたりすることを意味する。

ならば、「思想」とは上っ面で考えるものではなく、広い視点に立ってものの姿をよく見て感じたり、じっくりと深く考え、感じ入った事柄ということになる。思想とは、哲学と違って、いわばスルメのようなものなのだ。スルメは、かみしめるたびに、そのおいしさがにじみ出てくる。つまり、繰り返しかみしめながら紡ぎ出し、じっくり感じ入ったものを整理して体系化したものの総体を思想というのである。

本書では、そうして生み出された日本の思想を古代から現代にいたるまで俯瞰し、そのポイントをわかりやすく紹介していきたい。

第二項 日本列島はどのように形成されたのか

次に吟味しなければならないのは、「日本」についてである。まずは、地理的・地質学的な意味での日本、すなわち日本列島（Japanese archipelago）について見ていきたい②。

■ 地質年代略表

現在	
	完新世
1万1700年前	
	更新世
258万年前	
	鮮新世
530万年前	
	中新世
2300万年前	
	漸新世
3400万年前	
	始新世
5600万年前	
	⋮

地質学の世界では、いまから約五六〇〇万年前から約三四〇〇万年前までの期間を「始新世」という。このあたりから、現在の日本列島の原型が徐々に形づくられてきたというのが、現在、最も支持されている学説であ

②連なる複数の島々を列島というが、とくに大陸プレートの下に海洋プレートが沈み込んでいく境界域に列をなして連なる島々を「弧状列島」と呼ぶ。日本列島も、その一つ。

る。そして、「中新世（約二三〇〇万年前〜約五三〇万年前）」に起こった大規模な地殻変動によってユーラシア大陸から切り離され（まだ完全に切り離されたわけではない）、やがて切り離された部分が窪み、窪んだ部分に海水が浸入して、現在の日本海が形成されたという。

そうして、不完全ながらも弧状列島の体裁を取るのが「鮮新世（約五三〇万年前〜約二五八万年前）」の初めごろとされている。そして、大陸から完全に切り離されるのは「更新世」の終わりごろ、すなわち約一万三〇〇〇年前から約一万二〇〇〇年前のことと考えられている。

ちなみに、当然のことながら、われわれの遠い祖先はこの島々を「日本列島」と呼んでいたわけではなかった。詳しくは後述するが、日本最古の歴史書『古事記』③では「大八島国《おおやしまのくに》」、『日本書紀』④では「大八洲国《おおやしまのくに》」と記述されている。

◇日本列島へ移動してきた人々

それでは、いつごろ人類は大陸から移動してきたのだろうか。

前述したように、四〇〇〇万年前くらいまで日本海は存在せず、日本列島は大陸の一部であった。そのため、大陸から小動物を追って大型の動物が日本列島に渡ってきたと考えられており、北のほうにはマンモスやヘラジカ、キタキツネ、トナカイ、ヒ

③『古事記』 七一二（和銅五）年に成立した日本最古の歴史書。天武天皇の命で、稗田阿礼が「誦習」していた『帝記』『旧辞』を太安麻呂が「撰録」した。

④『日本書紀』 七二〇（養老四）年に成立した日本初の勅撰の歴史書。舎人親王や太安麻呂らが編纂した。

グマなどが、南のほうにはナウマンゾウやカモシカ、ツキノワグマ、ニホンザルが生息していたという。これらの動物を追って大陸から人々が移り住んできたのが、旧石器文化を携えた旧石器人と呼ばれる人類と考えられている⑤。

ところで、日本列島に人類が現出したのは、具体的にいつごろなのかということだが、残念ながら、それを示す遺跡も史料もないため、検証することは不可能である。現時点でいえることは、不完全ながらも弧状列島が形成されたのが五〇〇万年前で、人類が日本列島に移動してきた段階が日本における旧石器時代の始まりであり、旧石器時代は約一万六〇〇〇年前に終わった、と語るくらいがせいぜいなのだ。だから、教科書などでは無土器時代や先土器時代と呼ばれる旧石器時代は「?~前一万四〇〇〇年ごろ」と記載され、開始年代が空白なのである。

しかし、日本列島に人類が移動してきた正確な年代はわからなくとも、人類がたしかに存在していたことを示す証拠はある。

たとえば、大平山元《おおだいやまもと》Ⅰ遺跡（青森県外ヶ浜町）からは一万六五〇〇年前のものとされる土器が出土しているし、金取《かなどり》遺跡（岩手県遠野市）からは八万~九万年前のものとされる人類の足跡も発見されている。また、二〇〇九（平成二一）年には砂原《すなはら》遺跡（島根県出雲市）から一二万年前の遺跡が出土している。

これらは、すべて日本列島に確実に人類がいたことを示す事実である。鳥や獣が泥

⑤日本列島に初めて到達したのは、現生人類に分類される人々と考えられている。現在の日本人に二五~四〇パーセントの頻度で見られるY染色体ハプログループD1b系統が観察されるからである。

をこねて土器をつくるとは考えられないし、人類の足跡と鳥獣のそれとはまるで異なるからだ。

ここで読者は、疑問に思われるかもしれない。先ほど、旧石器時代は一万六〇〇〇年前に終わった、と記述されていたではないか。しかも、旧石器時代には土器の使用が確認されていないため、無土器時代とか先土器時代と呼ばれると書いてあったではないか。にもかかわらず、大平山元Ⅰ遺跡からは一万六五〇〇年前のものとされる土器が出土している。「これ、いかに?」と……⑥。

⑥大平山元Ⅰ遺跡から出土した土器は縄文時代のもので、従来、考えられていた縄文時代の始まりは、旧石器時代の終わりごろと考えられている一万六〇〇〇年前より、はるかに遡ることを端的に表わしている。つまり、旧石器時代の終わりと、それに続く縄文時代がいつごろ始まるのかについて、確実なことはわからないのである。

第三項 旧石器時代の終焉と縄文時代の幕開け

旧石器時代とは、石を割ってつくる打製石器を用いた時代である。しかし、土器の使用が確認されていない。

打製石器を特徴とする旧石器時代の次に訪れるのは、新石器時代である。新石器時代は、割った石をそのまま使用するのではなく、石の表面を磨いて、なめらかにした石器を用いていた。これを磨製石器という。

日本の場合、磨製石器を特徴とする新石器時代が何

■ 旧石器時代と新石器時代の区分

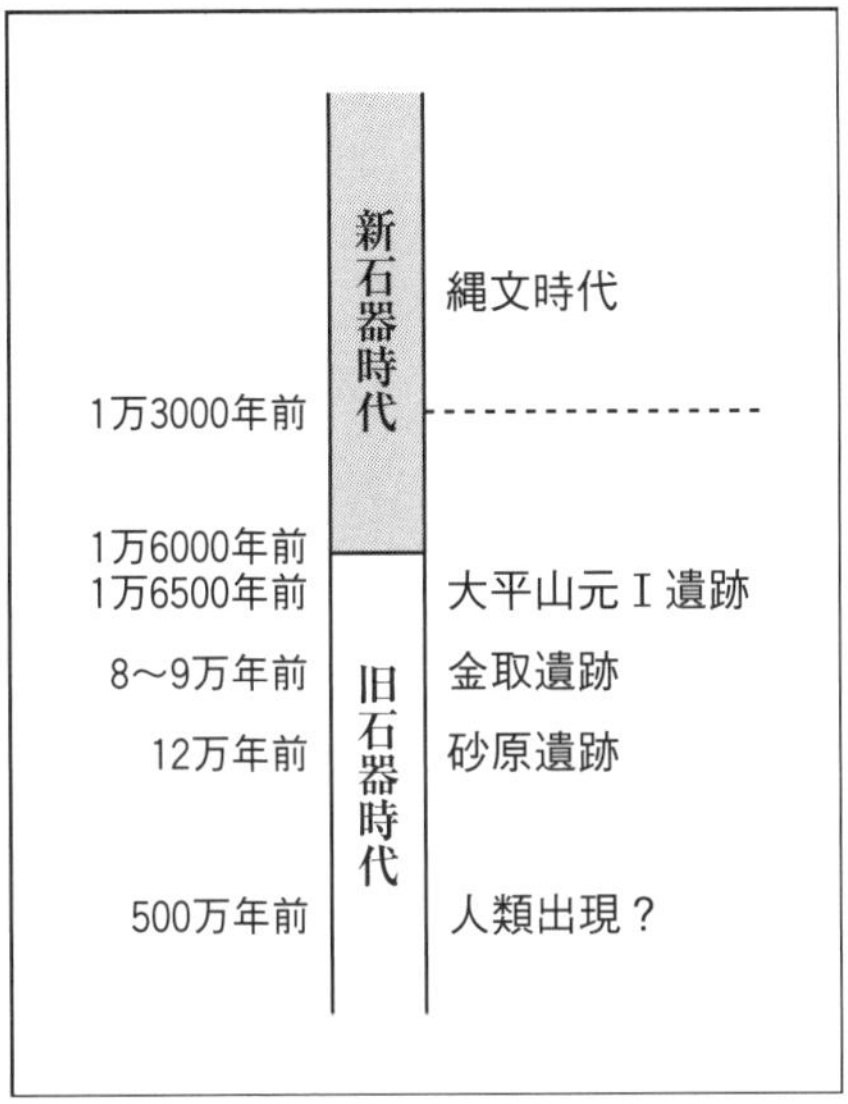

時代に相当するのかというと、縄文時代である。縄文時代の始まりは旧石器時代の終わりであり、日本における新石器時代の幕開けを意味する。旧石器時代の終わりは既述のように確定できない。したがって、縄文時代がいつごろ始まったのかはよくわからないのが実情なのである。

ちなみに、高等学校における日本史のテキストには、縄文時代の始まりは一万三〇〇〇年前とあり、前数世紀まで続く。

◇自己組織化を繰り返す集落

それでは、縄文時代の人々はどのような暮らしをしていたのか。ここでは、武光誠氏の『一冊でつかむ日本史』を参考に話を進めることにする。

縄文人たちは、一家族を一単位とすると、これらが四戸から六戸ほど集まって生活していたらしい。約二〇人から三〇人程度の集落を形成し、俗にいうところの竪穴《たてあな》式住居に住んでいた。やがて、その集落は一〇〇人から二〇〇人程度の血縁的集団に成長して、一応の安定をみる。彼らの血縁をたどれば、共通する四～五代前の祖先にたどり着く。

しかし、二〇〇人を超えると集落（集団）は分裂し、その一方の集落がさらに成長すればまた分裂を繰り返すが、分裂した集落が人口減少に陥ると、姻戚関係にある他の集落に飲み込まれながら、集落という共同体は絶えずそのシステムを自己組織化する。

この自己組織化は、武士が日本に出現するまで、実に長きにわたって続いた。集落の規模、すなわち人数に関しては、前三五〇〇年ごろから前二〇〇〇年ごろにかけて最盛期を迎えたと考えられている。その代表的な遺跡には三内丸山《さんないまるやま》遺跡（青森市）があり、ここは縄文時代の遺跡として知られるが、最盛期には五〇〇人前後が居住していたと考えられている⑦。

⑦食生活としては、狩猟漁労採集生活を特徴とし、獣肉や魚介類、木の実などを土器で煮炊きしていたと考えられている。また、縄文人の遺跡からは土製の笛や果実酒をつくるための土器、太鼓として使用する土器まで発見されている。

第四項

弥生時代の幕開け

縄文時代の後に登場するのが、弥生時代である。

朝鮮半島から弥生人が日本列島（九州）に移り住んできたことで、先に住み着いていた縄文人たちも弥生人の文化をまねて、縄文文化はしだいに弥生文化に吸収されていく。縄文人による弥生人の文化の模倣は、自分たちの暮らしをより豊かにする文化を取り入れることにつながり、それは同時に自分たちの文化、すなわち縄文文化を捨てることであり、また縄文文化の終焉を意味する。

とはいえ、東北の最北端に近い地域では、弥生文化と接触しながらも弥生文化を取り入れることなく、縄文文化を保持したまま生活を送る縄文人もいた。考えるに、弥生文化を取り入れなくても、彼らの生活に支障がなかったのではなかろうか。

◇私有財産と身分制の現出

さて、弥生人による日本列島への移住だが、前一〇〇〇年ごろを境にして朝鮮半島から大量の移住民が流れ込んできたことで、日本列島の様相は一変したと考えられている。

武光誠氏は、その著『一冊でつかむ日本史』のなかで「縄文人の人口は、十数万人から二十数万人ほどだといわれている。そして、弥生時代の日本人の人口は、六〇万ほどだといわれている。弥生時代に十万人ていどの人口増加があったと仮定すれば、弥生時代開始時に二十万から三十万人ほどの人間が朝鮮半島から日本に来たことになる」と述べている。彼ら朝鮮半島から流入してきた人々を弥生人と呼び、それまでの縄文時代の主人公にして、縄文文化の担い手たちを縄文人と名づけ、これを区別する。

朝鮮半島では、前一〇〇〇年前後には稲作が始まっていたため、弥生人たちは水稲耕作技術を携えて渡来してきたことになる。と同時に、彼らは祖霊信仰⑧も日本へもたらした。ちなみに、旧石器時代はもとより、それに続く縄文時代の信仰は自然崇拝、すなわちアニミズムが当たり前の世界であった。

また、縄文時代の集落は二〇～三〇人程度からスタートして、二〇〇人ほどで落ち着いたが、弥生人のそれは一〇〇人から二〇〇人ほどで構成され、二〇戸から三〇戸ほどからなる集落を形成し、やはり縄文人と同様に竪穴式住居に住んでいた。

しかし、縄文人とは異なり、弥生人は竪穴式住居の周辺に水田を営んでいた。加えて、弥生人のなかには他の構成員より多くの生産手段を保有する者も現われ、それに

⑧祖霊信仰　祖先の霊を神や仏として信仰すること。祖先崇拝。

ともなって私有財産と身分制も現出することとなる。

弥生人は朝鮮半島から北九州に渡ってきたのだが、彼らの文化はしだいに九州から東へと広がっていく。その過程で、西日本に住んでいた縄文人たちも弥生文化を取り入れ、水稲耕作を始めた。だからといって、すべての縄文人が弥生化していったわけではない。というのも、東北地方の縄文人たちは以前の生活文化を維持しており、後述する邪馬台国の時代、すなわち二世紀末にいたっても縄文文化のままでいたからだ。

また、一〇〇人から二〇〇人程度の集落同士が互いに交流・交易をし、他の集落からの来訪者を歓待していた様子からもうかがえるように、縄文時代から弥生時代前期までは、比較的、平穏な生活を送っていたといわれる。

ところが、事態は一変する。北九州を中心に一〇余りの集落が一つにまとまって人口が二〇〇〇人ほどに達すると、その集落はちょっとした小さな国くらいになる。このような小国が北九州でいくつか形成されると、その営みは西日本にまでおよび、続々と小国が形成され始めたのである。小国の形成とは、小さな集落がより大きな集落に吸収されたり、あるいは滅ぼされながら自己組織化を繰り返すことを意味する。この集落というシステムの自己組織化という名の乱世は、ヤマト王権（馴染みのある用語としては、大和朝廷）が確立するまで続くこととなる。

第五項

邪馬台国の時代

これまで旧石器時代、縄文時代、弥生時代の様子を概観してきたが、当然のことながら、これらの時代はまだ文字がないため⑨、彼らの思想を理解することは不可能に等しい。弥生時代に成立したと見られる小国のリーダー的存在に邪馬台国があるが、彼らもやはり文字をもたなかった。

とはいえ、邪馬台国に関しては先史と事情が異なる。日本には当時のことを記す文字資料はないが、お隣の国、すなわち現在でいうところの中国には記録として残されているのだ。俗にいう「魏志倭人伝」が、それである。

◇「魏志倭人伝」とは何か

現在の中国の西晋時代に、陳寿《ちんじゅ》⑩という官吏がいた。彼は、魏・呉・蜀からなる三国時代の歴史書を著した。これが『三国志』である。同書は「魏書」「蜀書」「呉書」からなり、「魏書」は三〇巻まである。その三〇巻目のタイトルは「烏丸鮮卑東夷伝《うがんせんびとういでん》」

⑨古代文字（神代文字）があったとする立場もあるが、その文字の意味と文章が体系化されたものとして実証されていないため、真偽のほどはわからない。

⑩陳寿（二三三〜二九七）西晋の官吏・歴史家。当初は蜀に仕えたが、蜀の滅亡後は西晋に仕えて『三国志』を著した。

といって、烏丸・鮮卑・夫餘《ふよ》・高句麗《こうくり》・東沃沮《ひがしよくそ》・挹婁《ゆうろう》・濊《わい》・韓・倭といった国々について収録している。

さらに、「烏丸鮮卑東夷伝」は「烏丸伝」「鮮卑伝」「東夷伝」によって構成され、「東夷伝」に倭の国、すなわち邪馬台国や卑弥呼について記されている。

したがって、私たちが日本史で学ぶ「魏志倭人伝」とは独立した書物のことではなく、『三国志』という歴史書を構成する「魏書」のなかの「東夷伝」に倭についての記載がある、という意味でネーミングされたのであって、『三国志』「魏書東夷伝倭人条」と称するのが正しい。

◇「魏志倭人伝」に記された倭国の様子

では、俗にいう「魏志倭人伝」を手がかりに、邪馬台国に焦点をあてながら当時の日本の様子を眺めてみよう。

周知の通り、邪馬台国は二世紀から三世紀ごろにかけて日本列島に存在したといわれる倭国の一つである。倭国の成立は一世紀中葉から二世紀の初めとされているが、そのなかにはたくさんの小国が形成されていた。したがって、倭国とはおよそ三〇の小国からなるエリアの総称と理解していただきたい⑪。

「魏志倭人伝」によると、三〇くらいの小国からなる倭の国は、男王が統治してい

⑪「魏志倭人伝」には「倭の国は一〇〇余の小国からなる」とあるが、その後の研究で日本では「三〇余」と修正されている。

たという。倭国が成立してから七〇～八〇年くらい経つと（二世紀後半ごろ）、王をめぐって長期的な戦乱期に入る。そこで、一人の少女を王として共立すると、混乱は不思議とおさまったという。その女王の名を卑弥呼といい、鬼道《きどう》⑫を使ってよく人心を掌握し、高齢になっても夫をもたず、王位に就いてからは人と会うことが少なくなり、その弟がよく彼女を補佐していたという。また、一〇〇〇人の女性が卑弥呼に仕えていたのだが、彼女の宮室や楼観《ろうかん》⑬には険しい柵をめぐらし、多数の兵士が守衛していた。

その一方で、卑弥呼は大陸の魏という国に使節を送り、見返りに「親魏倭王」の封号を得て自己の権威と求心力の維持に努めたが、二四八年ごろに没したという。卑弥呼の死後、直径一〇〇歩（約一五〇メートル）ほどの大墳墓がつくられ、一〇〇人余りの奴婢が殉葬されたという。二四八年ごろといえば、邪馬台国と狗奴国《くなこく》が戦争状態にあった時期とされる。邪馬台国の南に位置する狗奴国は男王が統治しており、その名を卑弥弓呼《ひみここ》という。

さて、卑弥呼の死後、再び男王が立つと戦乱が生じたため、卑弥呼の親族にあたる一三歳の少女を王として共立したところ、国は丸くおさまったという。女王の名を壱与《いよ》（台与《とよ》）という。

その後、三世紀中葉に壱与の使者が大陸に朝貢するのだが、それ以後、四三一年に

⑫鬼道　シャーマニズム的な呪術とする説や神道説、儒教以外の政治体制説など、諸説ある。

⑬楼観　物見をする高い建物のこと。

倭王「讃《さん》」の使者が朝貢するまで、中国の歴史書から倭に関する記録が途絶える。そのため、この間の倭の様子はわからない。まさに、日本における四世紀は「空白の世紀」なのだ。

◇邪馬台国の風俗

邪馬台国では、男子は顔や身体に入れ墨を施していた。入れ墨は、魔除けや装飾のために施していたとされるが、その大小も国によって異なっており、その施し方で尊卑を区別することもあったという。

また、真珠や青玉（サファイア）を産したとされ、山々からは丹《に》（辰砂《しんしゃ》）が採れ、倭人は身体に朱丹《しゅたん》を塗っていた。

男子に冠はなく、女子は髪を結っている。男子の服装は、横幅が広い木綿の布を巻いており、女子は布の中央に穴をあけ、そこから頭を出す「貫頭衣《かんとうい》」と呼ばれる上着を着ていた。

居室はあるが、父母兄弟は寝るところが別々であり、飲食の際は高杯を用いて、手づかみで食べる。倭人の寿命は長命であり、その寿命は八〇年、あるいは九〇年、一〇〇年にもなる。みな酒を嗜《たしな》み、集会などで座る席次に父子男女の区別はなく、身分の高い者に会っても拍手をするだけで拝礼はしない。身分の高い者は四、五人の妻をもち、身分の低い者でも二、三人の妻をもつが、婦人は淫らではなく、嫉妬もしないとある。

そして、盗みなどはなく、訴える者も少ないが、法を犯した場合は、軽い者は妻子を取り上げられ、重い者は一族を没収される。武器は矛と盾と木でできた弓を用いるが、その弓は下が短く上に長い形状をしており、竹製の矢の先には鉄や動物の骨でつくった矢じりをつけている。

稲や紵麻（カラシム）を植え、桑を育てて蚕を飼い、繭《まゆ》から糸を紡いで上質の絹織物をつくっている。牛・馬・豹・羊・鵲《かささぎ》はいないが、猿や雉《きじ》はいる。温暖な土地柄で、冬でも夏でも生野菜を食べており、みんな裸足であるという。倭の木には、タブノキ・トチ・クスノキ・ボケ・クヌギ・カシ・クワ・カエデなどがある。また、ショウガ・タチバナ・サンショウ・ミョウガなども見られるが、倭人たちはこれらが食べられることを知らない。

第六項

倭人の風習と倫理観

前項では、「魏志倭人伝」に記録されている倭人の風習をある程度、整理してまとめてみたが、ここからは『古事記』や『日本書紀』につながる罪や穢《けが》れの思想と連関する倭人の風習を紹介しよう。

1、人が死んだときは、死人を入れる棺はあるが、槨《かく》と呼ばれるものはなく、土を盛って塚をつくり、そこに死人を葬る。死人の身内は、死後一〇日あまり喪に服し、その間、肉は食べずに喪主は号泣し、他の者たちは歌い、踊り、そして酒を飲む。喪があけると、みんなで水に入って身体を洗い清める。

2、倭人が海を渡って大陸へ行く場合、必ず「持衰《じさい》」が一人選ばれる。持衰は、髪をとかせないようにして虱《しらみ》をたからせ、身体も洗わず、衣服も垢《あか》で汚れたままにしておき、肉も食べさせず、婦人も近づかせないようにして、さしずめ喪に服している人のようにさせておく。そして、もし船が安全に戻ってくれば、持衰に奴隷などの褒美を取らせ、仮に船が病や暴風に遭うと、その者は殺されることになる。というのも、その持衰の慎みが足りなかったからであるという。
3、何かの行事を行なったり、大陸へ往来する場合は、すぐさま骨を焼いて卜占《ぼくせん》をし、そのひびの入り具合で吉凶を占断し、あらかじめその結果を彼らに告げるという。この倭人の風習は、中国でいうところの令亀《れいき》の法、すなわち亀卜《きぼく》と同じとある。

◇穢れを禊によって祓う独自の価値観

これら「魏志倭人伝」に記された倭国の風習は、大陸との連関があると同時に、差異もある。既述のとおり、日本列島には朝鮮半島から大量の人々が流れ込んできた。紀元前一〇〇〇年ごろの出来事である。そのころ、すでに大陸では紀元前一一〇〇年ごろに周の武王が殷《いん》の紂王《ちゅうおう》を倒して、周を建国していた。周の武王の弟である周公旦《しゅうこうたん》は、礼楽《れいがく》を定めて秩序あらしめ、孔子が理想とした君子でもある。周公旦が礼楽の制度を整えた周代には、祖先を祀る祭祀が確立するとともに、孝悌《こうてい》の考え方にもとづく家族道徳も自覚されている。前一〇〇〇年ごろに朝鮮半島から渡ってきた人々が祖霊信仰を有していたというが、うなずける話である。

また、周公旦を範とし、周代に自覚された家族道徳、すなわち孝悌をすべての人間関係に発展させた徳目が「仁」であり、これを説いたのが孔子であった。前五五一年ごろから前四七九年に生きた孔子は、祭祀にかかわる巫女《みこ》を母にもっていたため、礼についての重要性も理解していた。彼が創始となる儒家⑭では、孟子をはじめ「三年喪に服す」ことが当たり前であった。周代から孔子の生きた時代、その後の儒家の思想には、祖霊崇拝が息づくとともに「喪に服する」しくみが整っていたといえる。

となると、倭国の喪に服する風習は、大陸のそれに由来するといえる。しかし、喪があけると水に入って身体を洗い清めるという風習は中国には見られず、倭国で発展した固有の風習と考えられる。『古事記』や『日本書紀』からうかがえるような、死にかかわることが穢れであり、穢れは禊《みそぎ》によって祓われるという価値観の萌芽といえよう。

ちなみに、持衰というシステムは「人柱」⑮という風習を想起させるが、前者が災禍に見舞われなければ褒美が与えられたのに対して、後者は災禍の有無にかかわりなく命を奪われてしまう点に相違がある。

⑭儒家　二二九ページ参照。

⑮江戸時代初期にオランダ商館員として日本に滞在したフランソワ・カロン（一六〇〇～一六七三）は、その著書『日本大王国誌』に「日本では城壁を築く際に臣民がみずから進んで人柱になることを申し出る」「人柱になることを申し出る者たちは、苦役を日常的に強いられる奴隷であるため、望みのない人生を送るより死んだほうがましと考えていたかもしれない」と記している。

第七項

倭国から日本へ、そしてヤマト王権の成立

邪馬台国の時代、大陸やその周辺国から「倭国」と呼ばれ、自分たちを「倭人」と認識していた日本列島の有力者たちは、いつごろから倭国ではなく日本という国号を打ち出したのだろうか。

前にも述べたように、古代中国の諸王朝とその周辺国は、日本列島に成立していたいくつかの小国を総称して倭国と呼んでいた。しかし、倭国という国号は、大宝律令⑯の成立前後に廃され、代わりに「日本」という国号にあらためられている。これは、あくまで対外的な理由で日本側が主体的に国号を倭国から日本へとあらためたのであり、古代中国をはじめとする外国側があらためたものではなかった。

また、古代中国の歴史書において、最初に「和」「倭人」なる文字が見えるのは『漢書地理志』である。それによると、当時の日本、すなわち倭国の倭人は前三世紀から前二世紀にかけて、漢王朝が植民地にしていた朝鮮半島の楽浪郡《らくろうぐん》を介して、定期的に漢王朝に朝貢していたという。加えて、『漢書地理志』は倭国について「一〇〇余」

⑯大宝律令　七〇一（大宝元）年に制定された法令集。藤原不比等らが完成させた。これにより官僚制度が整備され、中央集権体制が確立したとされる。

と記しているため、一〇〇余りの小さな集団＝「小国」が形成されていたことが見て取れる。

そして、各小国の首長が「王」や「大王《おおきみ》」と呼ばれ、とくに「大王」なる呼称は五世紀後半までに成立し、飛鳥浄御原令《あすかきよみはらりょう》⑰の編纂が始まる六八〇年代まで使用されていた。ということは、八世紀前半には倭国から日本へと国号があらためられ、以後一三〇〇年以上にわたり「日本」という国号は使用され続けていることになる。

⑰飛鳥浄御原令　六八九（持統天皇三）年に施行された法典。六八一（天武天皇一〇）年から編纂が始まったと伝わる。

◎ヤマト王権の成立過程

縄文・弥生時代に続き、三世紀中葉から倭国は古墳時代に入る。

古墳時代は三世紀半ばから始まり七世紀後半まで続くため、約四〇〇年間も続く。現代のわれわれは、古墳といえば前方後円墳を想起するが、このタイプの古墳は三世紀中葉から六世紀末にかけて、東北地方から九州地方にいたるまで広く分布するもの の、古墳時代の末期、すなわち七世紀以降になると方墳や円墳、特殊な形状としては八角墳がつくられるようになる。

八角墳として名の知れた陵に、天智天皇陵（京都市山科区・御廟野《ごびょうの》古墳）や天武・持統合葬陵（奈良県明日香村・野口王墓古墳）がある。ここで、陰陽五行説《いんようごぎょうせつ》との関係でひとこと述べておきたい。

陰陽五行説とは、諸子百家の一派である五行派が唱えていた五行説を、これまた諸子百家の一派である陰陽家の鄒衍《すうえん》⑱が取り入れ、自派の陰陽説に他派の五行説を接ぎ木して成立させた思想である。基本的には、この世に存在するものを陰と陽に分け、さらに木火土金水《もくかどごんすい》（五行）を配当し、陰と陽および五行とのかかわりで森羅万象を説明する思想を陰陽五行説という。

陰陽五行説に準ずれば、円は天を指し、天は陰陽の陽に配当される。同様に、方（四角形）は地を意味し、地は陰に配当される。したがって、前方後円墳は陰陽一体の象徴、すなわち太極《たいきょく》を意味する形といえる。

対する八角墳は、「当たるも八卦、当たらぬも八卦」とか、相撲の「八卦よい、残った」というかけ声にも用いられる「八卦」に通じる。八卦は「はっけ」ではなく「はっか」と呼ぶのが正しいのだが、八卦には伏羲《ふくぎ》⑲に由来する先天八卦図と文王⑳に由来する後天八卦図がある。前者は宇宙の生成を前提にして組み立てられており、後者は親から子へ、子から孫へといった生成を意味している。宇宙や森羅万象の生成にせよ、子々孫々の生成にせよ、永久に生成し続けることを表わしている。

ということは、天智天皇陵も天武・持統合葬陵も形状は八角形であるため、自身とその子孫の永久の生成を祈願したものといえる。古代中国の占いなど陰陽五行説の類は、天武天皇によって門外不出にされていることを見れば、その墳墓にも大陸の思想

⑱鄒衍　中国・戦国時代（前四〇三～前二二一）の思想家。陰陽五行思想を初めて体系化し、のちの東洋思想に大きな影響を与えた。

⑲伏羲　古代中国の伝説上の帝王。蛇身人面で、初めて八卦をつくったとされる。

⑳文王　古代中国の王。周王朝の始祖・武王の父。その徳治が称えられ、後年の儒者からは理想の君主とされる。

が影響していることは容易に理解できると思う。

さて、古墳時代になると、いくつかの小国に「王」とか「大王」と呼ばれる者たちが現われる。彼らが倭国の王たちなのだが、倭国の王たちにいくつかの有力な氏族（共通の祖先をもつ血縁的集団のこと）が連合して、政治的に組織だった大集団が成立する。これが、世にいう大和政権であり、いまふうにいうところのヤマト王権である。

ヤマト王権とは、それが「大和」と表記されようが「ヤマト」と記されようが、近畿地方、それも中央部を対象エリアとする王権の呼称である。したがって、出雲系の王権をはじめとして、その他諸々の王権の位置づけは、すべて端から視座に含まれていないネーミングということになる。

ヤマト王権を生み出したそもそもの母体は、いったいどこの国（連合国）なのか。現時点では、まだ実証をともなった確証にはいたっていないが、おそらくは邪馬台国を盟主とする連合国が卑弥呼の死後に再編成され、当時から敵対関係にあった狗奴国を盟主とする連合国と戦乱になり、邪馬台国連合が狗奴国連合に吸収された王権勢力が、ヤマト王権の母体ではないかと推測される。

◇倭国の信仰形態の変遷

縄文人たちの信仰形態は、自分たちの生活圏を範囲として、山や川、湖沼あるいは自然現象を信仰する自然崇拝であった。対する弥生人は、祖先祭祀を中心とする信仰を特徴とし、これに加えて豪族たちは自分たちの一族、すなわち氏族につながる死者も神として信仰していた。弥生人も縄文人同様、これらの信仰は自分たちの生活圏に限定されていた。

その後、弥生人の文化が縄文人に浸透し始めると、祖先祭祀や氏族神祭祀、自然崇拝が点在、あるいは併存するようになる。

したがって、ヤマト王権の支配が拡大する過程では、大王とその支配下にある氏族の祭祀に変化が表われる。大王家の祭祀に氏族のそれが内包され、大王家の祭祀が氏族の祭祀を兼ねるようになるのだ。しかし、ヤマト王権の支配はまだ全国におよんではいないため、この段階にいたっても、やはり自然物とその現象を信仰していたり、あるいは血縁的祖先を信仰していたりと、統一的な信仰形態が存在しなかった。

ところが、ヤマト王権が全国展開すると、事態は一変する。五世紀から七世紀にかけて中国や朝鮮半島との往来が激しくなり、思想・宗教をはじめ、さまざまな制度が倭国へもたらされることとなる。このころから、氏族やある一定の地域をまとまりとしたものの見方・考え方の視座ではなく、「日本」とか「日本人」といった枠組みで物事をとらえるようになる。

そして、たかだか二〇〇年の間に、わが国の知識人たちは中国のそれと対等に交流し合えるほどの教養と実学を修得してしまう。このとき、倭国に影響を与えた外来思想は、道教㉑でも儒教でもなく、仏教であった。というのも、四世紀には道教方術や神仙思想が、五世紀には儒教が倭国へもたらされていたが、道教に関しては道士と体系的な儀式儀礼が伝来したわけではなく、また、儒教の場合は経典と儒者がセットで倭国へもたらされたわけでもなく、それらはすべて断片的な摂取にとどまっていたからである。

これに対して仏教は、経典をはじめ僧侶や仏像、寺院といった、その思想と形式（儀式・祭祀）を体系的に理解できる要素が整っていた。加えて、仏教は呪いの一種として受容され、その狙いは現世利益にあったことを忘れてはならない。つまり、倭国は仏教が本来目的とする涅槃《ねはん》へいたる救済解脱論《きゅうさいげだつろん》ではなく、現世利益を得るための呪いとして理解され、しかもその理解と信仰は今日まで連綿と息づいているのである。

ちなみに、仏教は大乗仏教と上座部仏教《じょうざぶぶっきょう》（小乗仏教）に大別されるが㉒、日本に伝来したのは大乗仏教である。

㉑道教　古代中国の老荘思想や民間信仰を母体とする宗教。神仙思想や陰陽五行思想などの強い影響を受けている。

㉒大乗は、「すべての人を救済する大きな乗り物」という意味。対して、「厳しい修行を積んだ僧だけが救済される」と考える一派もあり、その思想を「小さな乗り物」にたとえた大乗仏教側は「小乗仏教」と蔑称した。

第八項

仏教伝来と崇仏・排仏論争

六世紀になると、朝鮮半島の高句麗、新羅《しらぎ》、百済《くだら》といった国々の関係がきな臭くなってくる。とくに、百済は高句麗と新羅から軍事的な圧力が加えられており、事態は切迫していた。そこで、百済は有事に備えて倭国との関係を強化しようと考えた。

しかし、である。百済にしてみれば、倭国との関係を緊密にすることはおおいに利があるが、倭国からすれば、よその喧嘩に巻き込まれるだけである。そんなところへ軍隊を派遣するほど、お人好しではない。そこで、百済の聖王は自国で流行っている仏教を手土産に、倭国との関係を緊密にして強固なものにしようと企んだ。

こうして、五三八（欽明天皇七）年、百済の聖王は倭国の欽明天皇に仏像・荘厳具・経典を贈り、これをもって仏教が倭国に公の立場で伝来したと解釈し、仏教公伝とするのである。

ところが、倭国には自然崇拝や祖霊氏神信仰がある。これら在来の国神を祀り信仰している倭国に、外来の信仰を売り込むにあたっては、それなりのセールス・ポイントがあったはずである。『日本書紀』によれば、仏教の教義は深遠であり、そのご利益たるや特定の分野を問わないし、インドはいうにおよばず中国や朝鮮半島など東アジアにおける実績もあるから、とある。

百済の使者のプレゼンの結果、欽明天皇と支配者層は現世利益的観点から、ご利益が分野を問わず大きいという点に目を引かれた。倭国の在来神と同様に、供物を捧げればご利益がある、そのような神として仏教の「仏」を理解し、これを「蕃神《ばんしん》（「となりのくにのかみ」とも読む）」と呼んだのである。

ということは、聖王が示した仏教の教義は深遠なり、というセールス・ポイントは理解されないまま捨て置かれ、今日にいたってもわれわれ現代人は神や仏に祈って、祈願成就や現世利益を果たそうとする。その意味では、一〇〇〇年以上の歴史をもつ仏教国日本にいる日本人にあっても、仏教思想やその教義に対して理解も知識も実践もほとんどともなっていない現状がよく理解できるだろう。しかも、当時の僧尼に関しても、仏が蕃神なのであるから、僧尼もまた神に仕える巫者《ふしゃ》程度だろうという理解にとどまり、その本当の役割は七世紀中葉にならないとわからなかったのである。

◇仏教の受容をめぐる論争

仏を自分たちの在来神である国神と同列同質なものとして理解したため、倭国の実力者たちは仏、すなわち蕃神の信仰を快くは思わなかった。というのも、自分たちの国神を信仰し、祀ることでご利益が得られると考えられていたため、もし外来の神を信仰すれば国神の嫉妬を買い、あらぬ祟りや災いが起こると理解されたからだ。

その意味では、仏教公伝段階では、これを受容する積極的な理由はどこにもなかったわけである。とくに、国神祭祀の神事を担っていた中心的な豪族は、物部《もののべ》氏（尾輿《おこし》）と中臣《なかとみ》氏（鎌子《かまこ》）だが、彼らは「わが国には天地に一八〇の神がいて、他国の神を崇拝すれば国神の怒りを買う」とまくしたて、仏教受容に反対していた。

そこで、蘇我稲目《そがのいなめ》㉓に仏像を与え、試験的に蕃神祭祀にあたらせることにした。これを引き受けた蘇我氏には、百済外交、ひいては朝鮮外交の主導権を一手に握りたいという野心があったのだが、蘇我稲目は仏像とこれを礼拝する寺を建て、果たして物部氏や中臣氏の予言どおり、疫病が流行った。これを国神の怒りととらえた物部氏によって寺は焼かれ、仏像は投げ捨てられてしまうこととなる。この段階では、物部尾輿と蘇我稲目の対決は、蘇我氏の負けとなる。

この対立関係と因縁は、彼らの子である物部守屋《もりや》と蘇我馬子《うまこ》にもち越される。蘇我馬子は、その後も仏教受容に励み、僧尼の得度も進めていた。そんな折り、敏達天皇在位のときに、またしても疫病が流行る。そして、蘇我馬子も疫病に感染してしまう。物部守屋と中臣勝海《かつみ》を中心に、疫病の原因は蘇我氏の仏教重視の姿勢にあると指摘し

㉓蘇我稲目（?～五七〇）
古代の豪族。用明・崇峻・推古天皇の外祖父として、蘇我氏繁栄の基礎を築いた。

て、大規模な廃仏毀釈《はいぶつきしゃく》が断行されることとなる。仏像は廃棄、伽藍は焼かれ、僧尼たちは服をはぎ取られ、鞭打ちにされた。

その後、仏教に関心の深い用明天皇は、自身の病に際して仏教への帰依を臣下に尋ねたところ、物部守屋を中心に欽明天皇の代の例を挙げ、激しく反対したという。

ところが、二代にわたる崇仏・排仏論争は、あっけなく幕を閉じることになる。五八七（用明天皇二）年、蘇我馬子は厩戸《うまやど》皇子（聖徳太子とされる）、泊瀬部《はつせべ》皇子（のちの崇峻天皇）、竹田皇子（敏達天皇の子）などを味方につけ、武力によって物部氏を滅亡に追いやったからである。この事件が、「丁未《ていび》の役」㉔である。果たして、用明天皇は同年、天皇（大王）としては初めて仏教に帰依することとなった。

ちなみに、最終的な仏教公認はいつをもってなされたのかというと、五九四（推古天皇二）年の「三宝興隆詔《さんぽうこうりゅうのみことのり》」とされている。そのことを示すがごとく、推古朝末期までには四六の寺が建てられている。

◇崇仏・排仏論争に隠された権力闘争

しかし、ここで少々、補足しておかなければならないことがある。世にいう崇仏・排仏論争だが、実は仏教は急速に豪族たちに広まっていたのである。というのも、仏像は見たことのない形状のものであり、荘厳具は神々しく、読経の響きは神秘的なリ

㉔丁未の役　物部守屋の変ともいう。蘇我氏によって物部氏が滅ぼされ、以後、排仏勢力の発言力は急速に衰えた。

ズムに則っており、僧侶の格好も目を引いたからだ。

したがって、物部氏も早い段階から仏教祭祀を執り行なっており、国神祭祀を強硬に支持するとともに、神事のみを行なっていたわけではないのである。いわば、崇仏・排仏論争は物部氏と蘇我氏の代理戦争であり、真の狙いは王位継承問題で、自分たちの一族が優位に立ちたい一心だったのである。そう考えれば、仏教の教義に目が向かなかったのも理解できなくはない。

加えて、この段階までの仏教信仰の主体は個人でもなければ、国家でもなかった。祖霊や氏神、あるいは国神を信仰していた主体も、個人でもなければ、国家でもなかった。在来の神も蕃神としての仏も、氏族が中心となって信仰しているのであり、そのご利益も氏族の繁栄や安泰を祈願するものであった。

さて、日本の仏教思想がその体をなすのは、制度的に整えられ、仏教の教義を理解した僧尼が増えたり、国家方針としての鎮護思想が打ち出されるころ、すなわち奈良時代に入ってからである。

と同時に、飛鳥時代の終わりから奈良時代の初めにかけて編纂された『古事記』と『日本書紀』が、当時の日本人の思想を理解する一助ともなる。いずれにせよ、いろいろな意味で今日の価値観につながる日本思想がいよいよ花開くこととなる。たいへん長いプロローグではあったが、これから本論に入っていきたい。

第1章

古代の歴史と思想

古代の略年表

古代	飛鳥時代	592（推古天皇元）	推古天皇が即位
		645（皇極天皇元）	乙巳の変
		672（天武天皇元）	壬申の乱
		710（和銅３）	藤原京から平城京へ遷都
	奈良時代	729（天平元）	長屋王の変
		794（延暦13）	平安京へ遷都
	平安時代	935（承平５）	平将門の乱
		1086（応徳３）	白川上皇が院政を開始
中世		1185（元暦２）	壇ノ浦の戦いで平家滅亡

倭国が主体的に、そして自立した国の体をなそうとする意気込みは、飛鳥時代の終わりから奈良時代の初めにかけて顕著に力強く立ち現われる。天武・持統朝においてその傾向が打ち出され、とくに七世紀末の持統朝では国号が「日本」にあらためられた。

そもそも、倭国という国号は他国からそう呼ばれていたものである。これを日本とあらため、七〇二（大宝二）年の遣唐使で唐に伝え、これを則天武后《そくてんぶこう》①が承認して以来、今日のわれわれが自国を「日本」と称するにいたるのだ。

同時に、国の統治者をいまふうに「君主」と呼ぶならば、当時のそれは「大王」「王」であった。これを、「天皇」とあらためるのも天武・持統朝からである。そもそも「天皇」という称号は、中国の宗教思想に端を発する言葉で、「天皇上帝《てんこうじょうてい》」という天上の最高神に由来する。

実は、中国でも六七四年に唐の高宗が「天皇」という称号を名乗り、始皇帝から慣例となっていた「皇帝」をあらためている。日本は、この「天皇」をまねたわけである。

一方、中国はといえば、高宗が「天皇」にあらためたが、再び「皇帝」に戻り、以後、天帝の子、すなわち天子は皇帝と称されることとなる。

このような具合で、「日本」という国号と「天皇」という称号が生まれたわけである。

①則天武后（六二四～七〇五）中国・唐の第三代皇帝・高宗の后。のち、国号を周とあらためてみずから即位し、中国史上唯一の女帝となった。

それ以後、日本という国がどのように生まれ、形をなし、皇室がどのような系統系譜を経て今日にいたったのか、その正当性と正統性を担保する歴史書を創出することとなる。その一大国家プロジェクトが『古事記』と『日本書紀』の編纂である。それでは、「記紀」の世界に描かれた日本人の思想をたどってみよう。

第一項

神話の世界

「記紀」という言葉が『古事記』と『日本書紀』を指すと、いまどれだけの人が知っているだろうか。一九四五（昭和二〇）年の第二次世界大戦の敗北をもって、「記紀」にもとづく皇国史観は悪の思想として敵視され、戦後教育から一掃されることになった。その甲斐あってか、いまでは「記紀」の思想を知らない日本人が増えている。

端的にいえば、日本という国の歴史は天皇とともにあり、天皇によって形成され、発展していく、という思想が皇国史観と呼ばれるものである。その歴史観では、天皇は「万世一系《ばんせいいっけい》」、すなわち血族によって皇室という一つの系統が連綿と続いていることを前提としている。皇国史観は、日本がいわゆる軍国主義だった時代の国家観であり、そのころの教育のよりどころであった。

しかし、敗戦によって皇国史観は危険思想として断罪され、それを基礎づける「記紀」もまた危険図書とのレッテルが貼られて、戦後の民主主義教育の現場から徹底的に排除されることになった。さらに、「記紀」はいつしかアカデミックな研究対象からも外されるようになってしまったのである。とはいえ、われわれ日本人の文化や歴史、あるいは風俗や伝承のなかに「記紀」を源流とするものが少なくないことも忘れてはならない。

これから紹介する「記紀」の世界は、もちろん天皇礼賛の思想の復権をめざすものではなく、その目的は現在に通じるわれわれ日本人の倫理観や価値観の再発見にある。なぜ、女性が人前で化粧をしてはならないのか。なぜ、葬式から帰宅したとき、家に入る前に塩を撒くのか。ツミやケガレ、ミソギ、ハラエなど、知らず知らずのうちに生活様式に浸透している習わしの由来が、「記紀」の世界をひも解くことで、より一層の明確さをもって理解できると思う。そのような視点から、まずは『古事記』の世界に焦点をあててみよう。

◎「おのずから」をキーワードとする『古事記』

『古事記』は上巻・中巻・下巻からなっており、その冒頭に「序」がついている。上巻は、「序」に続いて天地開闢《かいびゃく》から始まる。天地が生まれて、神々が次々と生まれては消えていく様子がそこはかとなく記されているのだが、その冒頭は「天地初発之時」という言葉から幕を開ける。

この六文字を「天《てん》と地《ち》が初《はじ》めて発《はっ》する時《とき》」と読み下す研究者もいれば、「天地《あめつち》初《はじ》めて発《ひら》けし時《とき》」や「天地《あめつち》初《はじ》めて発《おこ》りし時《とき》」と読み下す研究者もいて、なかには自説以外を非とする人もいるようだ。

しかし、表現形態は異なるけれど、いわんとするキーワードは「自然《じねん》」、すなわち「おのずから」にある。『古事記』に息づいている「生成」のイメージは、おのずから生ずるというものであり、人為的に、あるいは何か超越した神秘的なものの力や意志、さらには絶対的な存在の意図によって何ものかが生まれるものではない。『古事記』は、意志をもった何者かによる意図的な創造ではなく、おのずから生まれるという思想が前提となっている。

したがって、「天地初発之時」には「おのずから自然に天と地が生まれたとき」といったニュアンスが込められているのであり、そのあたりの機微を読み取っていただきたい。

◇神と人、死者で構成される世界観

『古事記』は、「高天原《たかまがはら》」「葦原中津国《あしはらのなかつくに》」「黄泉《よみ》の国」という三つの世界によって構成されている。葦原中津国を中心に、一方において高天原という世界があり、他方において「根の国」ともいわれる黄泉の国がある。加えて、ワタツミという海原や海の向こうの異世界が想定されている。

高天原は天照大神《あまてらすおおみかみ》などの神々が住む世界で、高天原にいる神々を「天津神《あまつかみ》」という。対して、葦原中津国は人間たちの住む世界で、大国主《おおくにぬし》などの神々が統《す》べている。葦原中津国にいる神々は「国津神《くにつかみ》」と呼ばれる。そして、黄泉の国は死者の国とされ、葦原中津国との境目にある黄泉の国の入口が「黄泉平坂《よもつひらさか》」である。

後述するが、イザナギノミコトの子のなかで最も尊いとされる「三貴子（アマテラス、スサノオ②、ツクヨミ）」のうち、アマテラス（天照大神）は高天原、スサノオはワタツミ、ツクヨミは「夜の食国《おすくに》」を支配する③。

◇天地開闢とともに生まれた五柱の神々

さて、天と地が自然に生まれたとき、高天原に天之御中主神（あめのみなかぬしのかみ）が生まれ、続いて高御産巣日神（たかみむすひのかみ）が生じて、次に神産巣日神（かみむすひのかみ）が生まれた。これら三柱の神は「造化の三神」④とも称され、みな独神《ひとりがみ》⑤であり、すぐに姿を消してしまう。

そのころの地上は、まだ油のようにグニャグニャとしていて、海の上をクラゲのように漂っていたという。そんな状態の泥のなかから葦の芽（あしかび）のように自然と何かが萌え上がり、そこから宇摩志阿斯訶備比古遅神（うましあしかびひこぢのかみ）と天之常立神（あめのとこたちのかみ）が生まれ、先の三柱の神と同様、すぐに

② 「スサノヲ」「サルタヒコ」のように、男神名の末尾は「ヲ」「コ」が多く、小野妹子（おののいもこ）や中臣鎌子も男性である。しかし、いつしか藤原氏が女性名の末尾の語として「コ」を独占するようになった。その慣例から、のちには身分にかかわらず女性名に「コ（子）」が用いられた。

③ 六六ページ参照。

④ 造化の三神　万物を創造した三柱の神々。三三三ページ参照。

⑤ 独神　対となる神をもたない単独の神のこと。

姿を消してしまう。やはり、この二柱の神々も独神であったという。

天之御中主神は高天原の核となる神とされ、高御産巣日神と神産巣日神の二柱は「産巣日」⑥に焦点をあてて、この世に存在するものをむすび、おのずから産みならせる神とされる。

また、泥状の地上から生まれた宇摩志阿斯訶備比古遅神は、「宇摩志《うまし》」が「立派な」、「阿斯訶備《あしかび》」が「葦の芽」、「比古《ひこ》」は「男」、「遅《ぢ》」は「神の御霊」を意味し、生命力にあふれた成長・生長の神とされる。続いて生まれた天之常立神は、天之御中主神と同様、その実績が語られていないため、よくわからない神だが、高天原そのものの象徴であり、その永続性のシンボルともいわれている。

これら天地開闢とともに生まれた五柱の神々は、天の神々のなかでも格別な神々であるため、「別天《ことあま》つ神」と呼ばれる。

◇「別天つ神」以降の神世七代

「別天つ神」のあとに生れ出た神々が、国之常立神（くにのとこたちのかみ）と豊雲野神（とよくものかみ）だが、これら二柱も生まれるとすぐに姿を消してしまう独神である。

続いて、男女の性をもった神々が各五柱生まれる（次ページ表）。

⑥江戸時代の国学者・本居宣長は、『日本書紀』で「産霊」＝「むすび」となっている点に注目し、名に「産巣日」がつく二柱の神々について、万物を産霊する神としている。

■　神世七代の男女神

男性の神	女性の神
宇比地邇神（うひぢにのかみ）	須比智邇神（すひぢにのかみ）
角杙神（つぬぐひのかみ）	活杙神（いくぐひのかみ）
意富斗能地神（おほとのじのかみ）	大斗乃弁神（おほとのべのかみ）
淤母陀流神（おもだるのかみ）	阿夜訶志古泥神（あやかしこねのかみ）
伊邪那岐神（いざなぎのかみ）	伊邪那美神（いざなみのかみ）

宇比地邇神の「宇《う》」は「泥」、須比智邇神の「須《す》」は「沙」「砂」を意味するため、泥や砂の象徴とされる。

角杙神と活杙神に共通する「杙《ぐい》」＝「くい（くひ）」は「芽ぐむ」ことであり、「つぬぐ」は「角のような芽が出る」ことなので、これら男女の神々は発芽成長のシンボルといえる。

意富斗能地神と大斗乃弁神の二柱は、「おほと」の「と」が示すとおり、性器を象徴する神とされる。「と」は「みとのまぐあい」にもあるように、性器を意味している。しかも、「おほとのじのかみ」の「じ」は男性、「おほとのべのかみ」の「べ」は女性を表わしているため、二柱は男性器と女性器の象徴というわけだ。

淤母陀流神の「おもだる」とは容貌に「不足しているところがない」、すなわち「完成した」ことを意味し、これに対して阿夜訶志古泥神が「あやにかしこし」と賛美したため、ここをとらえて男女の求愛の象徴とか肉体の完成をシンボライズした神々といわれるが、よくわからない。

さて、こうした神々の最後に生まれた男女の神が、伊邪那岐神《いざなぎのかみ》と伊邪那美神《いざなみのかみ》である。この二柱の神々は兄妹関係にあり、高天原の神々に「クラゲのように漂っている地上を固めよ」と命じられ、伊邪那岐命と伊邪那美命となる。

これらの神々が支配していた時代を「神世」といい、別天つ神以降に生まれた国之常立神を初代、豊雲野神を二代、男女ペアの神である宇比地邇神と須比智邇神を三代、同じく角杙神と活杙神を四代、以下、意富斗能地神と大斗乃弁神を五代、淤母陀流神と阿夜訶志古泥神を六代、伊邪那岐神と伊邪那美神を七代と数え、総じて「神世七代《かみよななよ》」という。

◇伊邪那岐と伊邪那美の国生み神話

高天原の偉い神々から命を受けて、伊邪那岐と伊邪那美は「天の沼矛《ぬぼこ》」を授かり、国生みを始めることとなる。まず、伊邪那岐と伊邪那美は天空に浮かぶという「天の浮橋」に立ち、授かった天の沼矛を海中に下し、コオロコオロとかき混ぜる。天の沼矛を引き抜くと、矛の先端からポタリポタリと塩が滴り落ち、これが積もり積もって固まって、島ができた。これが最初の国土、すなわちオノゴロ島である。

二柱の神はすぐさまオノゴロ島に降り立ち、「天の御柱《みはしら》」と「八尋殿《やひろどの》」を建てると、兄である伊邪那岐が妹の伊邪那美に、「お前の身体はどんな具合にできている?」と聞く。妹答えていわく、「私の身体は、成長していないところ（欠けているところ）が一か所ある」。すると、兄は「俺の身体は、成長しすぎているところ（余っているところ）が一か所ある」と述べ、兄が一つの提案をする。「どうであろうか、俺の成長しすぎたところをお前（妹）の成長していないところに刺して塞ぎ、国を生もうと思う。生んでみないか」と。対して、妹も「それはよいことだ」と賛同した。

以上のやりとりは、お察しのとおり、「まぐあい」を示唆しているが、伊邪那岐も伊邪那美もまぐあい方を知らなかったらしい。では、その方法を教えたのは誰かというと、実はセキレイであった。セキレイが尾を上下に振り上げ、振り下ろすしぐさを見せ、二柱はまぐあい方を学んだというのだ。つまり、二柱の体位は正常位ではなく、後背位であったわけだ。このことから、日本における一般的な体位は後背性交ではなかったかといわれている。

さて、兄と妹の神々は先ほど建てた天の御柱を妹は左回りに、兄は右回りに回り、二柱が出会ったところで、妹が「なんていい男よ」と声をかけ、「なんていい女よ」と兄が応じ、すぐさままぐあいを始める。しかし、初めて生まれた子はできがあまりよくなく、二柱の神々は「わが生める子よくあらず」と言って、葦の船に乗せて海に流してしまう。流された子を「蛭子《ひるこ》」という。

次に生まれたアハシマも、やはりできがよくなかったため、棄てられてしまう。これらの二神は、神の子に数えられていない。

困った伊邪那岐と伊邪那美は、高天原の神々に相談をした。天津神がト（占い）をすると、どうやら声のかけ方が悪かったらしい。女から男に「なんていい男よ」と声をかけるのではなく、男から女に「なんていい女よ」と口説かねばならなかったのだ。果たして、その通りにしたあとにまぐあうと、次々と立派な島々が生まれたという⑦。

◇伊邪那岐と伊邪那美の神生み神話

伊邪那岐と伊邪那美は国生みのあと、こんどは神生みをする。『古事記』では三五柱もの神々が二神によって生み落とされたことになっているが、さにあらず。数えてみると、一七柱しかいない。どう数えても一八柱足りないのだ。その理由は、よくわからない。

いずれにせよ、二神は神々を生み続け、建物の材料とそれにかかわる構造物が神として生み落とされ、風や川、木といった自然物を神として生み、最後に火之迦具土神（ほのかぐつちのかみ）を生んで、伊邪那美は死んでしまう。火之迦具土神は火の神なので、生み落とすときに伊邪那美はホトに大やけどを負い、それがもとで死んでしまったのだ。「素晴らしい出入口」を意味するホトは、女性器を意味している。

ちなみに、『日本書紀』では伊邪那美は火之迦具土神を生んでいないことになって

⑦伊邪那岐と伊邪那美が最初に生んだのは淡路島で、続いて四国、隠岐、九州、壱岐、対馬、佐渡、本州を生む。さらに、二神は児島半島、小豆島、周防大島、姫島、五島列島、男女群島を生んだ。

おり、その後も子づくりに励み、生き続けている。したがって、黄泉の国の話も『日本書紀』には登場しないのだ。

伊邪那岐は、伊邪那美の亡骸を比婆山《ひばやま》に埋葬するが、妻を失った悲しみはなかなか晴れない。伊邪那岐は十拳剣《とつかのつるぎ》を手に取り、これを引き抜くと、火之迦具土神の首を刎ねてしまった。すると、火之迦具土神の血、頭、両腕、胸部、腹部、両足、陰部から、それぞれ神々が生まれたという。

◎伊邪那岐と黄泉の国神話

愛する妻を忘れることのできない伊邪那岐は、妻を連れ戻すために黄泉の国へと旅立つ。黄泉の国の入口を黄泉平坂というが、黄泉の国は下から上へと昇っていくという。現代に生きるわれわれの感覚では、高天原は天にあり、葦原中津国は地上を指し、黄泉の国は地下地中にあると考える。ならば、伊邪那岐は上から下っていかねばならないのだが、さにあらず。

どうやら、黄泉の国とは古墳を想定した世界であるらしい。これならば、妻が葬られている棺にいたるには、古墳の入口から上っていかねばならない。黄泉の国は葦原中津国と隣接していることになる。ということは、高天原も地上から隔絶した天空中に浮かんでいるのではなく、葦原中津国と隣接した標高の高い山にあるのかもしれない。

ともあれ、黄泉の国を訪れた伊邪那岐は伊邪那美と再会し、国生みがいまだ終わっていないから続きをしようという（まぐあいたいという意味なのか……）。しかし、伊邪那美は「黄泉の国の火で煮炊きしたものを口にしてしまったため、生者の世界には戻れない」と答えた。それでも懇願する夫に、伊邪那美は黄泉の国の神に相談してくるから、その間、決して私の姿を見ないでほしいと伝えて、奥へ向かっていった。

なかなか戻らない妻を待ち続ける伊邪那岐が、火を灯してあたりの様子をうかがったところ、そこには腐敗した身体に蛆が湧き、八柱の雷神が憑《と》りつく醜い伊邪那美の姿があった。驚き慌てて逃げ出す伊邪那岐に気づいた伊邪那美は、「よくも女に恥をかかせたな」と激怒し、ひと飛びで一〇〇〇里を走るという醜い顔の黄泉醜女《よもつしこめ》にあとを追わせた。

このとき、伊邪那美は「よくも女に恥をかかせたな」と怒り出すのだが、それはどうしてなのだろうか。醜く朽ち果てた身体に蛆が湧き、雷神が八柱も憑りついた姿を愛しい夫に見られたことが「恥ずかしい」のである。翻って考えてみると、女性は化粧をする。化粧をする姿を見せるということは、素顔をさらけ出し、自分が美しく化けるところを見られたことになる。いくら美しく化けたところで、化ける前の姿を見られては興ざめとなる。

となれば、人前で化粧をすることははばかられるし、化粧直しも人前でするものではないわけだ。女性が電車のなかで化粧をしたり、男性との食事や会話の合間に化粧を直す行為がよく批判されるが、そうした意識の原点は伊邪那美の「よくも女に恥をかかせたな」なのである。本来、女性が恥ずかしく思うはずの行為が、恥ずかしく思う行為でなくなったところに、今日的な倫理観の問題と課題があるとするのは、牽強付会《けんきょうふかい》にすぎるだろうか。

さて、追手に気づいた伊邪那岐は、蔓草《つるくさ》でできた髪飾りを黄泉醜女に投げつけると、たちまちブドウが実った。黄泉醜女がそのブドウを食べ尽くすと、また伊邪那岐を追いかけてきた。すると、伊邪那岐は右の角髪《みずら》⑧から湯津津間櫛《ゆつつまぐし》という櫛を取り、その歯を折って黄泉醜女に投げつけた。折れた歯は筍《たけのこ》となり、黄泉醜女をしばしの間、足止めすることとなるが、やがて筍も食べ尽くすと、また伊邪那岐を追い始めた。

しかも、こんどは雷神が率いる黄泉の国の大軍が伊邪那岐に迫ってきた。黄泉平坂まで逃げてきたとき、その麓に桃の実がなっていた。伊邪那岐は、桃の実を三つ追手に投げつけると、大軍は退散したが、やがて伊邪那美自身が迫ってきたため、大岩で黄泉の国の入口をふさいでしまった。すると、大岩の向こうから「お前の国の人間を一日に一〇〇〇人殺してやる」という伊邪那美の声が聞こえた。それに対して、伊邪那岐は「ならば、俺は一日に一五〇〇の産屋《うぶや》を建てよう」と応じたという。

⑧角髪　上代における成人男子の髪の結い方。髪を頭の中央から左右に分けて、両耳のあたりで先を輪にして結ぶ。

◇伊邪那岐の禊と三貴子

黄泉の国から戻った伊邪那岐は、黄泉の国の穢れによって体調を崩してしまい、日向国（宮崎県）へと向かった。やがて、日向の阿波岐原《あわぎはら》へ着くと、穢れているわが身を水で清める。これをミソギという。伊邪那岐が衣服と装身具を脱ぎ捨てると、そこから神々が生まれ、水に浸かると伊邪那岐の身体から次々と神々が生まれた。垢や穢れを水で洗い流すことで清め、顔を洗うと、伊邪那岐の左目からアマテラスが、右目からツクヨミが、鼻をすすぐとスサノオが生まれたという。

この最後に生まれたアマテラス、ツクヨミ、スサノオが、生まれた神々のなかで最も貴い神の子という意味で「三貴子」と呼ばれる。

『古事記』に由来するミソギとは、死にかかわることで汚れてしまい、その汚れた身体の穢れを水で洗い清めることであり、ミソギによって俗から聖へ、汚から清へいたらせるのである。

ここで、「魏志倭人伝」にある倭国の風習を思い出してもらいたい。そこでは、身内に死者が出ると最後に身体を洗うとある。死にかかわることがよくないこととされているが、それは生きている者と死んでいる者は異なる存在であり、生者が死者とかかわることがはばかられるのだ。しかし、死者が出たらかかわらざるを得ない現実に鑑みると、身体を洗って死とのかかわりを洗い流し、これを清めると称して、俗から聖へ、汚から清へといたるわけだ。

◇『古事記』の誓約に隠された思想

先にも述べたように、三貴子を生んだ伊邪那岐は、アマテラスに高天原を、ツクヨミに夜の国を、スサノオにワタツミを支配するように命ずる。しかし、乱暴者のスサノオは、これを拒み、泣きわめくばかりであったという。その泣き声のせいで山々は枯れ果て、海も干上がり、地上は大混乱に陥った。

そこで、伊邪那岐が泣きわめく理由を尋ねると、「母（伊邪那美）に会いたい！」「母のいる根之堅洲国《ねのかたすくに》（根の国＝黄泉の国）に行きたい！」と、スサノオは言う。頭にきた伊邪那岐は、スサノオを葦原中津国から追放してしまった。

追放されたスサノオは、根之堅洲国に向かう途中、姉であるアマテラスに挨拶をするために高天原に立ち寄った。アマテラスのほうは、弟が高天原を自分のものにしようと攻めてきたと思い込み、武装して迎える。スサノオは姉の誤解を解こうとするが、彼が高天原に上ってくると山々は響鳴し、大地が震動したため、ただごとではない事態にアマテラスは彼の言葉を信じることができなかった。

そこで、姉と弟は互いの持ち物を交換し、その真意を占うことにする。これを「誓約《うけい》」という。

まず、アマテラスが、スサノオが持っている十拳剣を受け取り、これをかみ砕き、霧状の息にして吹き出すと、そこから三柱の女神が生まれた。次に、スサノオが、アマテラスから「八尺《やさか》の勾玉《まがたま》の五百箇《いおつ》のみすまるの珠《たま》」を受け取り、これをかみ砕いて霧状の息として噴き出すと、五柱の男神が生まれた。

女神は十拳剣から、男神は勾玉から、それぞれ生まれたということは、その持ち主が親となる。つまり、スサノオが女神の生みの親、アマテラスが男神の親ということになる。スサノオは、「わが心清く明《あか》し。ゆえに、わが生める子は、手弱女《たおやめ》を得つ（俺の心が清いから、女の神を生むことができたのだ）」と自身の勝利を宣言する。

しかし、そもそも誓約をするときは、「もし、こういう結果になれば○○の勝ち」と、事前に条件を決めておくものだが、『古事記』ではそういう取り決めがない⑨。

ということは、この背後には何らかの思想がひそんでいることになる。それを解くカギは、アマテラスが「男神」の親となった点にある。つまり、天皇は代々男系が万世一系で継承するのが正当にして正統であることを示唆しているのだ。アマテラスの孫が葦原中津国に下り、さらにその曽孫が初代神武天皇になるのである。

加えて、この万世一系の思想には、実に巧妙な仕掛けがある。万世一系とは、永久に同じ血筋が皇統として続くことを前提としている思想である。ということは、中国で当たり前のように利用され、唱えられている天命思想を起源とする易姓革命⑩のよ

⑨『日本書紀』には、男神が生まれたほうが勝ち、とある。

⑩易姓革命　天命によって天下を治めるはずの天子が天命にそむいたときは、他姓の者がその地位を奪い天子になる、という政治思想。

うな革命思想は排除されることになる。

実は、「記紀」の創作者たちが最も意図的に、そして徹底的に排除しようとした思想が革命思想だったのである。万世一系を正当（統）化することで、下の者が上の者を剋し、天下の支配者が中国のようにコロコロ変わることを未然に防いだのである。

◎アマテラスの天岩屋伝説

誓約に勝ったスサノオは、田の畦や溝を壊したり、神殿に糞をまき散らしたりして、高天原で乱暴の限りを尽くした。それでも、アマテラスは弟をかばって、その所業を咎めることがなかったという。

しかし、弟の所業はエスカレートしていく。ついには、馬の皮をはぎ、機織り小屋の屋根に穴をあけて、それを投げ込んでしまった。これに驚いた機織り娘が転んで倒れてしまうのだが、運が悪いことに、倒れたところに先の尖った機具があり、これに刺さって死んでしまった。

これには、さすがのアマテラスも恐怖し、天岩屋《あまのいわや》（天岩戸《あまのいわと》）に隠れてしまう。すると、あたりはたちまち闇に覆われ、災禍が現われ始めた。困った高天原の神々は、オモイカネ（思慮深い知恵の神）に相談する。オモイカネの策どおりに準備をすると、アメノウズメという女神が胸も露わに踊り出し、アメノコヤネという神が祝詞《のりと》を唱え、これを囃し立てる神々が乱痴気騒ぎを始めた。すると、外の騒ぎに気づいたアマテラスが天岩屋を少し開けた。

そのとき、外にいた神々が「アマテラスよりも貴い神がおいでになられた」と言うではないか。聞き捨てならないアマテラスが外の様子をよく見ようと天岩屋をさらに開けると、フトダマという神が八咫鏡《やたのかがみ》をアマテラスに差し出したため、鏡はアマテラスの姿を映し出した。身を乗り出して外の様子をうかがうアマテラスを、天岩屋の脇に隠れていたタヂカラオという神が引きずり出し、アマテラスが天岩屋に戻れないように、フトダマがこれにしめ縄をかけてしまう。

こうして世界に光が戻り、めでたし、めでたし、というのが、天岩屋伝説のあらすじである。

◇スサノオとオオクニヌシの複雑な関係

数々の所業を繰り返したスサノオは、髭と手足の爪を切られ、高天原から追放されてしまった。その後、出雲国（島根県）までやってきたスサノオは、クシナダヒメがヤマタノオロチに食われることを知る。スサノオは、クシナダヒメを嫁にもらうことを条件に、ヤマタノオロチの退治を買って出た。

スサノオは強い酒を八桶用意させ、ヤマタノオロチにこれを飲ませた。酒を飲んで、すっかり寝込んだヤマタノオロチをスサノオが切り刻み、最後に切った尾から「草薙《くさなぎの》剣《つるぎ》」が現われた。スサノオは、これをアマテラスに献上し、自身は出雲国に宮を建てて住み着き、そこで子をなしたという。

そこでスサノオは、「夜久毛多都　伊豆毛夜幣賀岐　都麻碁微爾　夜幣賀岐都久流曾能夜幣賀岐袁（八雲立つ　出雲八重垣　妻籠に　八重垣つくる　その八重垣を）」と詠んだという。日本で初めて和歌を詠んだのは、スサノオだったのである。

さて、スサノオの六代目の子孫にオオアナムヂがいる。彼は兄たちの嫉妬を買い、命まで狙われる。根之堅洲国まで逃げ込むと、そこでスセリビメと出会った。なんと、スセリビメはスサノオの娘という設定となっている。スサノオの六代目の子孫が現われるころには、スサノオは根之堅洲国を治める神となっていたわけである。

スサノオの試練に耐えたオオアナムヂは、スセリビメとの結婚を許され、スサノオからオオクニヌシという名を与えられ、葦原中津国をつくり始める。しかして、高天原の神々はオオクニヌシに国を譲るように迫るのだ。オオクニヌシは、国を譲る代わりに、出雲に巨大な宮殿を建てることを条件につけた。これ以降、高天原の神々は葦原中津国の支配権も手にすることとなる。その支配権は、アマテラスの子孫であるニニギに一任され、その子孫が初代神武天皇になった。

◇スサノオの所業とツミの思想

最も古い祝詞は、九二七（延長五）年に完成した『延喜式』⑪第八巻に収録されているニ七編であるのだが、そこからは「記紀」のなかでスサノオが犯したツミがどのような罪悪として認識され、整理されたかが見て取れる。と同時に、日本人にとっていかなるものがツミにあたるのか、その原型を知ることができる。

『延喜式』第八巻に「六月晦大祓（みなづきのつごもりのおおはらえ）」がある。そこには、天津罪《あまつつみ》と国津罪《くにつつみ》というツミの分類が記されている。「天津罪と　畦放《あはなち》　溝埋《みぞうめ》　樋放《ひはなち》　頻蒔《しきまき》　串刺《くしさし》　生剥《いきはぎ》　逆剥《さかはぎ》　屎戸《くそへ》　ここだくの罪を　天津罪と法別て　国津罪と　生膚断《いきはだたち》死膚断《しにはだたち》　白人《しらひと》胡久美《こくみ》　己《おの》が母犯罪己が子犯罪　母と子と犯罪子と母と犯罪　畜犯罪　昆虫《はうむし》の災　高津神の災　高津鳥の災　畜仆《けものたお》し蠱物《まじもの》為罪　ここだくの罪出でむ」とあり、天津罪と国津罪を列記するにとどまっていて、それがいかなるツミなのか詳しく記しているわけではない。

これら、天津罪と国津罪はすべてツミであるため、ツミを犯せば汚れることとなる。汚れは穢れであり、ミソギによって清めねばならないわけだ。『古事記』をひも解くことで、いまに通ずるツミやケガレの思想の原点を垣間見たところで、次に奈良仏教について綴ってみよう。

⑪『延喜式』　平安時代の法令集。古代の法典『養老律令』の施行細則を集大成したもの。

■ 天津罪と国津罪

天津罪	畔放	畦を壊すことで、田に張った水を外に流し、田を枯らすこと。スサノオが高天原で犯した所業
	溝埋	田に水を引くための溝を埋め、田を枯らすこと。これも、スサノオが高天原で犯した所業の一つ
	樋放	田に水を引くための管を壊すこと。『日本書紀』にその記述がある
	頻蒔	人が種を蒔いた耕作地に、重ねて種を蒔くことで他人の耕作を妨害すること。『日本書紀』にも記されている罪の一つ
	串刺	『日本書紀』には、スサノオが高天原にいる天照大神の田を妬んで、串刺しを行なったとあるが、具体的にどのような意味があるのかはよくわからない。収穫期に他人の田畑に杭を立てることで、そこの収穫物を横取りする所業とか、他人の田畑に呪いを込めた杭を刺す所業など、諸説ある
	生剥	馬の皮を生きながら剥ぐ所業。スサノオが馬の皮を剥ぎ取り、それを機織り部屋の屋根から投げ入れたことを想起してもらいたい
	逆剥	馬の皮を尻のほうから剥ぐ所業を指す。生剥と同じ起源とされているが、これもよくわからない
	屎戸	スサノオが高天原で天照大神の神殿で糞をまき散らした所業を起源とする罪の一つ
国津罪	生膚断	生きている人の肌を傷つけること
	死膚断	死んだ人の肌を傷つけること。今日でも、死者を冒瀆したり、死者にムチ打つ所業は受け入れられていないことを考えると、その原型ともいえる
	白人	肌の色が白くなる病気を指し、「白癩(しらはたけ)」とも呼ばれる。これは、体の一部が斑紋状に白くなる病気で、ハンセン病との関係が指摘されている
	胡久美	背中に大きな瘤ができること。昔は、背中に虫がいるからと考えられ、これを傴僂(せむし)と呼んだ
	己が母犯せる罪	実の母とまぐあうこと。同様のツミに「己が子犯せる罪」「母と子と犯せる罪」「子と母と犯せる罪」などがあるが、これら近親相姦の類は『古事記』に「上通下通婚」とあるだけで、その詳細はわからない
	畜犯せる罪	馬や牛、ニワトリ、犬とまぐあうこと
	昆虫の災	地面を這う昆虫による害のこと。地を這う虫には、毒蛇も含まれる
	高津神の災	天災にあうこと。同様に「高つ鳥の災」は猛禽類による家屋の損傷ではないかといわれているが、よくわからない
	畜仆し蠱物する罪	家畜を殺して、その屍体で他人を呪うこと

第二項 奈良時代の思想

奈良時代とは、平城京（奈良県）に都が置かれていた時代を、後世の学者がネーミングした時代区分である。ざっくりと教科書レベルでその時代を示すならば、七一〇（和銅三）年から七九四（延暦一三）年の間を指し、八代の天皇が政《まつりごと》を行ない、そのうち四代が女帝であった特徴的な時代である⑫。とくに、聖武天皇のとき、唐風の文化を特徴とする天平文化が栄えている。

また、奈良時代になると国家の方針として鎮護国家が打ち出される。鎮護国家（思想）とは、仏教を盛んにすることで仏の救済力によって国家を護り、その安泰を図るものの見方・考え方である。とりわけ、八世紀前半になると、聖武天皇が国分寺と国分尼寺を建てるとともに、東大寺に盧舎那仏《るしゃなぶつ》（大仏）を建立することで、鎮護国家とその思想は頂点をきわめることとなる。

⑫女帝は第四三代元明天皇、第四四代元正天皇、第四六代孝謙天皇、第四八代称徳天皇の四代。このうち、称徳天皇は孝謙天皇の重祚であるため同一人物である。

◇南都六宗について

奈良仏教の担い手は「官度僧《かんどそう》」であり、彼らの学問研究機関は「南都六宗」であった。したがって、奈良仏教の中心は南都六宗ということになる。

官度僧とは、国家が認めた僧侶・尼であり、いわば当時の僧尼は国家公務員であったわけだ。これに対して、国家の許しなく勝手に僧尼になったものを「私度僧《しどそう》」といい、国家はこれを禁じていた。とはいえ、現実問題として、私度僧をとらえて罰することは少なく、ほぼ黙認状態であったといわれている。

いずれにせよ、官度僧やその学問研究機関は朝廷によって管理されていたわけなのだが、国家の方針として鎮護国家が打ち出され、これが盛んになるにつれて、鎮護国家の祈祷を執り行なう官度僧はしだいに政治に口を出し、政を左右するほどの勢力になっていく。

そうした点をとらえて、平安遷都の原因（遠因）とするのは、もはや時代遅れである。かつては、平城京を中心とする政治的な力をもつ仏教系の勢力、すなわち奈良仏教勢力を旧勢力とするならば、桓武天皇は旧勢力の影響を排除するために平安京に遷都した、と考えられていたが（いまでもそういうロジックを用いる教師もいるようだが）、今日ではそうした考え方は学術的に否定されている。持統天皇の血筋が孝謙天皇を最後に絶えてしまい、それに代わって光仁・桓武系の血筋が玉座に着いたため平安京へ遷都した、というのが最新の研究成果にもとづく見解である。ゆえに、桓武天皇は郊天祭祀《こうてんさいし》⑬を行なって皇統の交代を高らかに宣言したわけである。

南都六宗とは、奈良時代における仏教六学派の総称である。それらの学派は仏教の教義を中心に研究するためのもので、悟りを開いたり、解脱を目的とするような実践的な修行の場ではなかった。

ちなみに、「南都」とは奈良のことで、京都を指す「北都」に対応する言葉である。また、「六宗」は三論《さんろん》宗・成実《じょうじつ》宗・法相《ほっそう》宗・倶舎《くしゃ》宗・華厳《けごん》宗・律宗《りっしゅう》を指すのだが、これらの関係は複雑で、ややこしい。

日本に伝来した仏教は大乗仏教で、北伝仏教⑭と呼ばれる。ただし、日本に伝来した仏教のすべてが大乗仏教であったかというと、そうではない。実は、六宗に数えられる成実宗と倶舎宗は小乗仏教を学ぶ宗派なのである。しかも、ややこしいことに、成実宗は小乗でありながら大乗を学ぶ三論宗に付属し、小乗を学ぶ倶舎宗は大乗を学ぶ法相宗に付属しているため、大乗と小乗が錯綜しているのである。そうした事情により、そのころの日本には大乗系と小乗系の戒律が混在していた。

■ 南都六宗

三論宗		大乗仏教
成実宗	三論宗に付属	小乗仏教
法相宗		大乗仏教
倶舎宗	法相宗に付属	小乗仏教
華厳宗		大乗仏教
律　宗		大乗仏教

⑬郊天祭祀　古代中国で行なわれた儀式。壇上に火を焚き、炎がまっすぐ昇れば、その王は天から権威を託されたと見なす。

⑭北伝仏教　中国、チベット、朝鮮、日本などに伝わった仏教。一方、タイ、ミャンマー、カンボジアなどに伝わった仏教は南伝仏教と呼ばれる。

南都六宗の全般についていえることだが、のちの平安仏教や鎌倉新仏教の宗派とは異なり、信仰によって各教団や各宗派が断絶していたわけではなく、仏教の教義を学問的に研究するグループといった意味合いが強い⑮。

◇鑑真によって確立した授戒制度

さて、奈良仏教に多大な影響を与えながら、ある意味で冷遇されていたともいえる徳の高い僧に鑑真《がんじん》⑯がいる。鑑真は、なぜ冷遇されるにいたったのか。そのあたりの事情を見ていくことで、奈良仏教がもつ一つの政治色が浮かび上がってくる。

当時、僧侶にはある特権が与えられていた。それは、租税と労役の免除である。そうなると、庶民たちもこぞって僧侶になりたがる。前述したように、当時は国家から認められた僧を官度僧といい、勝手に僧になった者を私度僧として差別していたのだが、彼ら私度僧は端からその目的が打算的なわけだから、仏法を真面目に学ぶ気がまったくない。

このような事態に頭を抱えていたのが朝廷である。庶民が次から次へと私度僧になっては、それだけ税収が落ち込むからだ。かといって、私度僧を無下に扱うこともできない。というのも、国策として鎮護国家を打ち出しているからである。仏の力で国家の安定を図ることを国策として掲げている以上、その担い手である僧をぞんざいに

⑮三論宗はインドの「中論」「三論」「百論」、成実宗は空論を説く「成実論」を学んだ。法相宗は、存在する現象は人間の意識が生み出したものにすぎず、実体がないことを認識することで悟りを開く。倶舎宗は、唯識家の世親が著したとされる『阿毘達磨倶舎論』を中心に研究した。華厳宗は『華厳経』を中心に研究が進められた。律宗は、成仏する因として僧侶が戒律を学び、これを実践することにあると説く。

⑯鑑真（六八八〜七六三）奈良時代の帰化僧。唐に生まれ、七五三年に来日。日本における律宗の開祖となった。

扱うわけにはいかないのだ。建前上は、官度僧と私度僧を差別し、私度僧を禁じてはいるが、黙認せざるを得ない事情は、そうしたところにあった。

しかも、日本では戒律の「戒」、すなわち自誓授戒が多勢を占めており、制度としての授戒の普及は進んでいなかった。戒律とは、「戒」と「律」からなる言葉で、その意味するところが違う。戒とは各自が自分自身に誓約することであり（これを自誓授戒という）、律とはサンガ（僧によって構成される教団組織）内の決まりごとや規律を指す。奈良時代は、官度僧か私度僧かを問わず、この自誓授戒を専《もっぱ》らとし、彼らが幅を利かせ、官度僧は政に口を出していた。

そもそも部派仏教、俗にいう小乗仏教では、授戒の正式な手続きとして、まず授戒をする師を必要とするのだが、一〇人以上の僧尼の前で守らねばならない戒を授かる。この一連の儀式を「授戒」という。だから、仏や菩薩像の前で自ら戒を守ることを誓約する自誓授戒とは根本的にしくみが異なるのである。当然のことながら、大乗仏教では部派の授戒であろうと自誓授戒であろうと、こだわりはない。

そこで、授戒制度を整えて、規律が乱れた僧を正す一方で、私度僧の抑制を図るため、伝戒師（戒を授ける資格をもつ者）による授戒によって正式な僧を認める制度、すなわち伝戒師制度の必要性を聖武天皇に進言するにいたった。果たして、正式に授戒するに適当な人物として律宗の鑑真が招聘されることとなったのである。

五度も来日に失敗しつつ、七五三（天平勝宝五）年に大宰府にたどり着いた鑑真は、大宰府観世音寺に戒壇を築いて、日本初の授戒をする。ちなみに、戒壇とは戒を授けるための儀式を行なう場所であり、土を高く盛り上げて築く。翌年には、東大寺でも初めて戒壇を築き、孝謙天皇をはじめ聖武上皇ら四四〇名に授戒している。

このとき鑑真が日本にもたらした戒は、部派仏教（小乗仏教）の伝統に則った戒であり、これを具足戒《ぐそくかい》（出家者が守らねばならない決まりごと）というのだが、これに大乗仏教の戒（菩薩戒）を加えて、より厳格な決まりごとになっているのが、鑑真の伝えた大乗仏教の戒なのである。だから、鑑真のもたらした戒には小乗仏教の戒と大乗仏教の戒が混在しているわけだ。

その点をとらえて、次代の平安仏教の担い手である最澄⑰がかみついた。具足戒を排除して、大乗仏教の戒である菩薩戒だけに限定しようとしたのである。そうなると、当然、奈良仏教側は鑑真以来の伝統を主張し、一方の平安仏教側は大乗仏教優位の立場から具足戒の排除を主張する。この対立は、最終的には最澄の死後、大乗戒が認められて一応の決着を見た。

◇なぜ鑑真は冷遇されたのか

さて、話を鑑真に戻すと、もともと朝廷が鑑真を招聘した目的は私度僧の抑制と税

⑰最澄（七六七～八二二）平安時代初期の僧。八〇四年に入唐し、翌年に帰国。近江国（滋賀県）の比叡山に天台宗を開創した。伝教大師。

収の確保にあったわけだから、授戒制度さえ整えば、言葉は悪いが、朝廷にとって鑑真は用済みなのである。しかるに、鑑真は反藤原氏勢力の中心的人物であった長屋王《ながやおう》⑱の仏教に対する尊崇の念に心を打たれて来日を決めている。

ところが、やっとの思いで日本に来てみると、頼みの長屋王はすでに藤原氏によって粛清されており、藤原仲麻呂⑲が政治の実権を握っていた。さらに、官度僧たちは従来どおりの自誓授戒を説き、鑑真無用論ともいうべき授戒制度のネガティブ・キャンペーンを展開するのである。

そのような背景もあって、鑑真に与えられた僧綱《そうごう》（僧尼を管理するために設けられた僧の役職）は大僧都《だいそうづ》であり、決して高いものではなかった。僧に与えられる位を僧位というのだが、僧侶の役職は上から僧正、僧都、律師からなり、僧正は上から大僧正・僧正・権僧正に分かれ、これらには法印大和尚位《ほういんだいかしょうい》という僧位が与えられる。同じく、僧都は大僧都・権大僧都・少僧都・権少僧都に分かれ、それらの役職には法眼和上（尚）位が与えられ、律師は大律師・律師（中律師）・権律師に分かれ、これらの僧官には法橋上人位《ほっきょうしょうにんい》という位が与えられる。

鑑真は大僧都なので、僧官僧位からすれば中位の上といったところだ。決して、厚遇されていたわけではなかった。

しかも、鑑真は出家信者をたくさん輩出することを望んでいたのだが、税収減につ

⑱長屋王（六八四?～七二九）　天武天皇の孫。左大臣として藤原氏に対抗したが、謀反の疑いがあると密告され、一族とともに自殺した。

⑲藤原仲麻呂（七〇六～七六四）　奈良時代の公卿。光明皇后の信任を得て権勢を振るった。恵美押勝。

ながることもあり、戒壇が増えることはなかった。ときの権力者である藤原氏と旧仏教勢力に睨まれ、七五八（天平宝字二）年に淳仁天皇から「大和上」に任ぜられ、体よく僧綱から解任されてしまう。このときの淳仁天皇の解任理由は、「ご高齢になり、これ以上、ご苦労されることはない」と、鑑真の身体を心配してのことだったという。

その後、鑑真は東大寺を追い出され、下賜された土地に唐招提寺を建てて、そこで生涯を閉じることとなる。

◇大仏建立をなし遂げた行基の人望

六二九年にインドへ向かい、六四五年に六五七部の経典と仏像などを唐に持ち帰った中国の僧に、玄奘三蔵《げんじょうさんぞう》がいた。彼の旅路をまとめた地誌が『大唐西域記』全一二巻であり、これが後に『西遊記』のネタ本となる。

一方、遣唐使のクルーとして入唐した学僧に道昭《どうしょう》がいた。彼は、玄奘三蔵に弟子入りし、玄奘三蔵と同室で暮らしながら直接の指導を懇切丁寧に受け、法相教学を学ぶ。というのも、玄奘三蔵は法相宗の開祖だからだ。六六〇（斉明天皇六）年ごろに帰朝し、日本に初めて法相教学をもたらしたのも道昭である。帰国後、彼は道や橋を整備したり、井戸を掘るなど公共事業に率先してかかわったが、七〇〇（文武天皇四）年、七四歳で他界したとき、日本で初めて火葬された人物でもある。

この道昭に、一五歳のときに弟子入りしたのが行基《ぎょうき》（六六八〜七四九）である。行基は、民間に仏教を広めた私度僧でありながら、のちに東大寺の大仏建立に協力したことが高く評価され、聖武天皇から大僧正に任ぜられた人物である。

行基は地方豪族に支援されており、民衆からも絶大な人気があったのだが、私度僧であったため、彼の活動は朝廷から弾圧されることとなる。というのも、仏の道を説く彼のまわりには、一〇〇〇人から多いときで一万人近くの輩が集まったからだ。

そこで、行基はこれまでの布教活動のあり方を修正し、諸国を遊行《ゆぎょう》⑳する一方で、師の道昭にならったのか、道や橋をつくり、貧民のための無料宿泊所（布施屋）を建てた。すると、地方豪族や庶民からの信頼はますます強まって、その人望に目をつけた朝廷の求めに応じて、東大寺の盧舎那仏建立に協力したわけである。その結果、大僧正にまで上り詰めた。

実は、行基はしばしば霊異神験（超自然的な力や奇跡を起こす力）を見せ、これを現わしたため、行基菩薩とも呼ばれる㉑。

◇「八百万の神」は何を意味するのか

奈良時代の思想として、後世にまで影響を与えたのは、やはり「神仏習合」であろう。

⑳遊行　僧が布教や修行のために諸国をめぐり歩くこと。

㉑行基が病人の膿を吸い出すと金色の仏に変わった、行基が祈ると水流の激しい川にたくさんの鯉が集まり橋をかけた、などの伝説がある。

ご承知のとおり、国の体をなした日本は「国神」を信仰の対象としていた。日本では、高天原を中心とする神を天津神、地上の神を国津神と呼び、これを区別していた。この場合、「津」は「の」のことであり、天津神は高天原の神々、国津神は葦原中津国の神々ということになる。

しかし、高天原の神々に対して葦原中津国の神のトップであるオオクニヌシが国譲り㉒をすることで、倭という国（日本）は高天原系の神々の支配下に入るわけだから、国神といっても国津神を指すわけではなく、天津神と国津神、これに加えて山や川といった自然物や自然現象も神とされていたため、国神とはたくさんの神々の総称と考えるのが妥当である。その意味では、国神は八百万の神ととらえたほうが漏れがない。

加えて、皇統はアマテラスの子孫であり、高天原系の血筋にあたる。にもかかわらず、出雲系のオオクニヌシを頂点とする国津神を信仰してきたというのは、明らかにおかしい。したがって、ここでは国神を八百万の神と考えることにする。

ちなみに、「八百万」とは「たくさん」という意味なので、八百万の神とはたくさんの神々の総称ということになる。日本には、古来より国や土地、あるいは氏族を守り鎮める神が祀られていた。これを鎮守の神といい、これを祀る社が建てられ、その周囲を森が覆っていた。この森を鎮守の森といい、聖と俗の境としたわけだ。

ところが、一八七二（明治四）年と一九〇六（明治三九）年に明治政府が行なった

㉒七〇ページ参照。

神社の統廃合、すなわち神社合祀令によって、鎮守の森は減少してしまった。詳細は後述する[23]。

◇神仏習合と鎮護国家政策

さて、異なる信仰が混合・結合・習合することを「シンクレティズム」というのだが、日本におけるそれは神仏習合である。神仏習合とは、国神信仰と異国の仏信仰が融合することである。

しかし、日本人（当時は倭人）は、仏を国神と同様に理解していたため、供物を捧げて祭祀をすれば、ご利益があるという程度の意味でとらえていた。だから、仏を蕃神、すなわち「となりのくにのかみ」と呼んでいたのである。

仏を神の仲間としてとらえたため、崇仏・排仏論争があったにせよ、意外に早く両者は併存することとなる。このようなこともあり、神仏習合は奈良時代に始まり、導入時期としては八世紀中葉から九世紀初めということになるが、血で血を洗う宗教対立や宗教戦争にはいたらなかった[24]。

しかし、奈良時代になると国策として鎮護国家が打ち出され、国家が仏教を重視するようになると、八百万の神と蕃神との関係性に変化が現われる。つまり、仏教優位・国神軽視が顕著となって、それでは国神と仏はそもそもどのような関係にあるのか、

[23] 四〇八ページ参照。

[24] 西洋では、キリスト教の宗教改革によってプロテスタントとカトリックの対立が激化し、一六～一七世紀に宗教戦争が多発した。

どちらが格上なのかといった論争に発展するのである。

時代の趨勢は仏教にあるため、勝敗は目に見えていた。苦悩する神々は、仏の力によって救済されることを望んでおり、神という身の上から離れたいという「神身離脱」と仏の加護によって救済された暁には、「護法善神（仏法の守り神）」という新しい地位が用意されるということを建前に、いわば仏尊神卑にいたる。

◇「本地垂迹説」と「反本地垂迹説」

神仏習合がさらに発展すると、国神と仏の関係性がもっとはっきりしてくる。本地《ほんじ》（本来の姿）が仏であり、垂迹《すいじゃく》（仮の姿）が国神であるという論を展開するにいたるのである。これが、「本地垂迹説」である。もともとの姿は仏だが、人々を救済するときには国神の姿で現われるというわけだ。国神は仮の姿であり、本当の姿は仏であるという仏優位の論が完成するのである。

このあたりから、権現思想も現われるようになる。権現の「権」とは「仮の」とか「臨時の」という意味で、それが「現」、すなわち「現われる」のだから、やはり仏が神という仮の姿で現われるということになる。本地垂迹説そのものではないか。

当然、これに反発する勢力も現われた。もともと日本におわし、祭祀されてきたのは八百万の神であり、あとから入ってきたよその神が仏である。となれば、本来の姿は八百万の神であり、仮の姿が仏であるはずである。つまり、本地が神であり、垂迹が仏というわけだ。これが、鎌倉末期に登場する「反本地垂迹説」㉕である。

反本地垂迹説は、元寇《げんこう》を境に神国思想㉖とともに唱えられた思想である。二度にわたる元の襲来が嵐に遭って壊滅した事態を、伊勢神宮をはじめとする神社が異敵調伏の祈祷を執り行なったからだと大々的に吹聴することで、日本は神々によって守られた国であるという思想が浸透し、結果として反本地垂迹説にいたるのである。

㉕一五七ページ参照。

㉖神国思想　「神国」という言葉の初出は『日本書紀』。神功皇后の三韓征伐の際、新羅の王が皇后の軍勢を見て「音に聞く日本の船、あれは神国の強者だ」と言って抵抗せず降伏したとある。

第三項 平安時代の思想

怪僧道鏡《どうきょう》㉗とのあやしい関係にあったとされる孝謙天皇が崩御すると、奈良時代を維持してきた天武天皇の皇統は途絶えることとなった。孝謙天皇の次に即位した天智天皇の孫にあたる光仁天皇は、あまりに政治色の強い奈良仏教を嫌っていた。やがて、光仁天皇が桓武天皇に譲位すると、和気清麻呂《わけのきよまろ》㉘の献言によって、桓武天皇は七九四（延暦一三）年に奈良（平城京）から京都（平安京）へ都を移してしまう。このとき、奈良仏教勢は南都に留め置かれ、新しい都へは入れなかった。

さて、都が平安京に置かれていた時代を平安時代というが、具体的には七九四年から一一八五（寿永四）年までの三九一年間とされている。一六〇〇（慶長五）年、あるいは一六〇三（慶長八）年から一八六七（慶応三）年までの二六七年間、あるいは二六四年間をいう江戸時代よりも長く、平安時代は日本の時代区分のなかで最も長い時代になる。

平安時代を概観すると、九世紀は律令制の衰退が加速する時期であり、一一世紀か

㉗道鏡（?～七七二）　奈良時代末の法相宗の僧。孝謙天皇（称徳天皇）の病気をなおしたことで寵愛を受け、太政大臣禅師、法王に任じられた。

㉘和気清麻呂（七三三～七九九）　奈良時代末の貴族。道鏡が皇位に就こうとした際、宇佐八幡宮の神託を受けて、阻止した。

ら一二世紀にかけては藤原氏による摂関政治や院政が敷かれる時期である。一二世紀後半になると平氏が政治の実権を握り、やがて平安時代の終焉、すなわち古代が幕を閉じ、武士が政権を掌握する中世の幕開けを迎える。

平安時代も、それまでの奈良時代と同様、鎮護国家思想が堅持されていた。したがって、桓武天皇も仏教の救済力で国家の安泰を図ろうとしたが、そのころになると国家としてではなく、個人単位で現世利益をはかろうとする風潮が強くなっていた。現世利益を得る手段は、加持祈祷である。その担い手は、最澄の天台宗と空海㉙の真言宗であった。

最澄と空海については後述するとして、その前に当時の皇族や公家たちに多大な影響を与えた陰陽五行思想㉚と讖緯説《しんいせつ》にふれておきたい。

◇陰陽五行思想の伝来と陰陽寮

中国の春秋戦国時代に陰陽説と五行説が融合して成立したのが、陰陽五行思想である。陰陽説とは、森羅万象を陰と陽に分け、陰陽二元論によって事象を説明する考え方で、陰陽家の鄒衍がこれに五行派の唱えていた五行説を取り入れ、陰陽五行思想が成立するのである。五行説とは、木火土金水を五行と称し、これら五行を森羅万象に配当し、五行の相生相剋関係で、さまざまな事象の吉凶を判断する考え方である。

㉙空海（七七四～八三五）平安時代初期の僧。八〇四年に入唐し、八〇六年に帰国。紀伊国（和歌山県）の高野山に真言宗を開創した。弘法大師。

㉚三九ページ参照。

中国で生まれた陰陽五行思想は、五一三（継体天皇七）年に日本に正式に伝来し、律令体制に組み込まれることとなる。律令体制に中務省《なかつかさしょう》という役所があって、そこに「陰陽寮《おんみょうりょう》」が設置されたのだ。

陰陽寮は、陰陽道や天文道をはじめ、暦道《れきどう》や漏刻《ろうこく》を統括していた。陰陽寮のトップは陰陽頭であり、長く賀茂家が牛耳っていた。かの安倍晴明《あべのせいめい》㉛も陰陽寮に属してはいたが、事務方のトップにはなれなかった。しかしながら、晴明の官位は従四位であったと伝えられるため、五位以上が殿上人であることを考えると、破格の待遇を受けていたことには違いない。

いずれにせよ、平安貴族たちは陰陽五行思想にもとづく吉凶や禁忌をたいへん気にしており、何かことがあれば、たとえば夢見が悪かったり、怪異が現われたら、国家公務員としての陰陽師に占断してもらっていたわけである。

陰陽五行思想は、平安京の建設にも影響を与えている。よく知られた四神相応《しじんそうおう》㉜の地に都をつくり、四方（東西南北）を守護する四神（玄武・青龍・朱雀・白虎）の加護により、京の都の安泰を願っている。果たして、平安時代は日本の歴史で最も長い時代となっている。

㉛安倍晴明（九二一?～一〇〇五）平安時代中期の陰陽師。天文博士。不世出の陰陽師とされ、神秘的な逸話が伝わる。

㉜四神相応　風水的な好適地の条件。北に玄武（丘陵）、東に青龍（流水）、南に朱雀（湖沼）、西に白虎（大道）の四聖獣を配した地勢とされる。

◇讖緯説とは何か

さらには、平安時代に陰陽五行思想とともに支持された思想に「讖緯説」がある。讖緯説とは、中国の前漢時代から後漢時代にかけて流行した未来を予言する考え方である。

讖緯とは、「讖」と「緯」からなる言葉だが、もともと両者はまったく別の考え方であり、何らかかわりのない思想であった。讖緯の「讖」は「図《と》」、あるいは「図讖」ともいうのだが、元来は未来の吉凶を予言することであり、事典では「詭《いつわ》って隠語をつくり、予《あらかじ》め吉凶を決める」と説明されている㉝。

対する「緯」は、「横糸」を意味する。横糸があるならば、縦糸もあるはずだ。中国において「縦糸」に相当するものは「経」である。経とは、物事の道理であり、何ごとかをなす際の指南書である。儒教において重視される文献群の総称を経といい、経典とか儒家経典とも呼ばれる。

具体的には、五経（詩経・書経・礼記・易経・春秋）をはじめ、伝（春秋左氏伝・春秋公羊伝・春秋穀梁伝など）や『論語』『孟子』などを指す。

経を縦糸になぞらえるのは、織布を織る場合、まず縦糸を固定してから、これに横糸を通して布を織り上げていくからで、いわば縦糸は布を織るときの不動の基幹であるわけだ。ここから転じて、古今を貫通する不動の原理原則を経とし、これに古典も

㉝平凡社『世界大百科事典』

含めて経と称するにいたるのである。

縦糸の経に対して、横糸に対応するのが緯である。緯とは、「経の支流にして傍義に衍及《えんきゅう》する」と記され、経を陰陽五行思想にもとづいて解釈したものを指す。

このように、讖と緯はもともとまったく別物であったのだが、緯は陰陽五行思想などによって経を解釈したため、将来に起こる事象や事柄の吉凶を予言する讖の取扱う内容と重なっていたこともあり、讖と緯はいつしかひと括りにされ、讖緯説（思想）と呼ばれるようになった。

讖緯説の成立時期は、前漢末の「哀平《あいへい》の際」㉞である。讖緯説を最初に用いた人物は、前漢王朝の簒奪者として歴史に名を残す王莽《おうもう》㉟である。また、後漢復興の立役者である光武帝にいたっては、讖緯説の熱烈なる信奉者であった。

その後の明帝や章帝も、やはり讖緯説の信奉者であり、讖緯説に批判的な言動があれば、たちまち迫害されることとなったため、時代の趨勢をよく見きわめる儒者の多くはときの権力者になびき、取り入る手段として讖緯説を進んで学んだという。孔子が求めた君子の道は、どこへやら……。

しかし、六朝《りくちょう》時代㊱以降、讖緯説による事象の吉凶占断は弊害が大きかったため、讖緯説自体が禁止されたり、距離を置かれるようになる。

㉞哀平の際　中国・前漢の哀帝と平帝の時代。前七年～六年。
㉟王莽（前四五～二三）　中国・前漢末の政治家。平帝を毒殺して帝位に就き、新を建国した。
㊱六朝時代　中国における呉・東晋・宋・斉・梁・陳の六王朝の時代。二二二年～五八九年。

◇『日本書紀』を粉飾した讖緯説

さて、讖緯説の日本への伝来だが、それは飛鳥時代とも奈良時代ともいわれる。少なくとも奈良時代には讖緯説が伝えられていたと考えられる根拠は、讖緯説の革令・革運・革命思想と改元との関係で示唆できるのだが、そのことはそれ以前に伝来していた可能性を否定するものではない。というのも、天武朝においてすでに陰陽五行思想は伝来しており、遡れば欽明天皇の時代に陰陽五行思想とともに讖緯説も伝来していた可能性が高いからである。

いずれにせよ、大切なことは、日本において讖緯説は陰陽五行思想とともに影響力をもっていた、ということにある。

平安時代初期の目録書に『日本国見在書目録』があるが、そこに『緯書』の文字が見える。日本においても、陰陽寮を中心に皇族や貴族の間では陰陽五行思想と讖緯説は知られた思想であった。

では、日本において讖緯説はどのように理解され、国家のあり方に活かされてきたのだろうか。

「干支」という言葉がある。干は「甲乙丙丁戊己庚辛壬癸」、支は「子丑寅卯辰巳午未申酉戌亥」を指し、干と支の組み合わせは、甲子から始まって癸亥まで全部で六〇パターンある。干支の組み合わせは一年ごとにめぐるため、六〇年かけて干支の組み合わせは一巡し、六一年目に最初の干支の組み合わせである甲子に戻る。『易緯』の鄭玄《ていげん》による註には、この六〇年という単位を一元といい、二一元を一蔀《ぼう》とするとある。

そして、一元ごとに、つまり六〇年に一回は必ず辛酉・甲子がめぐってくるのだが（他の干支の組み合わせも必ず六〇年に一回はめぐってくる）、とくに辛酉の年と甲子の年には変事が起こり、一蔀（一二六〇年）ごとに国家的な規模で大変革が起こると予言されている。

日本の場合、六〇一（推古天皇九）年が辛酉の年であった。その年から遡ること一蔀（一二六〇年）、西暦でいえば紀元前六六〇年も辛酉の年であり、初代神武天皇の即位した年である。ちなみに、その日は辛酉の年の一月一日であったと『日本書紀』には記されている。

このような考え方を基軸にして、皇統として都合のよい諸家の伝承や伝説を取り入れ、辛酉や甲子の年に配当し、一種の粉飾を施した正史が『日本書紀』である。讖緯説は、その後も日本で多大な影響をおよぼすこととなる。

たとえば、日本では大規模な変事や国家的な大変革が起こる年は、甲子・戊辰・辛酉の年とされ、それぞれの変事は甲子の年であれば革令、戊辰の年であれば革運、辛酉の年であれば革命と予言されるため、この年には改元が多くなされている。

実際、陰陽五行思想をはじめ、讖緯説にも精通した三善清行《みよしきよゆき》㊲は、辛酉・甲子の年

㊲三善清行（八四七〜九一八）　平安時代前期の学者。貴族。陰陽道にも通じていた。

はいろいろなことが起こるため改元すべきであると上奏している。これ以後、多少の異同はあるにせよ、六〇年に一回めぐってくる辛酉と甲子の年の改元が目立っている㊳。

◇日本で最初に草木成仏説を説いた空海

日本の仏教思想が最も影響を受けたものの一つに、如来蔵思想がある。如来蔵思想は仏性思想とも呼ばれるが、如来蔵、あるいは仏性から説明しよう。

仏性とは、仏の性質や本質を意味する。如来蔵の「如来」とは仏のことであり、「蔵」は器を指すから、如来蔵とは「人間は仏となる器を具《そな》えている」という意味の言葉である。仏性も如来蔵も、その意味するところはほぼ同じであると考えてよいだろう。

これらの論拠となる経典を確認しておくと、三世紀中葉に成立したと推定される『如来蔵経』では、書名が示すとおり、「如来蔵」という用語がダイレクトに記されている。一方、『涅槃経』では「仏性（＝覚性）とも訳される）」とあり、「一切衆生悉有仏性（すべての人間はことごとく仏の性質を具えており、仏となる可能性を有していること）」を説く。『涅槃経』よりあとに成立した『勝鬘経《しょうまんぎょう》』にも「如来蔵」という言葉が出てくる。

また、『涅槃経』と『勝鬘経』よりも古い経典に『法華経』があるのだが、『法華経』は一気に書き上げられた経典ではなく、段階的に成立したため、その成立年代を確定

㊳辛酉の年の改元は、九〇一（昌泰四）年を延喜元年とあらためたことに始まる。また、辛酉の四年後にめぐってくる甲子の年も改元が行なわれ、一〇二四（治安四／万寿元）年以降、明治以前で改元が行なわれなかったのは一五六四（永禄七）年のみ。

させるのは困難だ。だから、おおよその年代として紀元五〇年から一五〇年ごろとしておく。『法華経』では、仏性や如来蔵にあたる用語は「仏種（仏の種）」と記されており、語源的にいえば、「仏種思想」と称するのが妥当な気もする。

それでは、本来、生まれながらに具わっているとされる仏性は、どのようなプロセスを経て悟りへといたるのだろうか。

まず、仏性そのものについて考えてみると、それは単に仏の性質を有しているというだけなので、それだけでは成仏（仏になること）しているわけではない（ただし、異なる立場を説く宗派もある㊴）。それがどのような段階を経ることで仏となるかが問われるわけだ。

如来蔵（仏性）を悟りの側面からとらえると、まず覚（悟っていること）と不覚（いまだ悟っていることに気づいていないこと）を区別する。さらに、覚は「始覚」と「本覚」の別がある。始覚とは教えを聞いて修行に励むことで初めて得られる悟りであり、本覚とは人間は生まれながらに悟っている（覚）のだが、人間は悟っていることに気づいていないため（不覚）、不覚を滅することで始覚が得られ、本覚へいたるという意味が込められている。

つまり、人間はもともと仏の性質をもっているのだから、初めから悟っていることになる（覚）。しかし、迷いの多い人間は、自分が悟っていることに気づかない（不覚）。

㊴中世に成立した天台本覚思想では、そもそも人間は仏の性質を有しているため、悟りを開いていることになる。したがって、悟りのための修行をする必要はなく、この世はすべて仏にあふれている、としている。

だから、師から教えを聞いて、これを実践することで初めて悟りにいたったとき（始覚）、もともと悟っていることに気づくというわけである（覚）。

この如来蔵思想は、「一切衆生悉有仏性」を説く『涅槃経』を論拠に、日本では「山川草木悉有仏性（成仏）」[40]として一般化するのだが、この立場を草木成仏説という。

実は、高等学校の日本史や倫理の授業では、草木成仏説は最澄との結びつきで説明されるため、最澄に特有な思想と理解されている。しかし、草木成仏説を日本で最初に説いたのは真言宗の開祖空海なのである。空海は『吽字義《うんじぎ》』のなかで「草木也成。何況有情」と記し、心をもたない草木（無情）ですら成仏できるのだから、どうして心をもつもの（有情）が成仏できないことがあろうか、と説いている。

◇最澄の思想と南都六宗

一方、天台宗の開祖最澄は「木石仏性」を説き、やはり心をもたない木石でも仏性を具えている、と唱える。ただし、実は最澄は草木まで成仏できるとは言及していない。

鎌倉新仏教の担い手でもある浄土真宗の開祖親鸞[41]は、『唯信鈔文意《ゆいしんしょうもんい》』のなかで、現世は仏性で満ち満ちているから草木国土だってことごとく仏となることができるだろう、と説いている。同じく曹洞宗の開祖道元[42]は、「人々皆仏法の器」なりと説き、

[40]山川草木悉有仏性　山でも草木でも、ことごとく仏の性質を宿し、仏となることができること。

[41]親鸞（一一七三〜一二六三）　鎌倉時代の僧。浄土宗の祖法然に師事した。のち浄土真宗を開き、万人救済を説いた。

[42]道元（一二〇〇〜一二五三）　鎌倉時代の僧。建仁寺で禅を学び、のち越前国（福井県）に永平寺を開いた。著書に『正法眼蔵』などがある。

草木やがれきも含めて、この世界はすべて仏性の現われととらえている。だが、最澄と同様、草木まで成仏できるとは説いていない。

しかし、『涅槃経』ではたしかに「一切衆生悉有仏性」と説いてはいるが、これはあくまで衆生を前提にして説かれているのであり、草や木などは端から想定していないのである。つまり、草木説はのちの論争や解釈のなかで発展してきた教えといえる。

実は、仏教発祥の地である古代インドやそれが初期に伝播した中国でも、日本と同様、誰でも悟ることができるのか、それとも悟ることができない者もいるのかという、悟りの差別にまつわる論争があった。まさしく、大乗仏教が掲げる教えである如来蔵思想や「一切衆生悉有仏性」、あるいは草木説の是非にかかわる大問題である。

たとえば、三世紀前後に成立したと推定される『解深密教《げじんみっきょう》』という大乗仏教の経典がある。これは、日本においては、南都六宗の一つである法相宗が依拠する教典の一つとして知られる。

それによると、衆生には機根《きこん》というものがあり、この機根には差別があるという。機根とは、教えを聞いて修行をすることができる能力とか、仏の教えを理解できる度量・器といった意味がある。したがって、仏の教えを理解したり、修行できるか否かは、その者の力量で決まるため、誰もが成仏できるわけではない、と法相宗は説くわけだ。

それでは、仏種を説く『法華経』は、一乗の教え、すなわち仏となることができる唯一の教えを説くのであろうか。これについて、法相宗は『法華経』が一乗を説くのは生まれながらにして悟りを開けない者や成仏できない者が仏になろうと努力し、意欲する、その努力や思いを失わせないための方便と解釈している。

こうした見解に対して、同じく南都六宗の一つである三論宗は「一切衆生悉有仏性」を説き、法相宗と対立することとなる。しかし、法相宗の玄昉《げんぼう》㊸が帰朝すると法相宗が優勢となり、三論宗は衰退していく。

代わって、法相宗に異を唱えたのが華厳宗である。華厳宗も、やはり「一切衆生悉有仏性」を説く。法相宗の悟りに関する差別主義に対して、この世は縁起（あれがあるからこれがある、これがあるからあれがあるといった具合に、この世は原因と結果から成り立っていること）からなっており、凡夫といえども仏という源泉から生まれ出ているため、凡夫には仏性が宿っていて（これを生起という）、もともと人間は成仏していると説く。

しかし、華厳宗の教義はあまりにも理想的で観念論的であったため、現実世界を見たときには、法相宗の説く機根の差別という考え方が有効であった。というのも、人間の能力や器には、たしかに差があるからだ。物覚えのよい者もいれば、何回言ってもわからない者もいるし、行ないを続けることができる者もいれば、何をやってもす

㊸玄昉（?～七四六）奈良時代前期の僧。留学先の唐に一九年滞在し、帰国。吉備真備とともに橘諸兄に重用された。

ぐに飽きてしまう者もいる。それらは、機根に差があるからだ――。

以上のように、南都六宗では法相宗が優位優勢であった。

◇勝敗がつかなかった「三一権実論争」

さて、いよいよ最澄のお出ましである。「木石仏性」を説き、「一切衆生悉有仏性」や「山川草木悉有仏性」を支持する最澄は、当然のことながら、法相宗の三乗思想を非難する。

三乗思想とは、ブッダは声聞《しょうもん》と縁覚《えんがく》と菩薩を差別し、それぞれ異なる修行と悟りを説いたという教えである。声聞・縁覚・菩薩を乗り物にたとえて、これを三乗という。声聞とはブッダから直接、教えを聞くことで悟りにいたる者の悟り方で、縁覚とは教えを請う師がいなくても、自分一人で悟りにいたる者の悟り方である。また、菩薩とは自己の悟りのみならず、他の者をも悟りに導く悟り方とされる。

法相宗の僧徳一《とくいつ》（?〜八四三）は、声聞・縁覚・菩薩の三乗に加え、声聞にも菩薩にもいたることができる者、生まれながらに成仏できない者（五性各別）とを差別し、成仏できる者とできない者がいるし、悟り方にも違いがあると説く。

対する最澄は、声聞・縁覚・菩薩の差別は方便であり、声聞であろうが縁覚であろうが、あるいは菩薩であろうが、結局は悟りにいたるわけだから、最終的には成仏できると説いた。ブッダの教えはたくさんあるように見えるが、その真なる教えは一つであり、誰もが仏となることができると説く。これを一乗思想という。

さて、法相宗の徳一が説く三乗思想と最澄の一乗思想をめぐる論争は、「三一権実《さんいちごんじつ》論争《ろんそう》」といわれる。「三一」は三乗思想と一乗思想のことで、「権」は「仮の」「方便」、「実」は「真実」を意味する。つまり、三乗思想と一乗思想はどちらが真実なのかという論争である。

五年にもおよんだ両者の論争は、結局、勝敗がつかなかった。論争中に徳一も最澄も他界してしまったからである。

ちなみに、一乗と三乗があって二乗はないのかと疑問に感じる人もいるだろう。たしかに、仏教には二乗という教えもある。この場合、二乗は声聞と縁覚を指す。これらは迷いをすべて断った悟りの境地であるため、この段階の悟りを「阿羅漢《あらかん》」という。大乗仏教では、この阿羅漢は自利に徹する者として厳しく非難される。自分だけが悟って他の悟りは後回しで、まったく眼中にないというわけである。

大乗仏教では、「二乗の者は地獄にさえ落ちない」と説く。地獄に落ちた者なら、再び生まれ変わって大乗の教えとめぐり合うこともできるが、地獄にさえ落ちない阿羅漢は、悟っているため地獄には落ちず、再び生まれ変わって仏の教えと出合うこともないという。だから、阿羅漢は仏にはなれない、とにべもない。

◇『三教指帰』に見る空海の思想

さて、空海の思想について見てみたい。

ライバルの最澄が桓武天皇をパトロンとしていたのに対して、空海は嵯峨天皇を庇護者としていた。また、最澄には旧仏教（奈良仏教）のなかでも法相宗との論争が目立つが、政治色の濃かった空海は、その人柄のよさも幸いして、そうした顕著な対立はなかったようである。

空海は二四歳のとき、処女作である『聾瞽指帰《ろうこしいき》』を著している。これをもとにして成立したのが『三教指帰《さんごうしき》』である。二〇代のころの自著に五〇代の空海が手を加えて完成させた同書は、朝廷に献上されている。

書名にある「三教」とは、儒教・道教・仏教を指しているのだが、この書物にはこれら三教を比較して、仏教の教えこそが究極の真理と断ずる道程が記されている。

空海は、儒教にせよ、道教にせよ、仏教にしても、愚かな心を導く教えであるには違いない、という。しかも、人間という存在は性質も欲望もさまざまであるから、それぞれに応じた治療が必要で、治療にあたる優れた医者が必要であるという。その優れた医者と呼ばれる者が、儒教を説く儒者であり、道教の道士であり、仏教の僧というわけだ。

儒者の説く儒教のよいところは、孔子が説いた三綱五常《さんこうごじょう》の教えを学ぶことで大臣になれることだ、と空海はいう。同じく道教は、老子が教えた陰陽の変化を伝授されれば、道教寺院の主になれるところにある、という。

しかし、これら二教より仏教の教えが優れているのは、教養という点でもご利益という点でも、大乗仏教の真理は二教に比べてはるかに深く、仏教は自分だけでなく他人にもご利益をもたらし、他人を救済することもでき、鳥や獣の救済さえ忘れてはいないからだ、と説く。それゆえに、空海は仏教の教えとその道を人々に勧めるのだ、というのである。

しかし、空海ほどの人物にしては、二教に対する理解が浅薄な印象を受けないだろうか。

◇現世利益と加持祈祷を昇華させた思想体系

まず、空海は三綱五常を孔子が唱えたと理解しているが、これは間違いである。そもそも三綱とは、君臣・父子・夫婦の関係として正しいあり方を指していて、五常は孟子が説いた四徳（仁義礼智）に「信」という徳を加えて董仲舒《とうちゅうじょ》㊹がつくった用語である。したがって、三綱はともかく、五常は孔子が説いたわけではないのだ。

しかも、空海には五常と五倫の違いも理解できていなかったような気配がある。五倫と呼ばれるのは、君臣・父子・夫婦の関係として正しいあり方を示す三綱に、兄弟・

㊹董仲舒（前一七六？～前一〇四？）中国・前漢時代の儒学者。儒教を正統な官学とすることに貢献した。

朋友を加えたものを指す。もし、空海が儒教を正しく理解していたなら、三綱五常ではなく、五倫五常と表記すべきだっただろう。

ちなみに、五倫とは人間関係で守らねばならない徳目であり、五常とは個人が常に身につけねばならない徳目を指す。だから、五倫は君臣関係で大切な義・父子関係の親・夫婦間の別・兄弟間の（長幼の）序・朋友関係では信という徳目が大切としたのである。

加えて、道教についても空海の理解は危なっかしい。老子はタオを説いたのであって、陰陽の変化を説いたわけではなく、陰陽の変化は諸子百家の陰陽家のものである。しかも、道教と老荘思想と陰陽家の陰陽説を整理しないまま云々《うんぬん》している。

以上のようなことから、空海の『三教指帰』を日本における比較思想論と評価するのは、やや無理があると思う。

とはいえ、当然のことながら、だからといって空海の真言密教が否定される理由にはならない。平安時代は奈良時代と同様、鎮護国家を国策としており、現世利益を実現する声も大きかった。現世利益とは、この世界で神仏からの恩恵を受けることであり、息災・治病・延命・得財などがその恩恵の主だったものである。そして、現世利益を実現するために期待された方法が加持祈祷であった。加持祈祷とは、現世利益というニーズと結びつき、神仏の恩恵を受けたり、病気や災難を除くための呪術的な祈りである。

空海の真言密教は、現世利益と加持祈祷を見事に昇華させたものである。すなわち、「偉大なる光り輝く神（天照大神と習合しているため、このように形容させてもらう）」である大日如来（盧舎那仏）を本尊に据え、これを宇宙の本体にして、密教における原理原則と位置づけ、宇宙というものは大日如来の分身である無数の仏によって構成されていると説く。

さらに、真言密教における救いとは、死んだあとに成仏して得られるものではなく、この現世で大日如来と一体となることで得られると教える。大日如来と一体となったとき、それはこの身のままで仏となることを意味するため、これを「即身成仏」という。

そして、即身成仏にいたるための手法が三密である。三密とは身口意のことであり、身に印契を結び、口に真言（マントラ）を唱え、意（心）に神仏を観じる（神仏の姿をありありと思い浮かべる）ことを指す。加持祈祷とは、この三密によって遂行されるため、空海の真言密教は時代のニーズにいち早く対応したものであったといえる。

◇古代インドで誕生していた末法思想

さて、平安時代の中期以降から広がりを見せる「末法思想」について見てみよう。

末法思想とは、ブッダ入滅後、正法から像法へ、像法から末法へと時代が進む、という仏教的時代観・歴史観のことである。

正法とは、教・行・証が得られる時代を指す。教とはブッダの悟った真理であり、ブッダの教えである。行は悟りを開くための正しい修行であり、証とは修行の結果としての悟りを意味する。つまり、正法段階では、ブッダの教え、すなわち彼の悟った真理が息づき、悟りを開くための正しい修行もあり、その結果として悟りを開くこともできる時代というわけだ。

正法の次の時代が像法である。像法は教と行のみがある時代を指す。つまり、ブッダの教えと正しい修行が得られる時代であるのだが、その結果としての悟りは得られない。

そして、最後の末法の時代になると教のみがあり、正しい修行も悟りも得られないとされる。

それでは、正法・像法・末法はどのくらいの期間続くのであろうか。実は、有力な説が四つくらいあって、よくわからないというのが実情である。

末法思想のプロトタイプ（原型）は、古代インドですでに登場している。初期仏教の段階で、ブッダの正しい教えというものは、いずれ衰退してついには滅んでしまうと教や律に記されているのだ。しかも、正法という時代は、その期間を一〇〇〇年とするものや五〇〇年とするものがある。これに関しては、もともと正法の期間は一〇〇〇年間であったが、女性の出家者を認めたため五〇〇年に減じてしまったからだという。

いずれにせよ、正法五〇〇年・像法五〇〇年とする説、正法五〇〇年・像法一〇〇〇年とする説、正法一〇〇〇年・像法五〇〇年とする説、正法一〇〇〇年・像法一〇〇〇年とする説の四つがあって、末法に関しては、一万年、あるいは万年と記されるのみである。

中国における末法思想に関する最古の記録は、慧思《えし》㊺の『南嶽思大禅師立誓願文《なんがくしだいぜんじりゅうせいがんもん》』という書物だが、そこでは正法五〇〇年・像法一〇〇〇年・末法万年と記している。一方、わが国ではブッダ入滅を紀元前九四九年に設定しているため一〇五二（永承七）年から末法が始まるのだが、正法一〇〇〇年・像法一〇〇〇年・末法一万年となっている。

末法では、仏の教えのみが存在する。そんな時代が一万年にもわたって続くのだから、人々は救われないことになる。そうした末法の世だからこそ、代わって真の教えを説く存在がクローズアップされるわけだ。それが、如来や菩薩であるという。如来や菩薩が、ブッダに代わって仏の悟った真理を衆生に説くのである。

㊺慧思（五一五〜五七七）
中国・南北朝時代の僧。天台宗の創始者。

◇新興宗教としての三階教

さて、インドで記された末法に関する教や律は、やがて中国へ伝播し、隋・唐代に流行することとなる。これと相俟《あいま》って、つまり末法思想を背景に、中国では三階教《さんがいきょう》や浄土信仰、あるいは浄土教が生み出されることとなる。

三階教は、信行《しんぎょう》（五四〇～五九四）が開いた新興宗教である。末法思想の時代区分である正法を第一階、像法を第二階、末法を第三階と位置づけ、「いま」は末法（第三階）の時代に入っているから、一乗や二乗の教えでは、もはや衆生を救うことは叶わない、という。

第三階という時代にふさわしい救いとは、普法（あらゆる仏）・普教（あらゆる経典）・普敬（あらゆる僧）に帰依するしかないと説き、その修行は乞食行を専らとし、食事は一日一食としていた。しかし、六〇〇年、隋の文帝によって信行の三階教は邪教と見なされ、弾圧の対象となってしまった。

◇浄土信仰とは何か

いよいよ、日本人にとっては、ある意味で最もポピュラーな思想ともいえる浄土信仰について見てみよう。

浄土教とは、阿弥陀如来が住まう極楽浄土に、それを信仰する者が死後往生し、仏となることを説く教えである。サンスクリット語では、阿弥陀仏を「アミターバ」や「アミターユス」という。アミターバは「無限の光」を意味し、アミターユスは「無限の寿命」を意味することから、阿弥陀如来は無量光仏、無量寿仏とも呼ばれている。

また、阿弥陀如来が住む極楽浄土についてであるが、「極楽」とはサンスクリット語で「スカーヴァティー」という。これは、「幸福のあるところ」とか「幸福に満ちているところ」を意味する。浄土とは、仏国土（仏の住む世界）の一つだが、清浄なる世界を指し、穢れた世界を示す穢土《えど》と対になっている。極楽浄土は西方十万億土の彼方にあり、東方の浄瑠璃界という仏国土には薬師如来が住んでいる。

『仏説無量寿経』によると、悟りを開いているにもかかわらず、あえて成仏することを拒み、みずから「四十八の誓願」を立て、これらがすべて成就しないうちは成仏しないと心に決め、みごと「四十八の誓願」が成就してなったのが阿弥陀如来であるという。

浄土教では、「四十八の誓願」のなかでも「第十八願」を最も重視する。第十八願とは、あらゆる世界に住む人々が私の国土への往生を願って、少なくとも一〇回は私の名を称えたにもかかわらず、万が一にも私の国土に往生できないことがあるならば、私は仏にならない、という願である。

「四十八の誓願」をすべて果たした阿弥陀如来の救済力に身をゆだね、その名を称えることで往生を願う信仰や教えを、総じて浄土信仰や浄土教という。

インドには、浄土教なる一宗派が成立したという記録は存在しないのだが、一世紀ごろに『無量寿経』と『阿弥陀経』が編纂されていることから、このころには極楽浄土への往生を説く教えが成立していたことは間違いないと考えられ、空の思想を完成させた八宗㊻の祖ナーガールジュナ（龍樹）㊼も浄土への往生を記している。

その後、二世紀の終わりごろには、インドから中国に浄土教関連の経典が伝来し、五世紀初頭には中国浄土教の担い手である「白蓮社《びゃくれんしゃ》」が現われる。以後、善導《ぜんどう》㊽が現われ、『仏説観無量寿経』は称名念仏（仏の名を称えれば往生できること）を説く教えであると理解することで、称名念仏を修行の中心とする浄土思想が確立することとなる。とはいえ、中国における宗教の主流にいたることはなかった。

◎「厭離穢土」と「欣求浄土」

一方、日本においては七世紀前半、すなわち飛鳥・奈良時代には浄土教や浄土信仰が伝来していたと考えられている。これに呼応するかのように、そのころには阿弥陀仏像の造立が盛んになっている。

平安時代初期の浄土教の担い手としては、円仁《えんにん》㊾と良源《りょうげん》㊿が挙げられるが、彼らの活動によって観想（相）念仏が日本に広められることとなる。観想念仏とは、阿弥陀

㊻八宗　大乗仏教のすべての宗旨・宗派のこと。

㊼ナーガールジュナ（一五〇？～二五〇？）インドの大乗仏教を確立した僧。龍樹菩薩。

㊽善導（六一三～六八一）中国・唐時代の僧。浄土教を大成した。

㊾円仁（七九四～八六四）平安時代前期の僧。慈覚大師。一五歳で最澄に師事した。第三代天台座主。

㊿良源（九一二～九八五）平安時代中期の僧。慈恵大師。天台宗中興の祖とされる。

如来の姿と極楽浄土を心のなかで憧憬の念を抱きながら思い描き（これを「観じる」という）、「南無阿弥陀仏」と称える修行の一つである。

平安時代中期になると、空也《くうや》⑤¹と源信《げんしん》⑤²によって浄土教（浄土信仰）が広められることとなる。

私度僧であった空也は、諸国を遊行しながら浄土信仰を民間ベースで流行させたが、具体的には踊りながら「南無阿弥陀仏」と称える「踊念仏」を浸透させたため、空也は踊念仏の創始者とされる。また、のちに時宗《じしゅう》の一遍《いっぺん》⑤³も踊念仏を取り入れたため、これらが盆踊りの起源になったといわれている。さらに、空也は道路や橋をつくり、寺などを修理したほか、貧民や病人の世話もしたため、人々から「市聖《いちのひじり》」「阿弥陀聖《あみだひじり》」と尊称されることとなる。

一方、比叡山の延暦寺で天台宗を学んだ源信は、貴族社会を中心に浄土信仰を広めることとなった。源信が著した『往生要集』は、観想念仏を重視する立場が打ち出されているが、『往生要集』のポイントは「厭離穢土《おんりえど》」と「欣求浄土《ごんぐじょうど》」という考え方に尽きる。

厭離穢土の「厭離」とは、うとい離れることであり、「穢土」とは穢れたところを意味するため、穢れた世界をうとい離れることを指す。また、欣求浄土の「欣求」は喜び求める（望む）ことであり、「浄土」は極楽浄土を指すため、極楽浄土への往生

⑤¹空也（九〇三～九七二）平安時代中期の僧。庶民を中心に阿弥陀信仰と念仏を広めた。

⑤²源信（九四二～一〇一七）平安時代中期の僧。良源に師事。恵心僧都。

⑤³一遍（一二三九～一二八九）鎌倉時代の僧。時宗の開祖。遊行上人。円照大師。

を喜んで求め、望むということになる。

総じて、「厭離穢土」「欣求浄土」を軸とする源信の浄土教、あるいは浄土信仰とは、この世界は汚れているため、穢れた世界をうとい離れて、阿弥陀如来が住む清浄なる世界、すなわち極楽浄土への往生を喜んで求める教え、ということになる。

とはいえ、極楽浄土へ往生すれば即成仏できるというわけではない。阿弥陀如来を篤く信仰し、南無阿弥陀仏と観想念仏しつつ、そのほかの修行もすることで、死後、極楽浄土に迎え入れられ、直接、阿弥陀如来から正しい教えと正しい修行を説かれ、これを実践することによって、初めて来世で必ず成仏できるとされているのだ。

ちなみに、源信の『往生要集』にある厭離穢土の説明部分では地獄の様子が説かれているのだが、それがもとになって地獄絵図が描かれるようになり、以降、今日にいたるまで、そこに描かれた地獄のイメージが日本人の脳裏に刻印されることとなる。

◎末法思想が生み出した浄土教

さて、日本においては一〇五二（永承七）年以降、末法に入ったとされ、平安時代末期になると浄土信仰はますます流行していった。先にも述べたように、末法はブッダの教えのみがあり、仏となるための正しい修行も、その結果である悟りも得られない時代で、それが一万年も続くのである。

ところで、奈良仏教の徳一と平安仏教の最澄との論争にも顕著なように、それまでの奈良仏教や平安仏教での論争の火種は「成仏できる者と、そうでない者がいるのか、否か」という点にあった。しかし、末法思想はこの問題をスルーしてしまうため、末法思想のバックボーンは明らかにされず、その影響を疑問視する立場もある㊹。

しかしながら、浄土教が最も重視する「第十八願」や浄土教が日本に伝播した時期を考えるならば、阿弥陀如来の名を少なくとも一〇回称えれば極楽往生できるため、機根の有無や成仏できる者とできない者が生まれながらに決まっているとか、誰でも成仏できるとか、草木まで成仏できるとか、そのような論争自体を無視することができるのは自明であろう。そもそも浄土教自体が末法思想を背景に生み出されているため、その影響力を限定するものではないといえる。

また、「第十八願」には例外も記されている。阿弥陀如来の名を称えれば誰でも往生できるわけでなく、「五逆の罪を犯したる者と仏法を謗《そし》る者は除く」とあるのだ。五逆とは、父殺し、母殺し、阿羅漢殺し、僧の和合を破ること、仏身を傷つけることであり、これらの罪を犯した者は往生できないわけだ。五逆のうち一つでも犯せば、無間地獄《むげんじごく》に落ちるとされている。

しかし、そのことは生まれながらに成仏できる者とできない者がいるという差別主義とは根本的に異なる。成仏できるかどうかが生まれながらに決まっているという立

㊹森新之介（早稲田大学）など。

場からすると、個人の意志や努力はほとんど意味をなさなくなるが、浄土教の五逆の罪を犯す行為と仏法を謗る行為は本人の意志や選択にもとづくもので、生まれながらに決まっていることではない。したがって、浄土教の重視する「第十八願」の例外をもって、機根の有無による差別主義ということにはならないのだ。

その後、良忍《りょうにん》⑮が現われて「一人の念仏が万人の念仏と融合する」と説き、融通念仏が形成され、鳥羽上皇の勅願によって良忍が総本山である大念仏寺を開創し、今日にいたっている。大念仏寺にちなみ、融通念仏は大念仏宗ともいう。

⑮良忍（一〇七二～一一三二）平安時代後期の僧。融通念仏宗の開祖。聖応大師。

第2章

中世の歴史と思想

中世の略年表

区分	時代	年	出来事
古代	平安時代	1086（応徳３）	白河上皇が院政を開始
		1185（元暦２）	壇ノ浦の戦いで平家滅亡
中世	鎌倉時代	1221（承久３）	承久の乱
		1274（文永11）	文永の役
		1281（弘安４）	弘安の役
	建武の新政	1333（元弘３）	鎌倉幕府滅亡
	室町時代	1336（建武３）	湊川の戦い。南北朝分裂
		1392（明徳３）	南北朝合一
	戦国時代	1467（応仁元）	応仁の乱
近世	安土桃山時代	1573（天正元）	室町幕府滅亡
		1582（天正10）	本能寺の変

ここからは、鎌倉新仏教と中世の思想について見ていきたい。

周知の通り、鎌倉新仏教とは法然《ほうねん》①の浄土宗に始まり、親鸞の浄土真宗と一遍の時宗といった浄土念仏信仰、栄西《えいさい》②の臨済宗と道元の曹洞宗といった禅宗、そして法華至上主義を説く日蓮③の日蓮宗を指す。

これらは日本史や倫理の教科書によって、鎌倉時代を特徴づける宗教として、また一時代を担う趨勢のように印象づけられているが、さにあらず。鎌倉時代においても、時代をリードし、絶大なる力をもっていたのは、やはり南都の奈良仏教と北都の平安仏教であった。奈良仏教は顕教として、平安仏教は密教として、互いに競い合いつつ、連携しながら棲み分け構造を担保していたのである。

というのも、中世にいたってもなお顕教と密教は国家や個人の現世利益を実現すべく、その主要な担い手になっていたからで、律令体制が崩壊したあとは国からの保護や後ろ盾を失ったものの、それぞれの寺が置かれた土地とそこに暮らす民衆を治めるようになるからである。

その際のイデオロギーが、善因善果・悪因悪果という「因果応報」の思想であった。つまり、寺に対する労役や年貢はよい心・よい行ないであり、その結果としてさまざまな現世利益が報いとして得られるというのである。対して、寺に対する反抗は悪い心・悪い行為であり、それは必ずや天罰として現われるというわけだ。

①法然（一一三三～一二一二）　平安時代末期から鎌倉時代初期の僧。京都・東山で浄土宗を開く。円光大師。

②栄西（一一四一～一二一五）　平安時代末期から鎌倉時代初期の僧。中国・宋で禅を学び、帰国後、臨済宗を開いた。宋から茶の種を持ち帰り、日本に栽培法を広めたことでも知られる。

③日蓮（一二二二～一二八二）　鎌倉時代の僧。日蓮宗の開祖。他宗を激しく批判したため、幕府から弾圧を受けた。立正大師。

しかも、この場合の寺とは方便であり、寺に対する善行悪行は仏や菩薩に対するものと同一視され、仏や菩薩から善果悪果が下されると考える。

このような具合に、いわば神仏の代弁者として寺が位置づけられ、それらが地縁結合された民衆を制度的にもイデオロギー的にも治めていくこととなるのである。したがって、中世においても引き続き奈良仏教と平安仏教は影響力をもっていたのであり、奈良仏教の顕教と平安仏教の密教を総じて「顕密仏教」と称するのである。

それでは、顕密仏教の支配する仏教界において、どのような形で鎌倉新仏教が形成されていったのか、また彼らの問題意識がどう顕密仏教と異なっていたのか、といったあたりをたどってみたい。

第一項 鎌倉時代の思想

まずは鎌倉時代の浄土信仰について、とくに法然を中心に見ていこう。広い意味では、平安時代の浄土教も法然や親鸞、あるいは一遍の宗派も浄土信仰に括られるのだが、平安時代までのそれと法然たちのそれとはまったく異なる立場を打ち出している。いわば、法然の登場によって浄土教のあり方が一変し、新しい浄土信仰の形態が説かれ始めたのである。そのあたりの背景も押さえつつ、鎌倉時代の浄土信仰を綴ってみたい。

◇法然の『選択本願念仏集』と専修念仏の提唱

法然は、比叡山で天台教学を学び、奈良仏教も兼修していたため、「智慧第一の法然房」と称されていた。一一七五（承安五）年、彼が四三歳のとき、善導の『観無量《かんむりょう》寿経疏《じゅきょうしょ》』にある「一心名号阿弥陀名号」の一文に出合い、専修《せんじゅ》念仏に帰依する。善導といえば、中国の浄土信仰と称名念仏を説いた僧である。善導が浄土信仰として打ち出した修行とは、仏の名を称えることであり、それが阿弥陀仏であった。つまり、心を尽くして全身全霊を賭して阿弥陀仏の名を称えることが、極楽往生するには大切な修行というわけだ。

そして、九条兼実《くじょうかねざね》④の求めに応じて法然がしたためた書が『選択《せんちゃく》本願念仏集』であり、ここで初めて専修念仏を提唱するにいたる。専修念仏とは、貴賤《きせん》の区別をはじめ、男女の区別も問わないことを前提としており、極楽往生のための修行の一つと考えられていた観想念仏を否定し、称名念仏のみをただ一つの修行とする立場を指す。

また、称名念仏という行は誰でもできる容易い修行という意味で「易行《いぎょう》」といい、極楽往生のための修行は念仏を称えるだけの行であるため、「念仏一行」ともいう⑤。

これまで、とくに平安時代の広い意味での浄土信仰、狭義には浄土教と称されるものは、とくに源信の『往生要集』でも重視されているのだが、観想念仏を専らとし、しかも極楽往生のための修行の一つにすぎなかった。つまり、極楽往生のための修行はほかにもたくさんあるわけだ。お経を読んだり、仏像をつくったり、お寺を建てたり、写経をしたり、といった具合に。

しかし、これらの修行は金持ち（皇族や貴族）にしかできない修行である。というのも、一般庶民に経を読むことはできないし（文字が読めないため）、お寺を建てる金もなければ、写経をするための紙すらないわけで、やはり庶民が捨て置かれている

④九条兼実（一一四九〜一二〇七）　平安時代末期から鎌倉時代初期の貴族。藤原忠通の六男。四〇年におよぶ日記『玉葉』は有名。天台座主の慈円は同母弟。

⑤「南無阿弥陀仏」を称えることを念仏という。「南無」とは「帰依する」という意味。

からである。

ところが、法然は貴賤男女を区別せず、名号（阿弥陀仏）を口で称えるという修行のみを選び取り、その他の修行を一切合切、捨ててしまったのだ。だから、「選択」とは何かを選び取るとともに選び取られなかった何かを捨て去ることだと説くわけである。

当然のことながら、専修念仏の提唱は奈良仏教から厳しく非難され、激しい弾圧を受けることとなる。その背景には、勝手に私事で教義をこしらえて、これを人々に広めれば、人々を迷いの道へと誘うことになるし、伝統的な仏教勢の衰退をもたらしかねないと判断されたからである。それだけ、専修念仏に帰依する信者が多かったことを物語っているわけだ。

いずれにせよ、法然が『選択本願念仏集』を著すことで、旧仏教側（奈良仏教）による法然に対する弾圧行為は本格化することとなる。興福寺の貞慶《じょうけい》⑥は「興福寺奏状《そうじょう》」を朝廷に提出し、華厳宗の明恵《みょうえ》⑦は『摧邪輪《ざいじゃりん》』を著して、法然を激しく非難した。その他、慈円《じえん》⑧が『愚管抄』で、日蓮は『立正安国論』で、専修念仏を厳しく糾弾している。ここでは、興福寺と明恵による法然批判を拾い出してみよう。

⑥貞慶（一一五五～一二一三）平安時代末期から鎌倉時代初期の僧。法相宗中興の祖とされる。藤原通憲（信西入道）の孫。

⑦明恵（一一七三～一二三二）鎌倉時代初期の僧。京都・神護寺の文覚に師事。華厳宗中興の祖。

⑧慈円（一一五五～一二二五）鎌倉時代初期の僧。関白藤原忠通の子。九条兼実の弟。四度、天台座主となった。

◇「興福寺奏状」に見る法然批判

興福寺の貞慶がしたためた「興福寺奏状」には、法然批判が展開されている。その内容を追ってみよう。

「興福寺奏状」は、まず法然が開いた浄土宗には伝灯《でんとう》の事実がないと指摘し、八宗（南都六宗と天台宗、および真言宗のこと）はすべて面受口決《めんじゅくけつ》によって伝灯を相承してきたと訴える。伝灯とは、仏の教えを灯にたとえ、（迷い多き衆生を導くために）暗きを照らす灯を師から弟子へと伝えることを指す。これを浄土宗では相承血脈《そうじょうけつみゃく》の法と断じて、徹底的に否定するわけである。

相承血脈とは、仏教における法（仏の悟った真理のこと）が師から弟子へと相続・継承されていくことを、人体を流れる血液にたとえた用語なのだが、その継承にともなって、本尊や戒律、あるいは経や奥義の類を師から弟子へと授けていく。いわば、伝灯と相承血脈の類は、旧仏教のみならず平安仏教がみずからの正当（統）性を示す支柱でもあるわけだ。

ところが、法然の場合はどうであろうか。彼は、「誰か聖哲に逢いて面《まのあた》りには口決を受け、幾ばくかの内証を以《も》って教誡示導するや」と言っている。つまり、伝灯の事実もないし、相承血脈の際に授けられることもない。しかも、勅許もないまま「私《わたくし》に一宗と号すること、甚《はなは》だ以って不当なり」と、法然の浄土宗を否認するのである。

一方の法然は、師資相承《ししそうじょう》の血脈というのは専修念仏を「選択」し、その他の行をすべて捨て去り、善導の開いた浄土の教えに帰依することで、その血脈は成り立っていると説く。つまり、貞慶の指摘する伝灯や血脈の類は、単なる儀式・手続き上の形式にすぎない、というわけである。

そして、伝灯の問題が形式的な手続きにすぎないとされれば、次に問題とされるのは悟りを開くための正しい修行とは何か、という問題である。つまり、正しい修行の道とは聖道門《しょうどうもん》（仏像をつくり、寺を建て、写経をするなど、さまざまな修行がある）であるのか、浄土門《じょうどもん》（往生浄土）であるのか、その是非がテーマとなる。

◇末法の世にふさわしいのはどちらか

まずは、法然が聖道門と浄土門をどのように位置づけていたのか、ということから見てみよう。聖道門とは、いろいろな修行を通じて自力で成仏する道であるのに対して、浄土門は念仏することで極楽浄土に往生し、そこで阿弥陀仏から直接、仏の悟った真理と正しい修行を得、来世で必ず成仏する道を意味する。

そこで、法然を最も悩ませた問いは「『一切衆生悉有仏性』というけれど、なぜ『いま』なお人々は悟り、成仏することができないのか」という点に尽きる。すべての衆生は仏となる性質をもっているはずなのに、なぜそれに気づかず、仏となることができないのか。それは、そもそも「いま」という時代認識がズレているため、これまでの修行のあり方とは異なる修行を「選択」していないからである、と考える。

「いま」という時代は末法であり、末法には末法にふさわしい修行があるはずなのに、いまだに聖道門の修行で悟りにいたろうとしている。末法の時代にあっては、聖道門による悟りは困難であり、末法に合った浄土門による行を「選択」しなければならない、と説く。

つまり、仏性を生まれながらに具えているにもかかわらず、「いま」なお成仏できないのは、末法の世であるにもかかわらず、聖道門を頼りに修行に励んでいるからだ、というわけである。

そして、法然はまず聖道門と浄土門のうち、後者を「選択」し、前者を捨てた。

◇称名念仏以外を切り捨てた法然

また、浄土門には雑行《ぞうぎょう》と正行《しょうぎょう》の別があり、浄土宗の頼りとする三経一論《さんぎょういちろん》⑨以外の諸経諸論を読誦したり、信仰のよりどころとしたり、極楽以外を観じたり、阿弥陀以外の仏や菩薩を礼拝したり、阿弥陀以外の仏や菩薩の名号を称えることなど、これらをまとめて「雑行」と断じ、捨て去るというのだ。

法然にとって、浄土門の「正行」とは、文字どおり、正しい修行を指すのだが、正

⑨三経一論　三つの経典と一つの論のこと。すなわち、『無量寿経』『観無量寿経』『阿弥陀経』と世親の『往生論』を指す。

行もさらに助業《じょごう》と正定業《しょうじょうごう》とを区別し、助業を捨て去るというのだ。助業とは、読誦・観察・礼拝・賛嘆供養《さんだんくよう》を指し、三経を読誦したり、極楽浄土を深く心のなかで見きわめたり、阿弥陀を礼拝したり、阿弥陀を称え、供養することを正行とはするものの、これら助業も極楽往生の修行としては捨て去るという。

法然が「選択」した正行中の正行、すなわち正定業とは何か。それこそ称名念仏であり、阿弥陀仏の名を称えるのみの修行を指す。ゆえに、法然は「念仏これ勝《まさ》り、余行これ劣《おと》なり」と説き、称名念仏以外をすべて余行（持戒や造像起塔、あるいは多聞多見など）として切り捨てるわけである。

ここまで言い切る法然の心には、「第十八願」に代表される阿弥陀の本願や名号は万徳に値するが、余行は個人個人がその一隅を守り照らすものであり、念仏は修しやすいが、諸行（さまざまな修行のこと）は修しがたいものであるし、そもそも余行ではそのほとんどの衆生の往生は断たれてしまう（貧乏人に余行の実践は無理だから）、それならば誰でも容易に実践できる念仏こそが、余行に勝るのは当たり前である、という揺るぎない信念がひそんでいる。

以上が、『選択本願念仏集』で法然が説きたかった内容である。これに対して、貞慶ら興福寺側が「興福寺奏状」をしたため、法然批判を本格化させる。

いう。

◎二派閥に分裂する法然門徒たち

興福寺側は、法然は阿弥陀の本願のみを選び取り、その他の仏や菩薩を捨て去るが、第一に「選択」せねばならない仏は釈迦、すなわちブッダであるという。そして、ブッダの教えをよりどころとせず、阿弥陀仏を第一に「選択」する浄土宗を憐れむ、という。

しかも、浄土門にせよ、聖道門にせよ、それらはブッダが苦心して得た正法（ブッダが悟った本当の真理や教え）であり、時機を選んで授けたものであると主張する。それぞれの人に合った行があるから諸行があるのであり、諸行があるからそれぞれの人の望みが得られるのだ、と説く。したがって、諸行を捨て去る法然の浄土宗とその教えは非法（ブッダの悟った真理や教えにあらず）であり、ブッダの教えに反すると断ずるわけだ。

かてて加えていうならば、法然は聖道門を捨て去り、浄土門を「選択」し、専修念仏を人々に勧めているが、彼ら念仏者たちにとって「囲碁双六《いごすごろく》は専修に乖《そむ》かず、女犯《にょはん》肉食《にくじき》は往生を妨げず」と批判し、法然の浄土宗は人々を毀損《きそん》するという。

さらに、念仏にせよ、マントラにせよ、諸宗派みな協力し合って国家安泰のために、さまざまな仏事や法事の類に努めてきたが、念仏者たちは、これら諸宗の存在意義とその役割を捨て去り、停止させようとしている。だから、ここに専修念仏は禁止すべきなのだ、と朝廷に訴えた。

「興福寺奏状」は、一二〇五（元久二）年に南都の興福寺が朝廷に対して専修念仏の停止を訴えたものだが、その前年一〇月、北嶺（叡山）の衆徒が専修念仏の停止を天台座主《ざす》真性《しんしょう》に訴えていた（「延暦寺奏状」）。朝廷側にも法然の門徒や支持者がいたため無下に弾圧もできず、静観してはいたものの、これにより事態は一変する。

一二〇六（建永元）年、後鳥羽上皇が熊野神社に参詣するため、御所を留守にしていた。そのとき、上皇が寵愛する松虫（姫）と鈴虫（姫）という側近の女性たちが御所から抜け出し、鹿ケ谷《ししがたに》草庵で行なわれていた念仏法会に参加して、そのまま上皇の許可なく剃髪して出家してしまったのだ。剃髪出家にあたったのが、法然門下の僧・安楽房と住蓮房であった。

この事態を知った後鳥羽上皇は、安楽房と住蓮房を死罪に処し、法然とその弟子であった親鸞たちも連座して流罪となった⑩。

その後、法然の門徒たちの間で、称名念仏と阿弥陀仏への信はいずれが重要かで意見が分かれるようになった。前者を説くグループを起行《きぎょう》派、後者を支持するグループを安心《あんじん》派といい、浄土真宗の開祖となる親鸞は、阿弥陀仏への信心を重視する安心派に属していた。

ちなみに、親鸞の開いた浄土真宗とは、浄土宗に「真」の文字を加えたものだが、

⑩この事件を「承元の法難」という。

そこには法然の真の教えを継承するという意味が込められている。

◇明恵の『摧邪輪』に見る法然批判

続いて、法然批判書として名高い明恵の『摧邪輪』を取り上げてみよう。

一二一二（建暦二）年、華厳宗の明恵は『摧邪輪』を著し、法然の専修念仏に批判を加えた。その書で明恵は、法然を批判するにあたって、その動機をつらつらと述べているが、以前は法然を深く尊敬していた、という。

当然のことながら、明恵にも法然と彼に関するさまざまな批判が耳に入ってはいたが、それは在家信者が法然の名を借りて手前勝手にその教えを吹聴しているものと思って、まったく信ずることはなかったという。だからこそ、これまで一度たりとも法然を批判しなかったし、他人の誹謗中傷も異に介さなかった。

ところが、先ごろ法然が著した『選択本願念仏集』を手に取り、よくよく読み進めてみるに、はなはだ残念なことではあるが、念仏というものは仏の悟った真理とその教えを意味する法（ダルマ）を汚していると言わざるを得ない、と述べている。だから、ここに『摧邪輪』を著し、念仏を破することにしたというのである。

明恵による法然批判のポイントは、「極楽往生の行とは何か」という問いから始まる。そして、極楽往生するための正しい修行とは何かという問いに対して、法然は念仏を挙げるが、明恵は菩提心とするため、両者の論戦が始まるわけである。

◇法然の阿弥陀信仰

まず、法然の立場から整理してみたい。

阿弥陀如来（阿弥陀仏）は、余行をすれば往生できるとしたのではなく、ただ念仏のみによって往生できるとしたのだから、念仏こそが極楽往生の正しい修行であると説く。

対する明恵は、菩提心こそが極楽往生の行であると説く。菩提心の「菩提」とは、仏がさまざまな修行の結果として得た知恵のことであり、これを仏果の一切智智《ちち》という。菩提心の「心」とは、この仏の知恵を求め願う心を指し、総じてこれを菩提心というわけだ。

しかるに法然は、この菩提心を余行の一つに加えて捨て去っていると、明恵は批判する。菩提心に関する説かれ方はさまざまであるが、だからといって菩提心の本質を踏み外して、まったく異なる説かれ方がされるわけでもなく、「浄土門の人師《にんし》、善導、道綽《どうしゃく》等、皆無上菩提心を以って正因《しょういん》」としていたと、明恵は指摘する。だから、法然が念仏のみを正行とするのは間違っているというわけである。

しかも、あらゆる仏はこの菩提心を第一に掲げ、これを大切にしてきたし、法然が頼りとする阿弥陀如来とて例外ではなく、衆生においても菩提心は成仏に欠かせない行の一つなのだと、明恵は主張する。

その証拠に、阿弥陀如来の「四十八の誓願」には「発菩提心（菩提心のこと）」と記されており、人の心のありよう、もちようとして、この菩提心が往生には欠かせないと説いているではないか、と指摘する。

さらに、法然が捨て去った観想念仏と彼が「選択」した口称念仏（称名念仏のこと）を取り上げて、よくよく吟味してみると、観想念仏と口称念仏の関係は相互に関連しており、まったくの別物でも、まったくかかわらないものでもない、と明恵は説く。

たとえば、「リンゴ」と口で称えるとき、私たちはリンゴを頭（心）のなかで想い浮かべて（観想）、「リンゴ」という言葉を発する。決して、心のなかで「トンカツ」を想い浮かべて、これを「万年筆」と口称することはないのである。

これと同じように、阿弥陀如来を口称するとき、すでに心のなかには阿弥陀を想い浮かべて「阿弥陀」と称えているのであって、「阿弥陀」を称えつつ、心のなかでは「薬師如来」を想い浮かべることはない。

だから、観想と口称念仏はまったくかかわることのない別物ではないし、念仏を「選択」して、観想を捨て去るという立場は間違っている、というのである。

にもかかわらず、もし観想念仏と口称念仏のいずれが勝り、いずれが劣っているのかと問われれば、迷わず観想念仏が勝であり、口称念仏が劣であると、明恵は説く。

というのも、菩提心は衆生の心の現われであり、観想念仏もまた人の心の現われで、人の心のうちへと広がっていくものだから、という。対する口称念仏は、つねに外へと向かって発するものであり、菩提心を欠いているため心が空洞になっているというわけである。

明恵は、口称念仏は正行業ではなく助業であり、観想念仏にせよ、口称念仏にせよ、そもそも菩提心を欠いたものは行としては成立しない、と断ずるのである。

しかしながら、法然は頑《かたく》なに阿弥陀に菩提心は存在しないと説く。『観無量寿経疏』の「一向に専ら阿弥陀仏の名を称せしむるにあり」を引き、「一向」に着目するからである。

もし、菩提心が正しい行として必要であるならば、称名を「一向」とはせず、「兼行」とするはずなのに、さにあらず。一向念仏なのである。「一向」とは「ひたすら」の意味であり、ひたすら阿弥陀の名を口で称えることを説いているため、阿弥陀に菩提心は存在しないとするのだ。

といった具合に、両者の対立ポイントは極楽往生の他の正しい行が菩提心なのか、それとも口称念仏なのかをめぐる争いということになる。

しかし、見落としてはならない点は、明恵にしても、法然にしても、末法という時代を前提に、両者ともにこれを認め、そして自覚したうえで、どうすれば末法の世を超克できるか、いかに末法の世で救われるかを熟慮したことである。その結果、明恵は菩提心に、法然は念仏のみに救いの道を見出したのではないだろうか。

◇親鸞の「悪人正機説」

既述のとおり、法然の弟子たちは称名念仏を重視する起行派と阿弥陀仏への信に重きを置く安心派に分かれてしまう。親鸞は、阿弥陀への信仰心が極楽往生にとって最も大切であると説く安心派に属していた。そして、親鸞が開いた宗派が浄土真宗である。これから、親鸞の信仰の立場を見てみよう。

法然の専修念仏は、念仏のみが極楽往生のための行であると説いた。これを発展深化させたのが、親鸞の浄土信仰である。

親鸞によれば、まず阿弥陀仏への信心が先にあり（これを信心為本《しんじんいほん》という）、阿弥陀仏を誠心誠意、信じきったとき、自分の意志（はからい）ではなく、おのずから阿弥陀仏のはからいで「南無阿弥陀仏」と発せられるものでなければならない、と説く。これを、自然法爾《じねんほうに》（おのずから阿弥陀仏のはからいで念仏を発すること）という。

だから、自分の意志で念仏を称えれば、それだけで往生できるというのではなく、念仏を称えるという行為自体が阿弥陀仏のはからいなのであり、それは阿弥陀仏を信じきったときになせる境地なのである。

ここに、阿弥陀の救済力にすべてをゆだね、阿弥陀の救済力によって極楽往生を願う「絶対他力」がなるわけである。つまり、みずからの意志で念仏するのは自力による救済であり、阿弥陀による救いの対象にはならないのである。阿弥陀の救済力を頼りに、阿弥陀に身も心もゆだねて、往生するという本願を達成する、すなわち他力本願の徹底こそ、親鸞の浄土真宗の大きな特徴であるといえる。

その立場を端的に表わす書物として名高いのが、親鸞の言行録として知られる唯円《ゆいえん》⑪の『歎異抄《たんにしょう》』である。『歎異抄』は、浄土真宗の中興の祖である蓮如《れんにょ》⑫によって門外不出の秘本とされ、以後数百年間、人目にさらされることがなかった。いまではよく知られる歴史的書物だが、たかだか一〇〇年くらい前に再び姿を見せたものなのである。

ここでは、『歎異抄』でも有名な「悪人正機《あくにんしょうき》説」を取り上げてみたい。今日では、悪人正機説は親鸞がたどり着いた教えによって、彼が独自に説いた教えではなく、法然の悪人正機説を深化発展させたものと理解されている。

というのも、法然の『選択本願念仏集』には「極悪最下の人のために極善最上の法を説く」とあり、親鸞の曽孫の覚如《かくにょ》⑬も『口伝鈔《くでんしょう》』のなかで、それはもともと法然の説いたものとしているからである。

⑪唯円（生没年未詳）鎌倉時代中期の浄土真宗の僧。親鸞に師事。『歎異抄』の編著者として知られる。

⑫蓮如（一四一五～一四九九）室町時代中期の僧。本願寺第八世。慧灯大師。

⑬覚如（一二七〇～一三五一）鎌倉時代後期の僧。本願寺第三世。浄土真宗の実質的な開祖とされる。

さて、悪人正機説だが、『歎異抄』の第三章に有名な一節がある。すなわち、「善人なほもて往生をとぐ、いはんや悪人をや。しかるを世の人つねにいはく、『悪人なほ往生す、いかにいはんや善人をや』と」である。

その意味するところは、こうである。「世間の人々は、悪人ですら往生できるのだから、善人ならなおさら往生できるというけれど、親鸞は『善人ですら往生できるのだから、なおさら悪人は往生できる』と説いている」。これは、どういうことなのだろうか。

善人という存在は、自分が善行をしていると自覚しているから、善行によって往生できると思い込んでしまう。これでは阿弥陀への信仰心は失われ、善行しているから救われる、善行しているのは善人である私である、だから善行している私は往生できる、といった具合に、善行しているからという自力に陥りやすい。

このような善人を救いの対象としないのが阿弥陀なのである。阿弥陀の救済対象は、自己の非力さを自覚した者であり、善行をしようとしてもできない者であり、罪を犯してしまう者であり、総じて自力ではどうすることもできないこと（救われないこと）を自覚している悪人なのである。

そのような悪人は、素直に阿弥陀に身も心もゆだねて、その救済力を頼りにする絶対他力にいたり、結果として往生できる、というのだ。ゆえに、阿弥陀は善人よりも悪人を進んで救済するのである。

◇浄土信仰に遡る一遍の時宗

法然に、証空《しょうくう》という高弟がいた。証空は浄土宗西山派の祖でもあり、彼に師事して浄土教学を学んだ僧に聖達《しょうたつ》がいる。この聖達に一二年にわたり浄土教学を学んだのが、時宗の開祖一遍であった。したがって、一遍は広い意味でいえば浄土信仰、浄土教に括られ、狭義には浄土宗に軸足を置いていることになる。

一遍という名には、阿弥陀仏の名を一遍でも称えれば、その証として悟りが得られる、という意味が込められている。ちなみに、時宗という名の由来は、「往生の時機を失すべからず」にある。

彼は、いつごろから一遍と名乗りだしたのだろうか。

一二七四（文永一一）年、彼は各地で念仏札を配り始めるのだが、ある僧から「信心してもいないのに、お札を受け取ることはできません」と、念仏札の受け取りを拒否されてしまった。

このことに一遍はショックを受けたらしく、熊野本宮で「信心のない者にはどうすればよいのか」と、思い悩んで願をかけた。すると、夢枕に阿弥陀如来が熊野権現の姿で現われ、衆生を救うために「信があるとか、信がないとかを選ばず、浄を好み、不浄を嫌うことをせず、その札を配るべし」という夢告を受けた。このときから一遍を名乗り、「決定往生　六十万人」と加筆した札を配り始めたという。

踊りながら念仏を称える踊念仏を専らとしつつ、一遍は比較的、神仏との関係については柔軟な態度を取っている。専修念仏の立場を取りながらも、仏や菩薩の権現（仮の姿）である八百万神を崇めることは認めており、その威光を否定してはいないのである。だから、夢枕に現われたのは熊野権現の姿をした阿弥陀如来であった。本地垂迹説・権現思想を前提としながら、神々の存在を捨ててはいないのだ。一遍は、本地である仏の徳を軽んじていない限り、決して専修念仏の妨げにはならないと説いている。

第二項
禅宗の思想

もともと、仏教の修行には戒（戒律）・定（禅定《ぜんじょう》）・慧（智慧《ちえ》）の三つがあるのだが、このうち禅による修行を六世紀初めごろ、中国に伝えたのが菩提達磨《だるま》⑭である。禅定とは、身心を統一して、頭のなかでいろいろ考えたり、思ったりすることを振り払い、あるがままの世界、あるがままの自分を見つめることで悟りにいたる行を指す。

当然のことながら、顕密仏教でも戒律・禅定・智慧という三学兼修を説いてはいるが、実際のところ、これらをすべて兼修することは不可能だ。しかも、中世にあっては本覚《ほんがく》思想⑮が蔓延しており、悟りを開く実践的な行よりも、それらを学問研究することのほうが盛んであり、本覚思想のきわみにおいてはそれら学問研究すら不要と説く宗派も現われるようになる。

本覚思想では、本来、衆生には仏性が具わっているのだから、生まれながらに衆生は悟っていることを前提とする。だから、修行も学問研究も不要というわけだ。となれば、ますます戒律を守ったり、禅を組むことは必要ではなくなり、三学のうち律と

⑭菩提達磨（?～五二八?）中国・禅宗の祖。達磨大師。

⑮本覚思想　九四ページの脚注㊴を参照。

禅は軽視されることとなる。

　このような時代状況に対する反動として、みずから襟を正すべく、律を重んじる僧が立ち上がるのである。その延長線上に、律を重視する法相宗の貞慶による「興福寺奏状」があるわけだ。

　ここでは、三学の禅のみによって悟りにいたることを説くとともに、禅宗という一宗派を成立させた栄西と道元を取り上げたい。

◇栄西の臨済宗

　菩提達磨によって成立した禅宗は、不立文字《ふりゅうもんじ》・教外別伝《きょうげべつでん》・直指人心《じきしにんしん》・見性成仏《けんしょうじょうぶつ》を特徴とする。「不立文字」とは、仏の悟った真理というものは、言葉によって伝え、悟ることができるものではなく、師から弟子へという体現を通じて直接、心で悟り伝えることである。「教外別伝」とは、経典による教え以外に、以心伝心によって伝えられる別の教えがあることを指す。「直指人心」とは、坐禅をすることで、あるがままの自分の心と向き合い、これを直視することであり、「見性成仏」とは、心のなかをあるがままに見ることで、みずからの仏性に気づき、そのまま仏性という真理と一体となることで成仏にいたることを意味する。

　このような伝統をもつ禅宗を、三度入宋して、日本に伝え、広めた人物が臨済宗の開祖栄西である⑯。

臨済宗の栄西も、曹洞宗の道元も、ともに末法思想を否定し、坐禅による悟りと自力本願を説く。末法思想では、この世では悟りを開くことができないから、阿弥陀の住む極楽へ往生し、そこで直接、阿弥陀から正しい教えと修行を得て成仏するという信仰（浄土信仰）を生み出すが、そもそも栄西も道元も末法という時代感覚が理解できなかったのである。

というのも、禅による悟りは達磨以降、連続しており、師から弟子へと直接、伝えられるものであって、師と弟子の悟りは同質であるからだ。悟りの連続性や同質性は、国が違っても担保されることを禅宗の徒はみな肌感覚で理解していたのである。

ブッダも、ブッダガヤの菩提樹の下で坐禅瞑想によって悟りを開いたし、ブッダの説いたことや行なったことを実践すれば、ブッダと同じ悟りにいたると理解していたのである。そこで、ブッダにならって坐禅を組み、瞑想することを専らとし、合わせて悟りへの一助として問答という公案《こうあん》を行として取り入れたのが、栄西の臨済宗なのである。

公案とは、師が弟子に与える難問難題をいう。公案を重視する臨済宗の修行法に対して、曹洞宗は批判的な意味合いを込めて「看話禅《かんわ(な)ぜん》」と呼んでいる。

公案として有名なものに、江戸時代中期の禅僧白隠《はくいん》が創案した「隻手《せきしゅ》の声（隻手

⑯実は、鎌倉時代の僧・大日能忍が栄西以前に日本に禅をもたらしている。しかし、彼は入宋することなく、弟子を派遣して、その弟子を通じて悟りの証である印可を得た。

音声《おんじょう》）」がある。これは、両手を打ち合わせると音がするが、片手ではどんな音がしたかと問うもので、このような難問を弟子に考えさせ、悟りへと誘うのである。

◇道元の曹洞宗

先ほど、一遍を紹介したところで、浄土宗西山派の祖である証空という僧が出てきたが、道元はこの証空の弟である。そんな優秀な兄をもちながら、道元はある難問に悩んでいた。「一切衆生悉有仏性」といい、さらに本覚があるのなら、なぜわざわざ修行をして悟りを開かねばならないのか、と……。

悩みに悩んだ末、禅にその答えを見出そうとした道元は、栄西に弟子入りして栄西の高弟である明全《みょうぜん》に師事した。その後、一二二三（貞応二）年、明全とともに入宋する。道元は、天童山の如浄《にょじょう》のもとで修行に励み、入宋から二年後には身心脱落《とつらく》⑰を体現し、悟りを開いたという。如浄から印可を受け嗣ぎ、帰国した。

帰国した道元は禅宗を広めるのだが、そもそも道元の修行は、これまでの顕密仏教が説いていたものとは根本的に異なっていた。顕密仏教は修行することで悟りが開かれると説くため、修行は悟りを開くための手段であり、道具と考えられている。しかし、道元の修行と悟りの関係は、それとは大きく異なる。

たしかに、道元の修行もただひたすらに坐禅を組むこと（只管打坐《しかんたざ》）を説いてはい

⑰身心脱落　無念無想の状態を表わす道元の用語。

るのだが、修行＝手段、悟り＝目的という構図になってはいない。自分自身が仏となって坐禅を組むのであり、仏として坐禅を組むということは、身心脱落（無念無想）の状態境遇で坐禅を組むということなのだ。したがって、身心脱落の境地で坐禅瞑想するので、坐禅という修行は即身心脱落の仏と等しいこととなる。これを「修証一等（一如）」という。「修」は修行、「証」は悟りを指し、これらは等しく同じであって、手段と目的の関係ではないというのである。

宋から帰国した道元は、師である如浄の教えを頑なに守っていた。如浄は、「都に住むな。国王や大臣とかかわるな。深山幽谷《しんざんゆうこく》に住んで、求道の者を教化せよ」と、道元に説いたという。あるとき、道元の弟子が北条時頼《ほうじょうときより》⑱から二〇〇〇石の寄進状をもらってきた。怒り心頭に発した道元は、その弟子を破門するとともに、その弟子が座っていた床板を剥ぎ取らせ、その下の土もろとも捨てさせたという。

⑱北条時頼（一二二七〜一二六三）　鎌倉幕府第五代執権。有力豪族の三浦氏を滅ぼし、北条氏の権力を確立した。晩年は禅宗に帰依して出家、最明寺殿と呼ばれた。諸国遍歴伝説がある。

第三項

日蓮宗の思想

日蓮も、法然や親鸞と同じように戒律・禅定・智慧の三学兼修不要論を展開しているし、末法の時代でいかに救われるかを真摯に受け止め、これを超克する道を求めた点で共通している。

しかし、法然の浄土宗が三経一論をよりどころにするのに対して、日蓮は『法華経』のみを選び、それ以外の経を捨て去り、法華至上主義を説く。

日蓮は、漁師の息子として生まれたのだが、ほどなくして天台宗清澄寺《せいちょうじ》で受戒・出家する。その後、浄土宗で学ぶも、比叡山の横川で二〇年間修行に励んだ。三二歳のとき、再び清澄寺に戻って名を日蓮とあらため、『法華経』の行者として「南無妙法蓮華経」の題目を唱えることを広め始める。

ここでは、『立正安国論《りっしょうあんこくろん》』と「四箇格言《しかかくげん》」を取り上げ、日蓮の思想信仰をたどってみよう。

◇日蓮の『立正安国論』

日蓮いわく、末法の世にあって、人も国もいかに救われるか、それは法然が説く念仏ではないという。法然の念仏を批判するとともに、『法華経』にもとづく正しい仏の教えを立て、ひいては国家に安寧をもたらすために書かれたのが『立正安国論』である。

そのなかで、いま起きている天変地異の数々は、その原因をよくよく考えてみると、菩薩をはじめ善神といわれる存在が日本を見捨てたからに他ならないと断ずる。このままでは、いずれ日本は外国から侵略を受け、滅んでしまうと説くわけだ。事実、二度にわたる元寇《げんこう》⑲を受けた日本は、より一層、日蓮の預言をリアルに受け止める機会を、日蓮と人々に与えることとなる。

そして、法然をはじめとする念仏者たちは『法華経』を冒瀆誹謗する輩であるとして、法然信者らを一掃しなければならない、と唱える。そうすれば国家は安泰する、と文書に記している。

このような趣旨の『立正安国論』を北条時頼に献上するも、結果は酷なり。日蓮は、伊豆伊東へ流刑となってしまった。

⑲元寇　中国・元による日本への侵攻のこと。一二七四（文永一一）年と一二八一（弘安四）年の二度にわたった。

◎「四箇格言」と法華至上主義

「四箇格言」とは、「念仏無間《ねんぶつむけん》、禅天魔《ぜんてんま》、真言亡国《しんごんぼうこく》、律国賊《りつこくぞく》」という他宗排斥・他宗折伏《しゃくぶく》のためのスローガンとして掲げたものである。念仏を称えることで無間地獄に落ち、禅宗は悟りを開こうとするときに現われて、これを邪魔する天魔の所業であり、真言宗は国に滅ぼす教えであり、律宗は国賊の教えである、と他宗を激しく攻撃する。

そして、他宗の誤りを徹底的に批判し、その教えを論破することで、正しい仏法、すなわち『法華経』へと導くことを使命とする。この行為を「折伏」という。

そうした言動の結果、当然のように、攻撃された宗派をはじめ、その信者や体制側から日蓮に対して弾圧が加えられることとなる。しかし、『法華経』には、その教えを広める者は弾圧を受ける、とあって、これを「法難」と記しているため、弾圧にあえばあうほど法難にあっていることになり、『法華経』を広めている確たる証となるわけだ。ゆえに、日蓮は「法華経の行者」と称するのである。

また、『法華経』の表題である「妙法蓮華経」に帰依する意を込めて、「南無妙法蓮華経」と唱題すれば、仏となるための功徳が得られ、成仏することができるという。「妙法蓮華経」には、ブッダが仏となった原因としての修行と、その結果としての徳がすべて具わっているとされるからである。

ブッダの悟った真理そのものを人格的に仏ととらえ、ブッダが入滅したあともその真理は永遠であり、仏と一体となることで成仏できる、と説く。この永遠の真理が具体的なリアルな存在として衆生救済の姿で現われたのがブッダであり、永遠の昔から真理としての仏が働き続けていると理解するため、この仏を「久遠実成《くおんじつじょう》の仏」と称する。

第四項

神祇信仰の変容と神道理論の体系化

中世に入って一変する神祇信仰の変容について述べる前に、まずは神祇信仰について説明しておきたい。

神祇の「神」は天の神、「祇」は地の神を指しており、天の神とは天津神、地の神は国津神を表わし、これら天津神と国津神を信仰することを総じて神祇信仰という。

とはいえ、神として信仰される対象は、自然物であったり、氏神として祀る先祖であったり、あるいは村の鎮守の神であったりと、もっと広い意味で神々を信仰する立場と理解したほうがよい。

もともと神祇信仰というものは、一族という家単位であるとか、村といった共同体単位で信仰されるものであり、他の共同体の祀る神や他の一族が祀る神とはまったくかかわらない地縁結合された信仰であった。しかも、他の神を祀れば祟りがあるという、いたって閉鎖的な信仰であった。

ところが、仏教の広がりとともに、神祇信仰の対象も、ある特定の一族とか、ある一定の土地に限定された信仰ではなくなり、個人個人の現世利益を実現するための信仰となっていく。

その背景としては、神仏習合と本地垂迹説にもとづく理解の浸透が前提となっており、あくまでも仏の仮の姿が神々であり、神々の姿で仏が救いに現われるわけだ。

このような神祇観は、鎌倉新仏教の担い手たちにおいても変わりはしなかった。法然においては、現世利益を期待して加持祈祷を行なう対象が神祇であると理解していた。そもそも神祇とは、仏法を支援するサポーターにすぎないのである。したがって、神祇信仰は浄土への往生にはいささかもかかわらないし、まったく意味をもたない存在なのである。

また、親鸞も師である法然とさして変わらない神祇観をもっており、神祇とは護法神[20]にすぎないとしている。したがって、神祇に対する礼拝は不要で（神祇不拝）、現世利益の加持祈祷自体、否定しているのだ。

さらに、道元にいたっては、そもそも「霊験を得ようとして仏法を修めようとするな」と断じているし、神祇は護法神にすぎない存在として、やはり現世利益のための加持祈祷も否定している。

どうやら、鎌倉新仏教の開祖たちは本地垂迹説を前提に、護法信仰によって神祇を理解していたことになる。神祇は軽視されるどころか、その存在価値すら失っていた

[20]護法神　神の身の苦悩を仏に打ち明け、仏に救済されたあとに仏法を護る神となった存在。

のである。

◇密教に取り込まれた神祇信仰

このような神祇観に対抗するため、神祇信仰の担い手たちは、まず神祇信仰の理論武装を迫られることとなる。というのも、古来より神祇信仰は祭祀儀礼などの一連の儀式を伝統の名のもとに慣例化して行なってきたために、経典もなければ、体系的な教義も整えていなかったからだ。いわば、中世神道は体系化された経典に代わる理論的な教義を整えることで成立するわけである。

そして、中世神道成立以前の神祇信仰、すなわち教義体系のあいまいな神道と区別するため、中世神道以前の神道を「古神道」や「原始神道」と称するのである。

だが、神祇信仰の理論的体系化は、神祇信仰の担い手によってなされたのではなく、旧仏教側から進められることとなる。この場合の旧仏教とは奈良仏教ではなく、平安仏教を指し、真言系と天台系の密教によって神祇信仰の体系化がなされることとなった。

とはいえ、密教によって神祇信仰を説明するものの、その内実は密教に神祇信仰を取り入れるかたちで自身の勢力の拡大を狙ったものともいえるわけである。それは、二度にわたる蒙古襲来と神国思想が相俟って、神祇信仰に対する期待が増していったことを想起すれば事足りると思う。

◇「大祓詞」と「中臣祓」

それでは、神道理論の体系化を担った密教系の教えについて説明しよう。

そもそも、神祇信仰は祓《はらえ》信仰の延長にある。祓信仰とは、ツミやケガレを祓い清めることで、再び清浄なるものへと戻る教えである。

その由来は、『古事記』にある伊邪那岐の黄泉の国訪問とその後に詳しいのだが、伊邪那岐が黄泉の国を訪問することでケガレてしまい、そこから戻った伊邪那岐が水中にもぐり、清らかな水で身も心も洗い清めたことにならい、世の中に堆積したツミやケガレを祓い清め、再び世界を清浄にする祭儀として大祓が成立することとなる。

このとき、大祓で唱えられる祝詞が「大祓詞《おおはらえのことば》」である。大祓は、国家的なツミやケガレを祓い清めるための公の祭儀であり、そこで唱えられる祝詞も公の祭儀に用いるものであった。そのため、国家的なイメージが強い「大祓詞」を私事の祈祷用にあらためた祝詞をつくり、これを個人が現世利益やツミを祓うために利用するようになる。個人使用の祝詞が、「中臣祓《なかとみのはらえ》」である。

そして、「中臣祓」の注釈書が『中臣祓訓解《くんげ》』なのだが、これは祓や神祇の意義からその役割までを天台密教の立場から説明したものなのだ。基本的には本地垂迹説に立脚し、神仏一体論を展開している。神仏一体論とは、「神は即ち諸仏の魂、仏は即ち諸神の性」を説くもので、神々も諸仏も表裏一体の関係であり、互いに欠くことのできない存在であると説くわけだ。

　したがって、天照大神は大日如来の垂迹、すなわち大日如来の仮の姿であり、そのご利益としての祓い清める働きは絶大であり、ツミや障りといったケガレのみならず、煩悩ですら祓い清めて神道的な悟りへといたらせ、災禍からも身を護り、現世利益もしっかり担保する、そんなすごい力を宿す祓の担い手となるわけだ。

「中臣祓」が成立し、その注釈書である『中臣祓訓解』が著されるころ㉑、真言系と天台系の密教が神祇信仰を独自に解釈し、独自の神道論を展開するようになる。まずは、真言系の神道論から見てみよう。

◎真言系の神道論　～両部神道を中心に～

真言密教の立場で神祇信仰を体系化した神道論は、平安時代末期から鎌倉時代初期にかけて形成され、鎌倉時代後期に『麗気記《れいきき》』㉒が著されて、これが聖典と位置づけられると、両部《りょうぶ》神道として確立することとなる。

　真言系の神道論は、まず伊勢神宮の神祇解釈を前提としている。伊勢神宮は、古来より天皇家の祖神である天照大神を祀る神社だから、日本という国家の祭祀を司る神

㉑鎌倉時代の作とされる。

㉒『麗気記』　両部神道の理論書。全一八巻。作者については、醍醐天皇、空海、最澄など諸説ある。

社であると自負していた。

伊勢神宮の社殿は内宮《ないくう》と外宮《げくう》から成り立っており、内宮は主祭神である天照大神を祀っている。そして、外宮は天照大神への食物を司る神、すなわち豊受大神を祀っている。

この伊勢神宮の祭神関係を前提に、真言系の密教によって伊勢神宮の神々を解釈する。

一方、密教の世界観は、曼荼羅《まんだら》によって表わされる。もともと曼荼羅とは、インドで諸神を召喚する際、土でつくった壇上に色砂を使って円形、あるいは方形の陣を描くのだが、これを曼荼羅と呼んでいた。

真言密教の曼荼羅は、『大日経』にもとづいて描かれる胎蔵《たいぞう》界曼荼羅（大悲胎蔵曼荼羅）と『金剛頂経』による金剛界曼荼羅の二つがあり、ともに大日如来を中央に配置する。この二つの曼荼羅を両部とか両界というのだが、これら両部に神祇信仰の神々を配置することで密教的な神道解釈をする。これが、両部神道である。

具体的に、どのように密教的な解釈をしたのかというと、胎蔵界曼荼羅に伊勢神宮の主祭神である天照大神を配し、金剛界曼荼羅には豊受大神を置いている。しかも、胎蔵界曼荼羅も金剛界曼荼羅も大日如来の智慧の世界を表わしており、表裏一体の関係にある。したがって、胎蔵界曼荼羅の天照大神も金剛界曼荼羅の豊受大神も、大日如来の垂迹、すなわち大日如来の仮の姿ということになる。

このように両部に神祇が配当され、密教に取り込まれた神祇信仰、それは理論的に体系化されたという意味での神道論へ昇華した神道を意味するのだが、これが両部神道と呼ばれるのである。

両部神道には、聖典の一つに『麗気記』があるが、そのなかに「天地麗気記」という項目がある。そこでは、伊邪那岐を金剛界へ、伊邪那美を胎蔵界へ配当し、二神の幽契《ゆうけい》㉓によって生まれたのが天照大神だとある。天照大神は盧舎那仏の垂迹であり、盧舎那仏とは大日如来を指しているため、本地が大日如来、垂迹が天照大神ということになり、天照大神は衆生救済のための仮の姿というわけである。

◇天台系の神道論　～山王神道を中心に～

続いて、天台系の神道論を紹介しよう。天台宗の山王《さんのう》神道も、真言系の両部神道と同じく、平安時代末期から鎌倉時代にかけて成立している。

天台宗は、最澄が比叡山に薬師如来を本尊とする一乗止観院《いちじょうしかんいん》を建てることで本格化するが、最澄の死後、同院には「延暦寺」という寺号が許されている。

神祇信仰では、それぞれの土地には、その土地を護る神がいると考えられており、当然のことながら、比叡山にも地主神がいる。比叡山の麓には、比叡山の地主神を祀

㉓幽契　神仏との間で交わす約束のこと。

る日吉《ひよし》神社（大社）があるのだが、そこの祭神が日吉神である。日吉神は比叡山の主神でもあるのだが、延暦寺を護る神として大切にされてきたし、延暦寺とともに日吉神社も発展を遂げてきた。

また、日吉神社は日吉山王社とも呼ばれており、日吉山王信仰がベースになって成立するのが「山王神道」である。鎌倉時代末期には山王神道は体系化され、一応の確立となる。

では、日吉神社の地主神は天台密教にどのように取り入れられ、解釈されてきたのであろうか。

やはり、天台密教も本地垂迹説を前提としており、日吉神の本地は釈迦如来となっている。釈迦如来とはブッダのことであり、仏教の世界では大乗・小乗を問わず、ブッダの悟った真理にもとづいて云々されているため、ブッダを本地として、その仮の姿が日吉神であるということは、日吉神は日本における最も貴い神であると同時に、神の中の神ということになる。

しかも、天台密教では、釈迦如来と大日如来は同体と理解しているため、大日如来を本地とする伊勢神宮の天照大神と釈迦如来を本地としている日吉神社の日吉神も同体ということになる。したがって、国内における神仏のトップを祀る神社であり、お寺ということになるわけだ。このような天台密教による神道論によって成立したのが、山王神道である。

◇伊勢神道の神道論

ところで、神祇信仰の担い手自身による神道論とは、どのようなものだったのか。まずは、教義体系化のために儒教や道教を取り入れた伊勢神道から見てみよう。

伊勢神道というくらいだから、その発祥は伊勢神宮である。では、伊勢神宮のどのような人たちが、どのような関係性のなかで、どのように神道論を体系化していったのだろうか。

伊勢神宮の神官職は、祭主、宮司、内宮禰宜《ねぎ》、外宮禰宜、権禰宜によって構成されている。祭主と宮司は、代々、大中臣氏がその任に就いており、都からわざわざ赴任してくる。一方、内宮禰宜と外宮禰宜には地元の氏族が代々、就いており、内宮禰宜は荒木田氏、外宮禰宜は度会《わたらい》氏によって実質的な神事が執り行なわれていた。

禰宜は定員制で、その任に就くと神域から離れることが固く禁じられているため、彼らには行動の自由がない。そこで、彼らの行動の自由を担保するために下級神官の権禰宜がいる。権禰宜は、東海地方や東国武士団の働きによって寄進された荘園（御厨《みくりや》という）を実質的に管理運営するとともに、伊勢神宮の財務を取り仕切り、それぞれが仕える内宮禰宜と外宮禰宜にさまざまな働きかけをしていた。

基本的な構造としては、内宮とその神官の立場のほうが外宮とその神官よりも上位であり、内宮上位・外宮下位にあった。当然、そこには荘園からもたらされる経済的な格差もあるため、内宮と外宮の経済分離と両宮の対立・対抗意識をあおる舞台装置として権禰宜は機能するわけである。

下位に置かれている外宮の神官の思惑としては、豊受大神の神位を上げ、外宮を取り巻く経済格差を是正することにある。そんな折り、両部神道が天照大神も豊受大神もともに大日如来の垂迹であり、尊貴性にはいささかも差異がないと説いたわけである。彼らの神道論は、外宮神官にとってたいへん心強い教義で、彼らに多大な影響を与えることとなる。

ただし、これはあくまでも神道外部の密教系仏教から説かれた神道論なのであって、神祇信仰を実質的に担う神職から打ち出されたものではない。それゆえに、これをもって外宮の地位向上の証とするわけにはいかなかった。

かてて加えて、たしかに神仏習合によって本地垂迹説が説かれ、時代とともに広く浸透してはいるものの、伊勢神宮だけは別格なのである。伊勢神宮とは皇祖神を祀る国家祭祀のために建てられた神社であるため、仏教や密教の儀礼や教義は排除されてきたからである。

つまり、伊勢神宮は神仏分離を前提としてきたため、神祇信仰の担い手自身による神道論を生み出さねばならない必然性があったわけだ。そして、外宮の神官を中心に、神祇信仰の教義や儀礼が整理され、体系化されることで成立したのが伊勢神道なのである。

伊勢神道は、神と仏を意識的に、そして自覚的に区別するため、本地垂迹説を取り入れることはない。代わって、神々とかかわるときの人間の心持ちとして「正直《せいちょく》」を重視する。神と向き合うとき、最も大切な事柄は態度や行為ではなく、まずもって心持ちが大切であり、正直であらねばならないと説く。その教えには、「左を左とし、右を右とす」や「混沌の始まりを守り、仏法の息を屏《かく》し、神祇を崇め祭れ」とある。

さらに、外宮の祭神である豊受大神を天御中主神《あめのみなかぬしのかみ》（『古事記』の天地開闢のときに最初に生まれた神であり、別天津神の一柱）と同体とすることで、内宮の天照大神と同格どころか、より根源的な神であると説くにいたる。別天津神は日本に生まれた最初の神であり、高天原の神々のなかでも特別な扱いを受ける神なのである。

これらの教義体系は、外宮禰宜を代々、担ってきた度会氏によるもので、とくに度会家行《いえゆき》㉔にいたって教義の体系化が確立し、伊勢神道の完成とする。

◇神道界に君臨する吉田神道

ところで、室町時代後期に吉田兼倶《かねとも》㉕によって完成され、唱えられた神道に吉田神

㉔度会家行（一二五六～一三五一？）鎌倉時代末期の神道家。伊勢神道の大成者で、北畠親房の師としても知られる。

㉕吉田兼倶（一四三五～一五一一）室町時代後期の神道家。吉田神道の大成者。全国の神社・神職に神位・位階を授ける制度をつくった。

道がある。以後、朝廷の後ろ盾もあって、神祇神道界に多大な影響力をもって君臨した。

もともと、古代より祭祀貴族の一つとしては卜部《うらべ》氏がおり、占いによって物事の吉凶を占断することを得意としていた。その後、この一族は各地に広がって、とくに伊豆・壱岐・対馬の卜部氏は神祇官の官人に就いていた。

伊豆の卜部氏は、平安時代初期の卜部平麻呂《ひらまろ》（神祇権大佑《じんぎごんのだいじょう》）を祖としているが、これは平麻呂以前の様子や系譜が定かではないからである。その後、平安時代後期になると卜部氏は神祇官の次官である神祇大副《たいふ》を世襲することになる。神祇官の長官が神祇伯であり、その次に偉いのが神祇副である。神祇副は、神祇大副と神祇少副《すないすけ》に分かれており、このうちの神祇大副が卜部氏の独占となっていたことになる。

加えて、卜部氏は『日本書紀』を中心とする古典の専門家であった（神祇信仰のよりどころとなる歴史書だから当然だが）。ところが、卜部平麻呂の子孫が平野家と吉田家に分かれてしまうと、神祇大副および神祇少副を両家が輪番で務めるようになる。平野家は、鎌倉時代になると、その専門性を活かして古典研究の大家としての地位を確立する。

◇吉田神道と「反本地垂迹説」

一方、吉田家は、もともと室町という姓を名乗っていたのだが、足利義満《よしみつ》㉖が京都の室町第に移ると、当時の当主であった室町兼熙《かねひろ》はそれをはばかって家名を吉田にあらため、吉田兼熙と称するようになる。吉田兼熙は、足利義満からの覚えもよく、また信頼も厚かったため、「神道の元老」として公卿の列に加えられ、吉田家の地位確立に大きく貢献することとなる。

吉田兼熙の曽孫に吉田兼倶が現われると、神祇信仰の教義儀礼の体系化が完成することとなる。神祇信仰の教義や儀礼を整理して、体系化するために、儒教や道教をはじめ、仏教の儀礼までも取り入れられた。伊勢神道が儒教と道教を参考にしていたのに比べると、吉田兼倶は仏教も利用している点が特徴的である。

こうして成立した吉田神道の教義は、『日本書紀』と『中臣祓』をベースにして、伊勢神道の教義と儒教・道教・仏教の三教を取り入れたものである。そして、神道の根源神として、伊勢神道が豊受大神を天御中主神としたように、彼らはこれを大元尊神《だいげんそんしん》とした。吉田家も『日本書紀』をはじめとする古典の大家であることには違いないため、教養として『日本書紀』を得意としていた。したがって、彼らの教義の体系化は『日本書紀』をよりどころとしており、『日本書紀』では天地開闢のとき、日本に最初に現われる神を国常立尊《くにのとこたちのみこと》としているため、これを大元尊神と理解して、宇宙の

㉖足利義満（一三五八〜一四〇八）　室町幕府第三代将軍。南北朝合一や中国・明との勘合貿易などを実現させ、幕府繁栄の基礎を築いた。

本体と説くわけである。

大元尊神は宇宙の本体であるから、万物にも大元尊神が宿っていることになる。当然、人間にも宿っているのだが、宿る場所は心であるという。よって、人間の心に宿る大元尊神の性質、すなわち神霊性を頼りにすれば、大元尊神と一体になることができると説き、これを神道における悟りとするわけである。

さらに、神道こそがすべての教えの根本であり、仏教であろうと、儒教であろうと、すべて神道から生まれたものであるという。だから、すべての仏も菩薩も、宇宙の本体である神の垂迹にすぎないのであって、本地は神であると説く。これが、吉田神道がたどり着いた「反本地垂迹説」である。

ここにいたって、吉田兼倶は「吉田家こそが、神道の師範である」とばかりに「神《じん》祇管領長上《ぎかんれいちょうじょう》」を自称し、神祇にかかわる免許状をはじめ、宣旨の類を次々と発布する。朝廷を後ろ盾とする吉田家は、全国の神社と神職たちをその傘下に収めていき、以後、神祇界に君臨するわけである㉗。

㉗随筆『徒然草』の兼好は、吉田家から分かれた卜部家の出身。一七七ページ参照。

第五項

中世の歴史観・歴史意識

ここでは、中世の歴史観や歴史意識について見ていきたい。そのよりどころとなる文献としては、『愚管抄』や『神皇正統記《じんのうしょうとうき》』『太平記』『梅松論』『難太平記《なんたいへいき》』などが挙げられるが、ここでは『愚管抄』と『神皇正統記』を取り上げたいと思う。

というのも、『愚管抄』にせよ、『神皇正統記』にせよ、あるテーマに対する見解の相違がはっきりと見て取れるからだ。時代認識としての末世末代観しかり、百王思想㉘の理解の仕方もしかり。三種の神器に対する見解や武士の評価など、両書の立ち位置によって歴史認識がどのような異なりを見せるのか、そのあたりが比較検討しやすい。さらにいえば、『神皇正統記』を書いた北畠親房《ちかふさ》㉙は明らかに『愚管抄』を読んでおり、それゆえに両書の歴史観や歴史意識が比較しやすいのだ。

ちなみに、『神皇正統記』と『太平記』に対して並々ならぬ激しい対抗意識をむき出しにしたのが『梅松論』で、同書は足利氏、すなわち武士の視点に立脚して、室町政権の正当（統）性を論証したものなのだが、その著者は不明である。また、『太平記』

㉘百王思想　一六二ページ参照。

㉙北畠親房（一二九三〜一三五四）　南北朝時代の公卿。学識が深く、子の顕家とともに後醍醐天皇に信任された。

に記された内容を反証しつつ、その記述内容を訂正した歴史書が『難太平記』である。

まず、中世という時代区分についてだが、もともとは西洋史の時代区分である「古代⇒中世⇒近現代」という三区分法にならい、西洋の中世が騎士や封建制を特徴としていることから、日本の鎌倉・室町時代との相関性に着目し、明治・大正期の歴史家である原勝郎によって導入された歴史区分である。

日本の中世という時代は、長きにわたり鎌倉幕府成立（一一九二年）から室町幕府滅亡（一五七三年）までの三八一年間を指してきた。一方、西洋は一般的に西ローマ帝国滅亡（四七六年）から東ローマ帝国滅亡（一四五三年）までを中世としていて、九七七年間にもおよぶ。

とはいえ、従来の中世という時代区分は政治史的視点に立脚したものであるため、近年では見直しが進み、社会や経済、あるいは土地所有制度の視点からもアプローチがなされ、荘園公領制が確立する院政期（一一〇〇年ごろ）に中世の幕開けを設定している。

おおよそ、そのあたりの時期から時代が変わり始めたという理解のもと『愚管抄』と『神皇正統記』は時代分析を展開する。ここでは、両書の問題意識を①末世末代思想と百年百代思想、②三種の神器解釈、③武士評価の三つの側面から、当時の歴史意識・歴史観を綴ってみよう。

◇『愚管抄』と『神皇正統記』に見る末世末代思想

末世末代思想とは、単に末世観ともいうが、本来の正しい道やあり方が時代とともにだんだん悪くなり、ついには終わりにいたる、という思想である。したがって、末世末代思想は末法思想とたいへん連関がよく、混同されて理解されることが多い。当時の貴族たちの文献には、「末法」ではなく「末代」「末世」「世の末」といった表現が見られるため、この点をとらえて末法思想の影響が限定的であったと指摘されるわけである。事実、『愚管抄』においては「世ノ末」が二七回、「末代」や「末代云々」が二四回登場するし、著者である慈円の歴史観も末世末代思想にもとづいて展開されている。

『愚管抄』は、神武天皇以来の日本の政治を述べたものだが、神武天皇から成務天皇までの一三代は王（天皇）がみずから政を立派にこなしてきた時代であり、王を補佐する者もいない時代として、これを「王位正法《しょうほう》」の時代と呼び、理想的な政治スタイルと見る。

しかるに、一五代の応神天皇からは「神代の気分」が喪失し、一七代履仲天皇から二八代宣化天皇までの一二代を「一期一段の衰える継目」と位置づける（仏教伝来まで）。二九代欽明天皇の時代になると仏教が伝来し、三三代推古天皇のときに聖徳太子が摂政となると、王みずからが政を一人でこなすことは困難になってくる。だから、仏法が国家を護って、臣下が王を補佐しなければならない時代に入ったのだ、と理解する。

そして、藤原（中臣）鎌足が天智天皇をよく助けたように、いまや臣下が天皇をよく補佐し、よく助ける時代となったと記している。このように、一一世紀の後三条天皇（七一代）までは、それなりによい時代であったととらえられている。

ところが、後三条天皇が院政を開始し、保元の乱（一一五六年）と平治の乱（一一六〇年）が起こるころを「世の末の大いなる変目」と時代分析し、保元の乱以降の日本は末世末代の悪世になったと断ずるわけである。

というのも、『愚管抄』は「道理」の物語としても名高いのだが、実に「道理」という語が一三八回も登場し、天皇が「道理」をないがしろにしたため政治がおおいに乱れ、百王を経ずして日本という国は滅んでしまうだろうと記すのである。

◇日本と天皇の不滅を信じた北畠親房

一方、北畠親房の『神皇正統記』を見てみると、やはり院政開始以降を末世末代ととらえており、加えて保元・平治の乱以降、「天下みだれ、武用さかりに王位かろくなりぬ」と吐露しているところを見ると、慈円の『愚管抄』と共有する歴史意識をもっていたことになる。

ただし、両者の違いは、末世末代がきわまり、ついには滅んでしまうと考えているのか、それとも乱れた世が再び正しい道に戻ると考えているのか、という点にある。慈円の『愚管抄』は末世悪世がきわまって、日本という国、天皇という存在がついには滅んでしまうという終末論的発想になっているのに対して、北畠親房の『神皇正統記』は末世だからといって、邪《よこしま》なるものや悪しきものの闊歩する時代がそうそう長く続くことはなく、悪しきものもいつかは滅んで、乱れた世の中も本来の正しい道に戻る、と力説する。だから、日本という国も、天皇という存在も、滅びはしないというわけだ。

◇「百王百代思想」の起源とは

続いて、末世末代思想と連関する「百王百代思想（百王思想）」を取り上げ、両書の理解の違いを見てみよう。

百王百代思想の起源は、中国の僧である宝誌《ほうし》が書いたとされる「野馬台詩《やばたいし》」にあるというのだが、実のところ、それが本当に宝誌の作かどうかはきわめてあやしく、それどころか、そもそもいつごろ、どのような経緯で書かれた詩なのかがさっぱりわからないため、偽作ではないかといわれている。

しかし、「野馬台誌」なる詩が存在したことはたしかである。この点をふまえて、百王百代思想の起源を考えてみよう。

宮中の年中行事の一つに、「日本紀講筵《にほんぎこうえん》」と呼ばれるものがある。これは、平安時代前期に行なわれていた『日本書紀』の講読・研究会で、同書全三〇巻を講釈するため、数年をかけて開かれたという。

その第一回は、『日本書紀』の完成を祝して行なわれた七二一（養老五）年のこととされ、その後は八一二（弘仁三）年、八四三（承和一〇）年、八七八（元慶二）年、九〇四（延喜四）年、九三六（承平六）年、九六五（康保二）年の計七回が記録として残っている。かなり長期にわたる大規模な行事であったことがわかる。

この「日本紀講筵」の講義録が『日本書紀私記』である。現存する甲乙丙丁本のうち、九三六年の『日本書紀私記丁本』に、「日本を『姫氏国』と称する説があるというが、それは本当なのか」というやりとりが記されている。講師が言うには、宝誌の預言詩（「野馬台誌」）に「東海姫氏の国」とあるという。

続けて、皇統の始祖は天照大神という女神であり、神功皇后《じんぐうこうごう》㉚という女帝もいたくらいだから、日本を「姫氏国」と称する、と記録されている。

先にも述べたように、「野馬台誌」は偽作ではないかとさえ疑われているものの、存在したことは間違いない。というのも、『江談抄』㉛という書物に「野馬台誌」が登場するからである。

㉚神功皇后　第一四代仲哀天皇の皇后。夫亡きあと、懐妊したまま軍を率いて朝鮮半島に遠征して新羅・百済・高句麗を討ち、帰国後、第一五代応神天皇を生んだとされる。
㉛『江談抄』　平安時代後期の説話集。大江匡房の談話を藤原実兼が筆録したものと伝わる。

■ 吉備真備が解読した詩

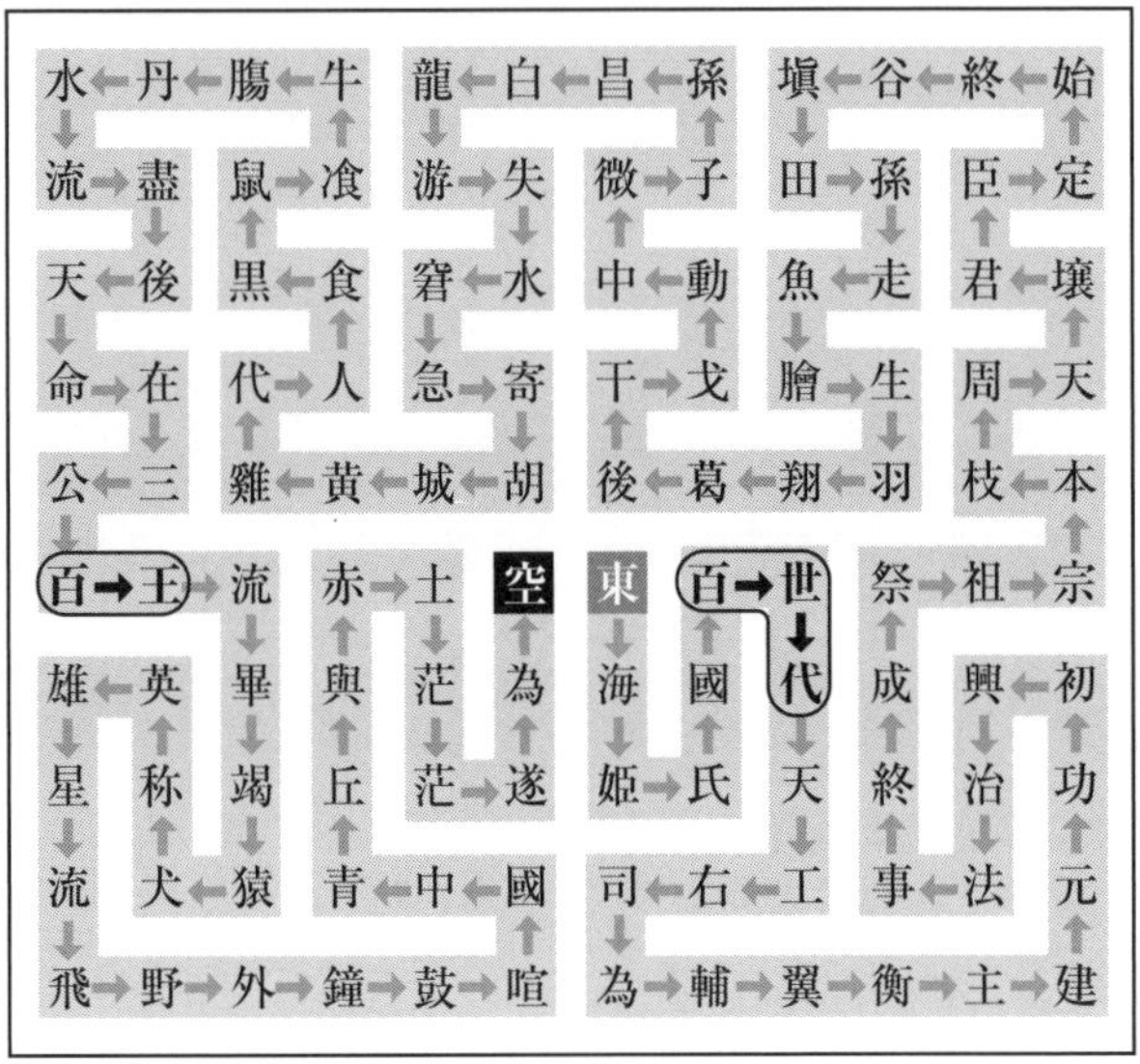

『江談抄』には、吉備真《きびのま》備《きび》㉜が入唐した際の様子が逸話として記されているのだが、そのなかに唐人から難解な詩を示された真備が困惑する場面がある。その唐人は、「もし、これを読むことができなければ真備を殺してしまおう」と企んでいたのだが、真備には難しくて読むことができない。すると、困り果てた真備の目の前に、天井から糸を垂らしてクモが下りてきた。そのクモがたどる順番に文字を読んでいくと、詩が読めたという。そのとき、真備が読んだ難解な詩が「野馬台詩」だったのである。

㉜吉備真備（六九五?〜七七五） 奈良時代の学者・政治家。中国・唐に留学し、帰国後、橘諸兄に重用され活躍した。

このとき真備が読んだ詩には、たしかに「東海姫氏の国」という言葉を見ることができる。そして、「百世代」「百王」という文字も読むことができる。この詩をもとに、百世百代で皇族皇統の歴史は終わりを告げるという思想がまことしやかに宮中を駆けめぐるわけである。これが、百王百代思想の起源とその意味するところである。

ところで、『愚管抄』を書いた慈円は百王百代思想を終末論思想へリンクさせてつらつらと述べているため、その意味するところを変質させてしまった。というのも、慈円は百王百代の「百」を文字どおりに「一〇〇」ととらえて、一〇〇代で天皇の系譜が終焉すると理解していたからである。実際、『愚管抄』には「百王ヲ数フルニ今十六代ハノコレリ」と記されている。

しかし、北畠親房は「窮《きわまり》なきを百ともいへり。百官百姓などいふにてしかるべきなり」と述べているのを見ると、「百」を「たくさんの」という意味で理解している。つまり、天皇が一〇〇代をもって終わりを告げるという終末論的王朝説を認めてはいないのである。北畠親房は、皇統はとこしえに続くと説いており、未来永劫変わることがないと考えたわけである。

◇慈円の三種の神器論と皇統のとらえ方

続いて、慈円と北畠親房の三種の神器論を見てみよう。というのも、そこには両者の皇統に対する問題意識や歴史意識が鮮明に打ち出されているからである。

三種の神器とは、葦原中津国を手に入れるため、天照大神がニニギを地上に遣わした際に授けた鏡・玉・剣のことである。この三種の神器を歴代継承してきたのが天皇であり、その継承をもって皇統の正当な継承者たる天皇の証とした。神器は俗に八咫鏡・八尺瓊勾玉《やさかにのまがたま》・草薙剣といわれ、それぞれ神鏡・神璽・宝剣として位置づけられている。

ところが、『愚管抄』で慈円は、これらの神器について、その本来の姿や威光はすでに消え失せ、それに呼応するように皇統も、その本来の正統性を失っていると述べている。

たとえば、神鏡については六二代村上天皇のとき、九六〇（天徳四）年に火災にあって灰中から神鏡が発見されたと記し、さらに六四代円融天皇のとき、九七六（貞元元）年に再び火災にあい、神鏡は黒ずんでしまったという。しかも、九八〇（天元三）年には三度めの火災にあって半壊し、九八二（天元五）年の四度めの火災で完全に焼失してしまったという。その後、焼け残った金属を拾い集めて奉祀したのが、いまに伝わる神鏡だとして、皇統が継承する神鏡は偽物であり、その威光はすでに失われているとする。

また、宝剣についても、一一八五（寿永四）年の壇ノ浦の戦いで、三種の神器が安徳天皇とともに海中に沈んだとき、神鏡と神璽は浮かび上がってきたため無事だったが、宝剣は海中に没したまま行方知れずになったとしている。

神璽についても、壇ノ浦の戦いの際、海中から浮かび上がってはきたが、それをすくい上げた武士が箱を開けて中をのぞいてしまったというのである㉝。皇統を象徴する秘宝が俗人の目にさらされたことで、その威光は消えてしまったという。

このように、慈円は『愚管抄』で三種の神器がたどった歴史的経緯を具体的に述べながら、それらがもはやかつての姿を失い、神器としての価値さえも失っていると指摘するのである。

さらに、宝剣が海中に没したまま紛失してしまった点については、それを武士の台頭を象徴する出来事ととらえている。というのも、宝剣は天皇が体現するさまざまな要素のうち「武」を象徴する神器であるため、その喪失は天皇の武の側面の欠落を意味すると解釈するからである。したがって、武を失った天皇を武士がお守りする時代が到来したことを象徴していると説く。これが末世という時代であり、皇統の正統性も失われ、天皇の代も一〇〇代でついには滅びん、というのである。

㉝『平家物語』によると、海中から浮かび上がってきた箱をすくい上げたのは片岡太郎常春という武士だという。

◇北畠親房の三種の神器論

対する北畠親房の三種の神器論は、一貫した神器の威光不滅論に徹する。火災にあったという神鏡は、実は一〇代崇神天皇のときにつくったレプリカであるというのだ。本物は伊勢神宮に奉安されており、火災で焼失したものはレプリカだから、いまなお神鏡はかつての威光を宿しており、その真正を失ってはいないというのである。

宝剣も同様で、崇神天皇のときにレプリカがつくられており、これまた本物は熱田神宮（名古屋市）に奉安されているという。

加えて、六六八（天智天皇七）年、道行《どうぎょう》という僧が宝剣を盗むという事件があった㉞。この事件を契機に、宝剣は一時、宮中で保管されていたが、天智天皇の弟である大海人皇子（のちの天武天皇）が病にかかったため、卜占した結果、宝剣の障りであると出たため熱田神宮に送り置かれたということが、『日本書紀』天智天皇七年是歳条および朱鳥元年六月戊寅条にある。この記述は、宝剣が熱田神宮に奉納されていたことの論拠にはなるわけで、それゆえに宝剣の真正は失われていないと『神皇正統記』は主張する。

また、神璽はレプリカがつくられなかったものの、壇ノ浦の海中から浮かび上がり、武士によってすくい上げられたため、もとの姿のまま現存していることになる。したがって、その真正も損なわれていないが、その際に武士が箱を開けて中をのぞき込んだかどうかは「藪の中」というわけである。

このように、北畠親房は『神皇正統記』で三種の神器は古来よりもとの姿のままで

㉞宝剣を盗んだ道行は新羅に向かって逃げたが、道中で暴風雨にあって道に迷い、宝剣とともに戻ってきたという。

存在し、その威光もかげることなくいまにいたっており、皇統のとこしえの歴史は今後も担保されていると説く。

さらに、三種の神器は徳の象徴であり、神鏡は正直、神璽は慈悲、宝剣は智慧といった具合に、それぞれの徳の本源であると位置づける。そして、三徳をあわせもつ存在こそが天皇であり、そもそも天皇たる者、これらの三徳を涵養《かんよう》しなければならないと説く。そうでなければ、天下はうまく治まらないという。

◇『愚管抄』と『神皇正統記』に見る武士の評価

最後に、慈円と北畠親房の武士に対する評価に注目して、彼らの歴史意識をまとめよう。

周知のように、慈円は九条兼実の実弟である。兼実は摂政・関白・太政大臣を歴任した政界の実力者で、源頼朝《よりとも》㉟との親交も深く、晩年は法然に帰依した。法然の『選択本願念仏集』は、兼実の求めに応じて書かれたものである。実兄が源氏と深い関係にあったためか、慈円の武士に対する評価はきわめて高かったが、皇統に対する意識はやや希薄だったといえるかもしれない。そのような背景もあって、慈円は『愚管抄』で宝剣紛失について、それは武士の台頭の証であり、武士の興起はまさに歴史の必然であると評価する。

㉟源頼朝（一一四七～一一九九）　鎌倉幕府初代将軍。平氏を滅ぼし、わが国初の武家政権を樹立した。

対して、北畠親房は源氏と平家の台頭こそ現今の乱世を招いた要因であり、武士を「商人の所存」と理解して、商人のようにあさましき存在であると酷評する。そうした酷評の背景には、当時の武士たちが南朝に味方する条件として新恩給与《しんおんきゅうよ》㊱を求めたことが挙げられる。北畠親房の目には、対価を要求する武士たちの態度が商人気質と重なって映ったのだろう。武士たちの打算的な行動からは、皇統を守護すべき臣下としての気概が感じられなかったのである。

『神皇正統記』が「大日本は神国なり」という一文で始まることを見ても、北畠親房は神話をよりどころに皇位継承の是非を判断している。たとい一時の不運で傍流に皇位を譲ったとしても、結局は正しい流れに戻り、とこしえに皇統は続くという歴史意識や歴史観をもっているため、慈円のような終末論的発想にはいたらないわけだ。

では、親房がいう皇統の正しい流れとは、いかなるものを指していたのだろうか。

親房の皇統観は、「正統」と「正理」を区別することから始まる。正統とは、同じ血脈の連続性を事実として担保しつつ、「不徳の子孫」が先代の輝かしい功績を台なしにして、子孫の不徳によって先代の徳を完全に否定する理を意味する。

ところが、正理は、まず皇族のなかにあって徳のある者が皇位を継承してきたという理解を前提としている。というのも、徳のある者が天下を治めることで民の憂いは晴れ、その心を安んずることができるからであるという。

㊱新恩給与　将軍が御家人の功績に応じて新たな領地や役職などを与えること。

ゆえに、皇位の正統性とは、血筋を同じくするという意味での正統のみならず、皇統の有徳者が皇位を継承する、もしくは徳を涵養することを必須とする正理をともなわなければならないわけである。親房は、単に血縁の濃淡を根拠とする皇位継承や傍流への皇位継承は、いつか必ず正理の皇統によって正しい流れに回帰するという皇統観を展開するのである。

第六項

中世の文学・芸術と美意識

ここでは中世の思想の締め括りとして、中世の美意識に焦点をあててみよう。とはいえ、中世の美意識とは平安時代末期から鎌倉・室町時代を経て成立し、さらには近世にいたって確立するものでもあるため、中世をはさむ前後の時代も視野に入れながら解説してみたい。

文学から芸能にいたるまで、中世の芸術に一貫して流れている心持ちは「無常感」であるといっていい。この無常感の源泉について、高等学校で日本思想を扱う授業やテキストでは「たび重なる戦乱や天変地異にある」と、さらりとふれるだけで済ますものが散見されるが、具体的にどのくらいの頻度で戦乱や飢饉、地震などが起こっていたのか。まずは、そのあたりを見てみよう。

ちなみに、天変地異の「天変」とは天空に起こる異変のことで、「地異」は地上の異変である。つまり、自然災害の総称と考えてよいだろう。

◇相次ぐ天変地異と戦乱

左表にまとめたように、一一世紀初頭から疫病や飢饉、干魃《かんばつ》、地震、火山の噴火などが相次いだ。

また、戦乱としては保元の乱（一一五六年）と平治の乱（一一六〇年）があり、一一八〇（治承四）年から一一八五（元暦二）年までの六年間にわたる治承・寿永の乱

■ 11～12世紀の主な天変地異と戦乱

1002（長保4）	飢饉と疫病が流行（尾張国）
1016（長和5）	疫病が流行（畿内）
1020（寛仁4）～1021（治安元）	飢饉と疫病が流行（畿内）
1025（万寿2）	干魃と疫病が流行（畿内）
1031（長元4）	大干魃（畿内）
1032（長元5）	富士山噴火
1040（長暦4）	大地震（京）
1070（延久2）	地震（山城国・大和国）
1076（承保3）	富士山噴火
1083（永保3）	富士山噴火
1088（寛治2）	40日にわたる地震
1091（寛治5）	地震（大和国）
1106（長治3）	浅間山噴火
1112（天永3）	火山噴火（伊豆大島）
1156（保元元）	保元の乱
1160（平治元）	平治の乱
1177（安元3）	安元の大火（京）
1180（治承4）～1185（元暦2）	治承・寿永の乱

は一ノ谷の戦いや壇ノ浦の戦いを含む、いわゆる源平合戦の総称である。この治承・寿永の乱は、日本で初めて全国的な規模で展開した内乱で、古代最後の内乱であると同時に、中世最初の内乱でもあった。

以上のような天変地異や戦乱の影響もあり、六四代円融天皇から八二代後鳥羽天皇までの間に内裏の火災は一五回を下らない。なかでも、一一七七（安元三）年に起こった安元の大火は平安京内で起こった火災としては最大級のものであり、「太郎焼《たろうしょう》亡《もう》」㊲とも呼ばれる。

このように、たかだか一八五年程度の間に天変地異や戦乱が相次いだことになる。この他にも、比較的、規模の小さな自然災害なども含めると、当時の人々にとっては、おそらく息つく暇もないくらいに次々と災難にあっているような印象があったのではないだろうか。

当然、人の死というものをいくつも間近に見ているわけで、上は天皇から下は末端の兵士たちにいたるまで、一時は栄華をきわめた者たちが、時代の変遷を経て儚《はかな》く、虚しく衰えていくさまをリアルタイムに目撃していたのだ。

そのような現世において、救いや希望、夢を見出せというのは酷というものである。この世では救われない、世は末法だから、極楽往生して成仏したいという末法思想と浄土信仰が蔓延する時代状況は、たしかにあったわけである。

㊲「太郎焼亡」　二万余戸が焼失し、死者は数千人にのぼったという。

また、この世は絶えず変化し続けるものであり、人生とは儚く、虚しいものであると、体験を通じて実感する心持ちから無常という心情が共有されていくのもうなずけよう。しかも、日本人にはこの無常という心持ちを「無常感」という美意識にまで昇華するしたたかさがある。

これからは、中世の芸術を貫く無常感を中心に、日本人の美意識を見ていきたい。

◎仏教に対する日本独自の理解

ブッダが入滅してから一〇〇年後くらいまでの間に、部派仏教（小乗仏教）と大乗仏教に分裂（これを根本分裂という）する前の仏教を「原始仏教」という。原始仏教には、この世は絶えず変化しているのに、生滅の現世に常を見出すところに苦しみがある、という発想があった。根本分裂後も、部派仏教の一つに上座部という部派があり、彼らは三相（無常・苦・無我）を説いていたし、大乗仏教においても四世紀ごろの『成実論』に三法印が最初に記されており、空の思想を完成させた龍樹のころには三法印は確立していたといわれる。

三法印は諸行無常《しょぎょうむじょう》・諸法無我《しょほうむが》・涅槃寂静《ねはんじゃくじょう》という考え方を指すが、これに一切皆苦《いっさいかいく》を加えて四法印ともいう。これは日本の大乗仏教独特の理解であり、日本の仏教理解が他国における理解と共通しているわけではない。

さて、「無常」についてであるが、日本の無常理解は、まず仏教的なアプローチから始まって、四法印の諸行無常と諸法無我にもとづいている。すなわち、この世は常に変化してやむことがなく、変わらないものは存在せず、人生もまた変化してやむことはなく、虚しいものであると理解し、これを「無常観」と称している。原始仏教で提示された無常を、大乗仏教では諸行無常・諸法無我と理解し、この世に存在するあらゆる物事に、そもそも永遠不変なるものなどなく、生滅流転という理があるのみである、と説く。このような仏教的無常観は、世界や人間のあり方に共通する不変的な真理（諸行無常・諸法無我）を法則として見据え、諸現象を客観的に見て取り、そこから真理を導く態度によって説いているのである。

◇無常文学の先駆け・西行

一方、日本人の無常は、仏教でいうところの無常観を主観的・心情的に理解するため「無常感」という。つまり、日本人の「無常感」は無常を体験することによって心で感じ取るものなのだ。平安時代末期、親しい友人の死や失恋が原因であったとされ、その心境は定かではないが、何らかの原因で無常を感じ取って二三歳で出家してしまい、「桜の下にて春死なん　その如月の望月の頃」という辞世の歌を詠んだ歌人に西行《さいぎょう》㊳がいた。西行の歌は、無常文学の先駆けといえる。

㊳西行（一一一八〜一一九〇）　平安時代後期の歌人・僧。出家前は佐藤義清と名乗る武士で、鳥羽上皇に仕えた。

続いて、世の中の無常を強く感じ取って五〇歳で出家した、随筆家としても名高い歌人に鴨長明《かものちょうめい》㊴がいた。「ゆく河の流れは絶えずして、しかももとの水にあらず。よどみに浮かぶうたかたは、かつ消えかつ結びて、久しくとどまりたるためしなし。世の中にあるひととすみかと、またかくのごとし」の書き出しで知られる随筆『方丈記』（一二一二年）は、無常文学の最高峰である。

◇『徒然草』と『平家物語』

また、鎌倉時代から南北朝時代にかけての随筆家に、兼好《けんこう》㊵がいる。吉田兼好として通っているが、本名は卜部兼好《うらべかねよし》である。吉田神道の大成者である吉田兼倶が、卜部家から分かれた吉田家一族を権威づけるため、神官の息子であった卜部兼好を吉田兼好にあらためさせたという説もあるが、それはさておき、兼好の随筆として知られる『徒然草』も仏教の無常観をベースにして綴られている。儚く、虚しい人生をいかに生きるべきか、さまざまに考えた末、一方では諦念《ていねん》（こだわりを捨て去り、あきらめること）を説き、一方で地位や名誉を求める現世的な事柄に執着する者どもの愚かさを指摘しつつ、人生から逃げることなく対峙して、人生を真剣に生きることの大切さを説く。そのなかには、自然の儚さを美しいと感じ、めでる心持ちの大切さも述べられている。

㊴鴨長明（一一五五？〜一二一六）　鎌倉時代初期の歌人・文学者。京都・下鴨神社の禰宜の次男。父祖ゆかりの神職を希望したが、一族の反対によって得られず、出家したとされる。

㊵兼好（一二八三？〜一三五二？）　鎌倉時代後期から南北朝時代の歌人・随筆家。出家前は公卿として後二条天皇に仕えた。

その一三七段では、桜の花は満開のときにだけ見るべきものなのだろうか、月は満月の夜にだけ執着して見るべきものなのであろうか、と疑問を投げかける。いままさに花が咲きそうな梢や花が散ったあとの庭など、他にもたくさん見るべきところがあるではないか、と。兼好は、桜も月も移りゆくものであって、それを移りゆくものとして感じ入るところに趣《おもむき》があると言いたいわけである。

さらに、一九五段では人生の無常として、次のように述べている。

小袖に大口を着た男㊶が、木造の地蔵を田んぼの水に浸して一生懸命に洗っていた。そのうち、迎えの者が来て、その男を連れ帰っていったのだが、その男は久我《こが》内大臣殿、すなわち源通基《みちもと》㊷であったという。正気のときは立派で品があったのだが、と結んでいる。

かつては従一位内大臣、右近衛大将を歴任したほどの人物であったが、いまは頭がおかしくなり、昔の面影すらない。人の無常というものを感じさせるエピソードである。

そして、いわゆる軍記物としては誰もが知る『平家物語』がある。鎌倉時代に成立した作者不明の『平家物語』は、栄枯盛衰をモチーフに、貴族の凋落《ちょうらく》と武士の勃興を仏教的無常観によって物語っている。

冒頭の「祇園精舎《ぎおんしょうじゃ》の鐘の声、諸行無常の響きあり。沙羅双樹《さらそうじゅ》の花の色、盛者必衰《じょうしゃひっすい》の

㊶小袖は、袖口の小さな上着。大口は大口袴のこと。比較的、フォーマルな服装という意味。

㊷源通基（一二四〇〜一三〇九）鎌倉時代の公卿。一二八八（正応元）年、従一位に叙せられた。

理《ことわり》をあらわす。おごれる人も久しからず、ただ春の夜の夢のごとし。たけき者もついには滅びぬ、偏《ひとえ》に風の前の塵に同じ」は、無常を端的に表わす名文である。

その意味するところは、次のようなものである。

インドにある祇園精舎というお寺の鐘の音は、すべてのものが常に変化し、変わらないものはないことを悟らせてくれる。というのも、鐘の音はだんだんと小さくなり、しだいに聞こえなくなるため、同じ鐘の音を保つことができないからである。

また、ブッダが入滅したときに、その花の色を変えたという沙羅双樹の花の色は、権力や地位や名誉を手に入れて栄えた者も、必ずいつかは衰えるという道理を示している。花の色がしだいに色褪《いろあ》せ、散り、そして枯れていくように、栄えた者もいつかは衰えるからである。

おごり高ぶり、栄華を誇る者も、わが世の春を永続できるものではない。それはまるで、覚めやすいとたとえられる春の夜の夢のように、つかの間の幸せでしかない。だから、勢いが盛んな者も最後には滅んでしまうし、それはあたかも風に吹き飛ばされる塵のように、あらがうことのできない定めなのだ。

◇中世の歌論に見る美意識の変遷

歌論とは、和歌の本質を理論的に説いたものである。理論的とはいえ、現代人からすれば、そこには実証・検証・観察と実験にもとづく観点はまったくないため、もはやそれを理解できる教養人も少なくなっていると思う。

歌論とはいえ、やはり和歌全体から感じ取ることができるもの、心に響くもの、詞《ことば》としてどこに美意識を感じられるかといった、心で感じ取る共有の場と心持ちがあっての論であり、これを共有していない現代人には難解に映るに違いない。

ここでは中世の歌論に焦点をあてて、その美意識を取り上げたいと思うのだが、それと関連して、やはり平安時代中期からの流れを視野に入れつつ、歌論の美意識の変遷を綴ってみたい。

平安時代中期の一条天皇のとき、源俊賢《としかた》、藤原公任《きんとう》㊸、藤原斉信《ただのぶ》、藤原行成《ゆきなり》という四人の貴族が活躍していた。このうち、藤原斉信が大納言、他の三名が権大納言まで昇ったことから「四納言《しなごん》」と称されていた。その一人である藤原公任に、『大鏡《おおかがみ》』㊹に登場する「三舟の才」に関するエピソードがある。

あるとき、藤原道長《みちなが》㊺が大堰川に三艘の船を浮かべたという。一艘は漢詩の舟、もう一艘は管絃の舟、残りの一艘は和歌の舟で、それらの船にはそれぞれの分野で名を轟かせた名人を乗せたという。道長に、どの舟に乗るか尋ねられた公任は「和歌の舟」を選び、「小倉山嵐の風の寒ければもみぢの錦きぬ人ぞなき」と詠んだという。

ところが、自信家の公任は「漢詩の舟」を選んでおけば、もっと名声が上がったは

㊸藤原公任（九六六〜一〇一四）平安時代中期の公卿・歌人。関白藤原頼忠の嫡男。藤原道長と親しかったとされる。

㊹『大鏡』平安時代後期に成立した歴史物語。作者不詳。主に、藤原道長の栄華が描かれる。『世継物語』とも呼ばれる。

㊺藤原道長（九六六〜一〇二七）平安時代中期の公卿。御堂関白。「この世をば　わが世とぞ思う望月の　欠けたることのなしと思えば」という歌で知られる。

ずだと悔やんだ。漢詩・管弦・和歌のいずれの分野でも秀でている名人として、自分は道長から認められているとうぬぼれていたのである。

公任は、同じく四納言の一人である藤原斉信に位階を越されてしまったとき、半年間にわたって出仕を拒否してもいる。しかも、文人として名高い大江匡衡《まさひら》㊻に辞表をつくらせ、それを朝廷に提出してしまうのである。

このように気位の高い自信家ではあったが、公任は歌論を論ずるうえで欠くことのできない人物の一人である。

彼は、「あはれ」という余情美は「心」と「言葉」が調和して成り立つと説き、「あはれ」の美を詠む態度を提示した。「あはれ」とは、心に染み入るような様子であり、しみじみとした有様をいう。また、余情とはストレートに表現されることではなく、物事や詞の奥に隠れて感じ取られる思いのことで、そこに美意識を見出す態度を余情美というわけである。

◇「あはれ」と「たけ高し」の美意識

この伝統を継承するのが、藤原基俊《もととし》㊼である。彼もまた、「あはれ」の美意識を重視する。彼ら保守派に対して、革新派の源経信《つねのぶ》㊽と俊頼《としより》㊾父子は、詞を自由に選び取り、これを表現する和歌を楽しみ、「あはれ」の美意識に対して「たけ高し」の美を重視

㊻大江匡衡（九五二～一〇一二）平安時代中期の学者・歌人。一条天皇に仕えた。大江匡房の曾祖父。

㊼藤原基俊（一〇五六～一一四二）平安時代後期の歌人。『新撰朗詠集』を著した。藤原道長の曾孫。藤原俊成の師。

㊽源経信（一〇一六～一〇九七）平安時代後期の公卿・歌人。博識多芸で知られ、歌論集『難後拾遺』を著した。

㊾源俊頼（一〇五五～一一二九）平安時代後期の歌人。白河法皇の命で『金葉和歌集』を撰進した。

した。

「かの大納言（経信）の歌の風体は、又殊にたけをこのみ、ふるき姿をのみこのめる人とみえ」（『古来風体抄』）、あるいは「大納言経信、殊にたけもあり、うるはしくして、しかも心たくみに見ゆ」（『後鳥羽院御口伝』）と記されるように、経信の「たけ」の美意識は高く評価されていた。

「たけ高し」の美意識と詞の自由な選び取りを説く革新派の源経信・俊頼父子と「あはれ」の美意識と和歌で用いる詞の法則性を重視する藤原基俊との対立は、歌壇の混乱を招くこととなる。その調停役として登場するのが、藤原俊成《しゅんぜい》⑸⓪である。俊成は基俊に師事していたため、当然のことながら「あはれ」を詠み、「あはれ」に美意識を見出すとともに、詞も重視していた。

しかし、経信・俊頼父子の自由な詞の選択も決して否定することなく、伝統的な表現の範囲内であれば、自由な表現もよいではないかと理解を示し、自身の歌論にも取り入れたのである。

そして、古代歌論で使用されていた「艶」「優」「たけ高し」「心細し」「とほじろし」「姿さび」といった詞を示すことで、美的価値を宿す言葉とはいかなるものかを自覚し、これを歌に詠みあげることを理想としたのである。

歌論史における俊成の位置づけとは、古代と中世の和歌のあり方の分岐点にあって、

⑸⓪藤原俊成（一一一四〜一二〇四）　平安時代後期から鎌倉時代初期の歌人。『千載和歌集』の撰者。藤原定家の父。藤原基俊に師事し、源俊頼にも私淑した。

古代歌論の帰結と終焉、中世歌論の新たなる幕開けと理解できる。

さて、俊成の息子である藤原定家《ていか》(51)は、父の美意識（妖艶美）を崩し、さらに発展させて「有心」という美意識へと昇華する。つまり、定家には、人がいまだ詠んだことのない人の心を詠むという新しさがあるのだが、古《いにしえ》の人が使用した詞を用いることを前提としているため、父の伝統を継承しつつ、「余情妖艶の体（華やかさのなかにも、寂しさを漂わせる美しさのこと。ここに幽玄の美が胎動していると見る）」という美意識にもとづいて、俊成には見られない歌のあり方を提起しているのである。

(51)藤原定家（一一六二〜一二四一）　鎌倉時代初期の公卿・歌人。『新古今和歌集』『新勅撰和歌集』の撰者。歌論や古典研究にも貢献した。

◇中世の芸道を象徴する「幽玄」

芸道とは、整理・体系化された芸能や技芸を伝え授ける方法を学びつつ、人格や人間性をも練磨する日本独特の精神修養を視野に入れた芸のとらえ方である。

つまり、中世から近世にかけて、芸能・技芸をどのような方法で教え伝え、学ばせるかといった点が整理され、体系化されるようになったわけである。それにともない、技を磨く芸能・技芸の場は、精神を修養する場としても確立されるようになり、人間性を形成したり、精神を鍛える場としても芸道は広く浸透することとなる。

その代表的なものとして、能楽や狂言、歌舞伎といった芸能から茶道、華道、香道、武道といった多様な芸道分野が発展するとともに、その体系を確立することとなるのである。

ここでは、とくに「幽玄」に焦点をあてて芸道の姿をたどってみよう。

そもそも、幽玄の「幽」には「遥か」「かすか」「深し」といった意味があり、「玄」には「遥か」「黒し」という意味がある。そうした言葉のニュアンスから、仏教の教えや悟りというものが、はるかに奥深くて暗いという意味で理解されていた。そうした仏教的意味合いの「幽玄」という考え方が日本に入ってくると、それは芸術の美意識や美的理念として昇華していく。

藤原俊成は、そもそも歌には調子があるので、歌の調子には美しさがまといつく、と説く。余情・陰影・奥行き・余韻といった感じを、もっとはるかに豊かに感じさせる美しさを幽玄美とした。

室町時代に入ると、観阿弥・世阿弥による『風姿花伝《ふうしかでん》』が著される。父の観阿弥の教えをもとに、子の世阿弥が書き記した日本初の能楽理論書が『風姿花伝』である。能というものを「その風をえて心より心に伝ふる花」にたとえて『風姿花伝』と名づけたわけだが、そこには役者の心得としてよく知られる「初心忘るべからず」という一文も記されている。

彼は、能の命を「花」にたとえ、「花」は珍しいところにおもしろさがあると説き、そのときどきの状況に応じた演技をするからこそ、見る者に新鮮な感動を与えることができる、という。

しかも、世阿弥が能に見出す美意識は「幽玄」であるのだが、世阿弥の幽玄美とは「みやび」「優雅」といった品格と華やかさをともなうもので、もの悲しさや心細さではなかった。

しかし、優雅さを身にまとった幽玄美は、静寂・艶麗・平淡へと次第に変化して、松尾芭蕉の「さび」へと接近していくこととなる。その分岐点は、やはり茶道の確立であろう。茶は、もともと日本にはなじまなかったが、臨済宗の栄西が中国から日本にもたらして以降、一般化したものである。したがって、茶道は禅宗の寺院を中心に発達していった。

さらに、茶道は禅宗を介して武士に広がり、いつしか武士の嗜《たしな》みとされるようになる。その系譜は、一休宗純から教えを受けた村田珠光《じゅこう》が「わび茶」として精錬し、武野紹鷗《じょうおう》を経て、千利休によってようやく完成を見る。利休の茶道とは、わび茶（草庵における素朴で簡素なお茶のこと）をもとにする茶の道である。

だから、わび茶の本質は「和敬清寂《わけいせいじゃく》（和敬静寂は誤り）」にある。これは、茶会の主人と賓客が、互いの心を和らげると同時に、互いに謹み、敬い合いながら、茶室の備品や茶会の雰囲気を清浄にするとともに、簡素・閑寂・枯淡に息づく美しさを意味する「わび」を理解することである。

もともと「わび」というものは、もの悲しさや心細さといった心の状態・心情を意味していたが、茶道にあってはこれが昇華され、鑑賞の対象となることを前提として、簡素・閑寂・枯淡といった趣が肝心なのであり、だからこそ理屈ではなく全体の雰囲気として「簡素・閑寂・枯淡とは、こういうものだ」と感じ入る、その感じ方が問われるのである。

第3章

近世の歴史と思想

近世の略年表

区分	時代	年	出来事
中世	室町時代／戦国時代		
近世	安土桃山時代	1573（天正元）	室町幕府滅亡
		1582（天正10）	本能寺の変
		1592（文禄元）	文禄の役
		1597（慶長２）	慶長の役
		1600（慶長５）	関ヶ原の戦い
	江戸時代	1603（慶長８）	徳川家康が江戸に幕府を開く
		1637（寛永14）	島原の乱
		1853（嘉永６）	ペリー来航
近代		1868（明治元）	王政復古の大号令

前章でも述べたが、日本史と西洋史では時代区分が違う。

西洋史では、大航海時代やルネサンス、あるいは宗教改革あたりをざっくりと近世の初めとしており、一五世紀～一六世紀前半までが近世の始まりということになる。そして、近世の終わりは市民革命や産業革命あたりで、おおよそ一八世紀後半～一九世紀初めごろになる。

一方、日本史における近世は、戦国時代の過渡期を経て、安土桃山時代から江戸時代の終わりまでを指す。安土桃山時代は、室町幕府が滅亡した一五七三（天正元）年から江戸に幕府が開かれた一六〇三（慶長八）年までとされており、江戸時代は一八六八（慶応四）年まで続くから、合計二九五年間が日本史における近世ということになる。

安土桃山時代と聞いてもピンとこないかもしれないが、「安土」とは近江国（滋賀県）の琵琶湖東岸に築かれた安土城に由来する。安土城を建てた織田信長政権の時代を意味しているのである。

では、「桃山」は何かといえば、豊臣秀吉が伏見城を築いた京都伏見の桃山という地名に由来する。つまり、安土桃山時代とは織田政権と豊臣政権の時代をいい、両者をまとめて「織豊《しょくほう》政権」と呼ぶ。

まずは、戦国時代も含めて、近世という時代をたどってみよう。

第一項

戦国時代の歴史

一般的には、戦国時代と聞くと殺伐とした世相や社会の混乱、停滞をイメージしがちだが、実は戦国大名たちの活躍によって、日本が急速に豊かになった時代であった。戦乱による死者は多かったが、それでも人口を減少させるほど大規模にして広範囲な戦乱ではなかったのである。

というのも、室町時代の人口が約七〇〇〇万人であったのに対して、江戸時代初期のそれは約一八〇〇万人に増えているからだ。しかも、金山や銀山の開発が進み、金銀の産出量がアップすると、それを元手に貿易が活発化するとともに、軍事力も増強されている。同時に、商工民を介して商品流通路が担保され、その中継地として、応仁の乱（一四六七〜一四七七）以来、荒廃していた京都の復興も実現することになる。その原動力となったのは、たび重なる戦乱で弱体化した貴族と武士に代わって経済力を握った町衆（商工民）である。

そのような状況のもと、一五四三（天文一二）年、イエズス会①の宣教師フランシ

①イエズス会　一五四〇年にローマ教皇の認可を受けたカトリック司祭修道会。世界各地で布教活動を行なった。

スコ・ザビエル②が、キリスト教布教のため、ヨーロッパの文明の利器を携えて鹿児島に上陸する。以後、日本はポルトガルに続き、スペインとも貿易を行なうようになり、ヨーロッパの天文地理学をはじめ、医学や芸術なども受容することとなる。

しかしながら、彼らが日本に持ち込んできた思想や技術を何でもありがたがって、一方的に受容したわけではなかった。儒教や陰陽五行思想を昇華した朱子学の理屈と合わない学問・信仰の類は、日本人にはなじまないものとして受け入れを拒んでいるのである。その最たるものが、キリスト教である。

たしかに、日本人のなかにもキリスト教信者は増えていたが、当時の日本人にとってキリスト教は、あくまで新興宗教の一つにすぎず、浄土宗や日蓮宗、真言宗、曹洞宗といった信仰にもとづく現世利益的な宗教宗派の一つとしてしか理解されていなかったのである。したがって、たとえばマリア像も大日如来や阿弥陀如来、あるいは天照大神や日吉の神を祭り奉じるような感覚でとらえられており、ロザリオ③についても、お守りや護符の一種として扱われていた。

そうしたなかで戦乱の世に終止符を打とうとした織田信長④は、旧体制をことごとく潰していく。当時は、貴族や寺社が商工民の同業組合である「座」を利用して経済的利益を独占してきたが、有名な「楽市楽座」によって信長は、こうした一部の特権階級による排他的経済体制を壊滅させた。

②フランシスコ・ザビエル（一五〇六～一五五二）　スペイン人の宣教師。日本に初めてキリスト教を伝えた。イエズス会の創設メンバーの一人。

③ロザリオ　カトリック教徒が祈りの際に用いる数珠様のもの。端に小さな十字架をつける。

④織田信長（一五三四～一五八二）　戦国時代の武将。室町幕府を滅ぼし、全国制覇に王手をかけたが、本能寺の変で自刃した。

さらに、一五七一（元亀二）年には長年にわたり朝廷の庇護を受けてきた中世的権威である比叡山を焼き討ちにし、その二年後には京都から足利義昭《よしあき》⑤を追放して、室町幕府を滅亡させた。

その後、信長は軍事的優位を背景に自身の勢力を拡大し続け、甲斐国（山梨県）と信濃国（長野県）を治める武田勝頼《かつより》⑥を自刃に追い込み、全国制覇に王手をかけた。しかし、一五八二（天正一〇）年、京都・本能寺に滞在していたところを自身の有力武将である明智光秀⑦によって襲われ、天下取りの夢は潰えることとなる。

◎身分を確定するために行なわれた刀狩り

道半ばに倒れた信長の覇業を受け継いだのが、光秀と同じく織田家の有力武将であった豊臣秀吉⑧である。秀吉は、山崎の戦いで光秀に勝利すると信長の後継者としての地歩を固め、その後、朝廷の権威をうまく利用しながら敵対勢力を次々に倒して天下統一を成し遂げた⑨。

この豊臣秀吉による天下統一事業には、同じく武士として全国規模の政権を確立した源頼朝や足利尊氏《たかうじ》⑩とは異なる側面があった。というのは、頼朝の鎌倉幕府も尊氏の室町幕府も、ある種の調整機関として全国の武士たちから支持を寄せられたものの、全国津々浦々にまでいたる完全支配体制を確立したわけではなかったからである。鎌

⑤足利義昭（一五三七～一五九七） 室町幕府第一五代将軍。織田信長に擁立されて将軍になるが、のちに信長と対立し、京都を追われた。

⑥武田勝頼（一五四六～一五八二） 戦国時代の武将。甲斐（山梨県）の守護大名・武田信玄の子。

⑦明智光秀（一五二八？～一五八二） 安土桃山時代の武将。織田信長に仕えて頭角を表わす。本能寺の変ののち、山崎の戦いで逃走中、農民に襲撃され落命。

⑧豊臣秀吉（一五三六～一五九八） 安土桃山時代の武将。木下藤吉郎。織田信長の死後、天下を統一した。

⑨秀吉は、一五八五（天正一三）年に前関白・近衛前久の猶子となったことで、同年、関白に宣下された。翌年には朝廷から豊臣姓を下賜され、太政大臣を兼ねた。

⑩足利尊氏（一三〇五～一三五八） 室町幕府初代将軍。建武の新政の功臣となるが、のち後醍醐天皇に背き、北朝を擁立した。

倉幕府は、主に土地をめぐって生じる御家人間の紛争の仲裁機関であって、いわば御家人集団の「まとめ役」といえる。また、室町幕府は守護大名による連合政権であった。

ところが、秀吉の政権は彼の名によってすべてを支配する完全支配体制を確立していたのである。秀吉政権下における大名たちは、それぞれが独立した自治権をもっていたわけではなく、領国の支配を秀吉によって認められた（これを安堵《あんど》という）存在だったのだ。それゆえに、秀吉は大名を移封させたり、取り潰すこともできたのである。

さらに、秀吉政権は全国支配を徹底するため、「太閤検地」と「刀狩り」を大々的に実施する。太閤検地とは、国内すべての農民の田畑や宅地を調査し、その価値を石高に換算して検地帳に登録し、石高にもとづいて税を徴収するしくみである。

一方、刀狩りは武士と農民・町人の身分を峻別するために行なわれたものだが、よくいわれるように、庶民から武器を取り上げて政権に対する反抗の芽を摘むのが目的だったわけではなかった。刀狩り後も、町人たちは護身用として短刀を腰に差していたからである。しかも、町人たちが鉄砲を所持することも許されており、こうした権利は江戸時代を経て、明治のいわゆる文明開化の時期まで認められていく。

また、いわゆる織豊政権下では、諸大名もそれぞれに贅沢な生活を送った。姫路城

（兵庫県）のような壮麗な城郭を築き、シルク製の着物を着て、美食も楽しんだのである⑪。

もちろん、庶民も生活レベルが向上した。着物の素材は麻から木綿になり、日常は小袖の着流しだが、フォーマルな場などではシルク製の着物を着る者も現われるようになった。また、農村では茅葺きの平屋住居がほとんどだったが、都市の羽振りのよい商家などでは二階建て住居で、客間や居間には床もあって、茶の湯や連歌を楽しむ庶民もいた。そのような生活が江戸時代末期まで続くのである。

このように、安土桃山時代以降、日本人の生活は豊かになっていったが、その反面で拝金主義が蔓延するようになる。鎌倉時代の武家社会が確立させた道徳観が失われていくのである。

鎌倉武士の道徳観は、俗に「武士道」と呼ばれるもので、一族郎党のトップにふさわしい立派な立ち居振る舞いが求められたのである。立派な立ち居振る舞いとは、一族郎党を守るために武芸を磨き、質素倹約に励み、名誉と正直を尊び、寛容な心をもって弱者をいたわるというものである。そうした価値観を重視する者の目には、贅沢三昧に浮かれる大名や武士の様子は、卑《いや》しむべき堕落した姿として映った。そんな「保守派」の代表格が、徳川家康⑫である。

⑪このころから料理に砂糖が使われ始め、天ぷらも現われた。

⑫徳川家康（一五四二～一六一六）江戸幕府初代将軍。一六〇〇（慶長五）年の関ヶ原の戦いに勝利し、三年後に幕府を開いた。

して い た。

◇関ヶ原の戦いにおけるもう一つの対立軸

家康に代表される保守派は、国家の指導者たるべき武士を庶民の模範的存在として理解するがゆえに、私利私欲を捨て、庶民のためにその生活を保障し、そのためにみずからは質素を心がけねばならないと考える。その意味で、彼らは鎌倉武士道を継承していた。

武士のありようをめぐって、大名や武士たちの間にそうした温度差があったことに注目すれば、関ヶ原の戦い（一六〇〇年）はそんな価値観を対立軸とした衝突であったと見ることもできよう。なぜなら、石田三成⑬率いる西軍は海外進出志向の強い西国大名が名を連ねており、一方の家康率いる東軍は、鎌倉武士の伝統を継承し、国内政治と庶民生活に関する安定志向の強い大名で占められていたからである。

この天下分け目の戦いに勝利した家康は、室町時代から安土桃山時代にかけて衰退し、軽んぜられた鎌倉武士道の復権をめざすとともに、朱子学とリンクした武士道を徹底し、全国の支配秩序を再構築することになる。

江戸時代の朱子学は、陰陽五行思想を内包しているのだが、平安時代のように陰陽の理をベースに森羅万象の吉凶を占う陰陽道とは異なり、諸子百家の思想の「いいとこ取り」をして、よくいえば総合的に止揚《しよう》して、儒家の教えを解釈し、自派の居敬窮理《きょけいきゅうり》⑭や理気二元論⑮を展開した。この世に生きる人々と物事の道理を説く朱子

⑬石田三成（一五六〇～一六〇〇）　安土桃山時代の武将。近江佐和山一九万四〇〇〇石を領す。治部少輔。

⑭居敬窮理　朱子学において学問修養の基本とされること。私利私欲を抑え、物事の本質を見きわめることを意味する。

⑮理気二元論　二三四ページ参照。

学は、戦乱の世に新しい秩序をもたらす魅力ある学問だったわけである。

その反面、官学としての朱子学によって、彼らの説く教えと相反するものは、たとい外国の魅力ある学問であっても、決して受け入れることはなかったという。後述するが、地球球体説と地動説を説くハビアン⑯と地球方形説と天動説を説く林羅山《はやしらざん》⑰の論争は、その典型である。

◇鎖国の完成と朱子学の官学化

さて、一六三九（寛永一六）年、江戸幕府によるキリシタン禁制や貿易統制によって鎖国が完成すると、ヨーロッパの哲学（現在、一般的に浸透している哲学のイメージとは異なり、学問全般を指す）をはじめ、自然科学に関する書物も取り締まりの対象となり、日本人と外国人の貿易や交流は厳しく制限されることとなった。

また、朱子学が官学となり、諸藩においてもこれを学ぶようになると、儒教にもとづく価値観が支配的となり、四代将軍家綱から七代将軍家継まで、儒教的徳治主義を掲げる文治政治が実施されるようになった。さらに、会津藩主保科《ほしな》正之⑱や水戸藩主徳川光圀《みつくに》⑲をはじめ、いわゆる「正徳《しょうとく》の治《ち》」を行なった新井白石《はくせき》⑳や八代将軍吉宗、そして老中として「寛政の改革」を主導した松平定信《さだのぶ》㉑にいたるまで、朱子学にもとづく政治の担い手が次々に登場することとなる。

⑯ハビアン（一五六五〜一六二一？）安土桃山時代から江戸時代初期の日本人修道士。禅僧からイエズス会士となる。のちに棄教。
⑰林羅山（一五八三〜一六五七）江戸時代初期の朱子学者。幕府儒官林家の祖。藤原惺窩に師事。徳川家康から家綱まで四代の将軍に仕えた。
⑱保科正之（一六一一〜一六七三）江戸時代前期の大名。二代将軍秀忠の庶子。会津二三万石を領す。
⑲徳川光圀（一六二八〜一七〇一）江戸時代前期の大名。初代将軍家康の孫、初代水戸藩主頼房の子。水戸黄門。
⑳新井白石（一六五七〜一七二五）江戸時代中期の朱子学者。六代将軍家宣と七代家継に仕えた。
㉑松平定信（一七五九〜一八二九）江戸時代後期の大名。八代将軍吉宗の孫、御三卿田安宗武の子。陸奥白河藩主松平定邦の養子となり一一万石を領す。

そうした流れのなかで、当然のことながら、庶民にも朱子学を介して儒教の教えが広まっていくのだが、それらはすべて寺子屋の増加にともなうもので、寺子屋は庶民教育の重要な担い手であった。江戸時代中期の一七二二（享保七）年の江戸には、八〇〇人余りの寺子屋の先生がいたと記録されている。

寺子屋では、怠けて勉強をしなかったり、他人の勉強を妨害するような子どもには罰が与えられた。線香が燃え尽きるまで立たせたり、居残り勉強もあったというから、いまも昔も変わらないが、机の上に座らせたり、机を背負わせて帰らせたりといった罰もあったらしい㉒。

㉒復習することを「おさらい」というのは、寺子屋で試験のことを「浚（さら）い」と呼んだ名残りだとされる。

第二項

江戸時代の歴史

こんどは、大濱徹也氏の『講談日本通史』をよりどころに、江戸時代の様子をたどってみよう。

江戸時代中期の元禄時代（一六八八〜一七〇四）、将軍職にあったのは、三代将軍家光の四男であった五代綱吉である。綱吉は、武力や権力を背景とした国家統治ではなく、徳や礼による、まさに儒教にもとづく支配を考え、実施した。その最たるものが、「生類憐《あわれ》みの令」（一六八七年）である。儒教にもとづく国家統治を謳ってはいるものの、この法令は仏教的不殺生の具現化といえるものであった。

しかし、綱吉をはじめ幕府の上層部は当初、さほど厳格な施行を想定していたわけではなかったようだ。ところが、下級役人ほど法令を厳格に行き渡らせることに努めたため、徹底した取締りが行なわれ、庶民の間には怨嗟《えんさ》の声が上がった。

この悪名高い法令は仏教的不殺生の徹底を建前としていたのだが、その隠れた目的は兵農分離の徹底化にあった。すでに秀吉による刀狩りによって百姓から武器は取り上げられていたが、田畑を害する鳥や獣を駆除するために鉄砲を所持することは認められていたのである。

しかし、そういった害鳥・害獣駆除は、百姓の年貢で暮らしている武士に任せて、百姓は本来の仕事に専念していればよい、と考えるわけである。その建前として、殺生をすれば地獄に落ちるとか、仏の罰があたるといって、幕府の出先機関である代官を通じて、百姓から鉄砲を取り上げようとしたのである。

◇大坂の豪商が担った元禄文化

この元禄時代に生まれた絢爛たる文化の主な担い手は、大坂の豪商たちや地方の豪農たちであった。このころはまだ後年のような精緻な経済システムが成立していないため、一部の豪商たちのもとに集まる資金が投資や投機に回されることはなく、その多くが消費に費やされた。といっても、せいぜい贅沢な食事や高価な着物を楽しむ程度で、彼らが生み出した文化は奢侈《しゃし》な消費経済に支えられた華やかさを特徴とする。したがって、大名から庶民にいたるまで奢侈禁止令（贅沢禁止令）を出して、幕府は消費の抑制をはかった。

ところが、いったん贅沢の味を覚えた庶民が「はい、そうですか」と黙って引き下がるわけもなく、庶民たちは人目につかないところで贅沢を楽しむようになり、目に見えないところに美しさを見出すようになる。たとえば、表地は木綿だが、裏地にシルクを使うといった具合に、隠れたおしゃれを楽しむようになるのである。

ところで、元禄時代が幕を開ける四〇年近く前、一六四九（慶安二）年に出されたとされる「慶安《けいあん》の御触書《おふれがき》」という文書がある。以前は教科書に太字で書かれるほど重要文書とされたが、近年の研究では幕府から出された法令ではなく、一部の地域で出された農民教諭書であったことが明らかにされた㉓。また、偽書ではないかとの説もあり、これを記述しない教科書も少なくないのだが、いずれにせよこのような教諭書があったと信じられてきたこと自体、その当時の庶民生活が奢侈や怠惰に流れていた証拠と見る向きもある。つまり、「早起きをして働きなさい」「酒飲みの女房は離縁しなさい」といった生活指導が必要だと考えられるほど、当時、仕事をおろそかにする者が多かったというわけである。もちろん、真相はわからないが、時代背景を考慮すると、可能性は十分に考えられるだろう。

◇田沼意次の重商主義政策

さて、元禄時代を境にして商工業が発達したが、幕府の財政は逼迫《ひっぱく》の度を増していった。これは、要するに幕府の財政が年貢による米穀収入を基盤にしていたからである。いうまでもなく、米穀の収穫量は天候によって大きく左右されるうえ、作付けで

㉓もともと甲信地域に流布していた農民教諭書『百姓身持之事』が、その原本とされる。

きる面積は決まっているため、画期的な技術革新でもないかぎり、生産量の拡大は不可能だからである。一反の田から二反分のコメは穫れないわけだ。

そこで、一七一六（享保元）年、八代将軍吉宗は新田開発や倹約令を内容とする「享保《きょうほう》の改革」を実施して、それにより幕府の財政は持ち直すことになった。しかし、一時的に幕府の財政は好転したものの、経済システムそのものは従来とほとんど変わっていないため、財政は再び逼迫し始める。要は、ほとんど消費にしか使われない資金を拡大再生産の実現に向けた投資に回さなければならないのだ。そのことに気づいた政治家が、田沼意次《おきつぐ》㉔であった。

意次は、幕府の財政を立て直すために、印旛沼《いんばぬま》（千葉県）の干拓と新田開墾を企画立案したのだが、これにあたって、まずは金を蓄えた株仲間㉕や商人たちを統制下に置き、彼らを巧みに操って事業を進めた。

加えて、意次は財政のよりどころを農業に置くのではなく、貿易に見出していた。蝦夷地《えぞち》（北海道）交易を考えていたのである。といっても、鎖国政策のなかでの貿易である。まず、蝦夷地に住むアイヌ人たちが大陸との間で交易を担い、それによって得た品々を松前藩《まつまえ》㉖に流し、それを商人たちが売りさばくという構図である。つまり、限定貿易の拡充をねらったわけだ。

しかし、意次は政治的基盤があまりに弱かった。小身旗本の子であった意次は、九

㉔田沼意次（一七一九〜一七八八）　江戸時代中期の幕臣。遠江相良五万七〇〇〇石を領す。一〇代将軍家治の側用人から老中となり、幕政を担った。

㉕株仲間　江戸時代の商工業者による特権的同業者組合のこと。幕府に税（冥加金）を納めることで、独占的営業権が認められた。

㉖松前藩　江戸時代の外様大名松前氏が治めた蝦夷地（北海道）南部の藩。当時の蝦夷地は稲作が不可能であったため、蝦夷地交易の独占権を財政基盤とした。

代将軍家重の小姓に抜擢され、そこから一代で老中に成り上がったため、有力な後ろ盾をもたず、周囲からのねたみも買っていたようだ。家重に引き続いて意次を重用した一〇代将軍家治が没すると、各方面から批判を浴び、収賄容疑で失脚することとなった。

後世、意次は賄賂政治の権化のような悪評を一身に受けたが、同情すべき面もあったと思われる。自身の政策を実現するためには、それなりの地位に成り上がらなければならず、また関係各所への根回しも必要だっただろう。そのとき、ものをいうのがカネであった。株仲間や豪商たちを統制し、そこから献じられる政治資金は、必ずしも意次が私腹を肥やすためだけに使われたわけではなかったに違いない。

とはいえ、意次にも悪評を投げつけられるだけの理由はあった。彼は、どうやら他人を信じることのできない人間だったようだ。異例の出世を続ける彼のもとには、甘言を弄してさまざまな人物が接近をはかってきた。しかし、明敏な意次には、彼らの底意がはっきりと見えていたのである。他人の言葉や態度を信用することができない意次は、やがて彼らの本心を試すかのように、具体的な「誠意」を求めるようになってしまった。激務のなか、疲れ果てて帰宅した意次は、商人たちから贈られた品々を眺めると心がなごんだという㉗。

㉗『江都見聞集』の記述。このエピソードを後世の創作とする説もある。

◇江戸を中心として繁栄した化政文化

田沼意次の失脚後、幕府政治の表舞台に登場するのが松平定信である。定信は、田沼時代の悪弊を断ち切るように、商人と癒着した賄賂政治を修正して（株仲間の解散など）、その他、幕府の儒家である林家の朱子学以外を認めない「異学の禁」など、「寛政の改革」を断行した。しかし、幕府の大奥にも緊縮財政を徹底するなど、あまりに厳格な改革が反発を呼び、やはり失脚することになった。

さて、松平定信が失脚したあとは一一代将軍家斉が政治の実権を握った。家斉は、将軍職を子の家慶に譲ったのちも大御所として実権を握り続けたが、その期間は四年にすぎない。しかし、後年、家斉の政治スタイルは「大御所政治」と呼ばれ、その五〇年におよぶ治世は大御所時代とか化政時代と称される。

家斉も当初は緊縮財政を踏襲したが、間もなく手綱がゆるみ、財政は放漫ともいうべき奢侈に流れた。そうしたなかで生み出されたのが、文化・文政という年号に由来する「化政文化」である。化政文化も、その主な担い手は町人だが、元禄文化が大坂（上方）を中心としていたのに対し、化政文化は江戸が中心になっている。

◇記録に残るしたたかな庶民たち

このころの庶民がどのような生活を送っていたかについては、さまざまな記録が残されているが、たとえば百姓に目を向けると、彼らは農作業のかたわら地域の特産品を売って、コツコツと小銭を蓄えていたらしい。そして、農閑期になると一か月にわたって湯治場に滞在したという。

すると、湯治場に滞在する百姓を目当てに商売が始まる。彼らに歌を手ほどきしたり、本の読み方を教える者が現われるのである。そうしたなかに、「やせ蛙　まけるな一茶　これにあり」で有名な小林一茶《いっさ》㉘がいた。一茶は、湯治場の百姓を相手に俳句の添削指導をしており、金が溜まると江戸に舞い戻って暮らしていたわけである。

実は、百姓たちは独自の交易ルートをしっかりと確保していた。たとえば、出羽国（山形県と秋田県）の紅花なんぞは、そうそう地方に出回ることがなく、酒田（山形県）の商人によって限られた地域で売られていたものだったが、これを蝦夷地に持ち込んで、ちゃっかり昆布とともに海上ルートで大坂に運んでいたのだ。大坂に運ばれた紅花は、これまた大坂に集められた西陣織と交換され、出羽まで運ばれていった。こんな具合に、百姓たちは商人を介して特産物を小銭に換えて、これをコツコツと蓄えていたのである。

やがて、一八五三（嘉永六）年、アメリカのペリー㉙が来航すると、欧米先進国との交流が始まり、それが貿易に発展すると、日本の商人たちの多くは彼らとの取引で大損を被ることになる。というのも、欧米と日本では商いに対するスタンスがまった

㉘小林一茶（一七六三～一八二八）江戸時代後期の俳人。方言や俗語をまじえた異色な作風を示した。

㉙ペリー（一七九四～一八五八）アメリカの海軍軍人。東インド艦隊司令官として来航し、日本に開国を迫った。著書『日本遠征記』。

く異なっていたからである。

欧米の商人たちは自利を前提としているため、自分たちに都合のよい条件を押しつけ、自分たちの利益を最優先にした契約をしたがる。対して、日本の商人たちは相互の事情を考慮しながら互いの利益を確保することを考えるから、自分だけが儲けるような商いはしないわけである。

ところが、日本の商人たちは相手が欧米の商人であろうと自分たちのスタイルで商いに臨んだため、いいカモにされてしまった。結果、輸出超過に陥って、国内の商品は海外へタダ同然といってもよい値段で買い叩かれて、国内の商品が足りなくなってしまう。

すると、モノの値段が上がって、インフレになってしまった。モノの値段は上がるし、欲しいモノは手に入らない。諸悪の根源は外国人だと、庶民の間にも攘夷思想㉚が蔓延して、そうこうするうちにあっという間に幕府は倒され、日本は近代へと突入するのである。

以上が、安土桃山時代から江戸時代にいたる「近世」の様子である。本章では、この近世という時代にどのような思想が唱えられ、発展していったのか、また思想家たちの関係なども述べてみたい。

基本的には、安土桃山時代においてはキリシタン思想について、江戸時代において

㉚攘夷思想　外国人の排斥をめざす思想。二八三ページ参照。

は、藤原惺窩《せいか》と林羅山に代表される朱子学、中江藤樹《とうじゅ》の陽明学、山鹿素行《やまがそこう》の古学派、伊藤仁斎《じんさい》の古義学派、荻生徂徠《おぎゅうそらい》の古文辞学派、賀茂真淵《かものまぶち》や本居宣長《もとおりのりなが》に代表される国学、石田梅岩《ばいがん》の性学こと石門心学《せきもんしんがく》、二宮尊徳や安藤昌益《しょうえき》、そして幕末の思想家を取り上げてみよう。

第三項 キリシタンの思想

ここでは、ザビエルとルイス・フロイス㉛、ハビアンを中心にキリシタンの活動と思想をたどってみたい。

キリシタンは「吉利支丹」や「切支丹」、あるいは「きりしたん」とも記されるが、その意味するところはキリスト教とキリスト教信者の総称である。したがって、キリスト教とはメシアとされる神の子・イエスの復活を信じる教えであって、これを信じて帰依した者をキリスト教徒と称するわけだが、日本においてはそれらを区別することなく「キリシタン」と括るわけである。

その他にも、キリスト教はかつてポルトガル人の宣教師がキリスト教の神を「天主」と訳したため天主教といわれたり、イエズス会を「耶蘇会《やそかい》」と称したため耶蘇教ともいわれるが、たいていの日本人はそのあたりを厳密に区別してこなかったといえる。

㉛ルイス・フロイス（一五三二〜一五九七）ポルトガルのイエズス会宣教師。一五六三（永禄六）年に来日。織田信長の許しを得て、畿内・九州で布教した。『日本史』の著者としても知られる。

◎二か月間で約五〇〇人の信者を獲得する

一五四九（天文一八）年、フランシスコ・ザビエルは薩摩国（鹿児島県）に上陸し、同地の守護大名であった島津貴久《たかひさ》㉜に謁見して、布教㉝の許可を得るのだが、僧侶との宗教論争や軋轢《あつれき》があって、結局は薩摩国での布教を諦め、京に上ることになる。

京へ向かう途中、ザビエルは山口に立ち寄り、周防国（山口県）の守護大名・大内義隆《よしたか》㉞にも謁見するが、キリスト教では男色を禁じているため義隆の機嫌をそこねてしまい、山口をあとにした㉟。

その後、京に上ったザビエルは後奈良天皇と室町幕府一四代将軍足利義輝への拝謁を請願するのだが、そのとき献上品を持参しなかったため、拝謁が叶わなかった。そこで、再び山口に戻り、さらに九州へ渡って平戸（長崎県）へ入り、そこに置いていた献上の品々を持って山口の大内義隆に再謁見することとなる。ザビエルは、京での経験を活かしたわけである。すると、現金なもので、望遠鏡や洋琴、置時計、ギヤマン（ガラス）の水差し、さらには眼鏡㊱や小銃などを献上された義隆は、上機嫌となって布教を許可したという。

布教の許可を得たザビエルは、当時、廃寺となっていた大道寺という寺を拠点に布教活動をするのだが、このときは二か月間で約五〇〇人の信者を獲得している。その一人に、盲目の琵琶法師がいたという。彼が、のちのロレンソ了斎㊲である。

㉜島津貴久（一五一四～一五七一）　戦国時代の武将。薩摩・大隅（鹿児島県）・日向の守護として、島津氏の基礎を築いた。

㉝布教　一般に、キリスト教を広める活動の総称だが（宣教ともいう）、主にプロテスタントでは伝道という言葉を用いる。

㉞大内義隆（一五〇七～一五五一）　戦国時代の武将。周防など七か国の守護として中国地方最大の勢力を誇ったが、家臣の陶晴賢の謀反にあい自刃した。

㉟多くの美少年をはべらせていた義隆に、ザビエルがキリスト教では男色を禁じている旨を話したところ、義隆の機嫌を損ねたといわれる。イエズス会の巡察師ヴァリニャーノは『日本巡察記』に「日本人は男色を隠そうともせず、むしろ公言している」と記している。

㊱日本に初めて眼鏡をもたらしたのは、ザビエルだとされる。

㊲ロレンソ了斎（一五二六～一五九二）　戦国時代から安土桃山時代の日本人修道士。イエズス会士として精力的に布教し、日本におけるキリスト教の拡大に大きく貢献した。

◇デウスを「大日」と訳す過ち

日本に上陸したザビエルは、日本の様子をイエズス会本部に報告している。それによると、これまでザビエルが布教活動を通じて出会ったどの国の民衆と比べても、日本人は最も傑出していて、たいへん優れているという。

加えて、たいていの日本人は貧乏だったが、そのことを武士であろうと平民であろうと恥じてはおらず、よい素質をもち、悪意がなくて、たいへん感じがよいが、名誉に対するこだわりがすこぶる強い、と感想を述べている。

さらに、『聖フランシスコ・ザビエル書翰抄』をひも解いてみると、日本中どこへ行っても同じ言語で話している、とある。日本人は克己心が強く、しかも議論好きで、際限なく質問をする知識欲の強い民族だと記している。

つまり、ザビエルは日本人を諸外国の民衆と比較して、たいへん優れた国民であると評価しているのである。だからこそ、彼は布教の成果も十分に期待できると考えた。そこで、ヤジロウ（ロジャー）[38]の助言で、キリスト教の教えを日本人に理解してもらうため、彼らの言語に合わせてキリスト教の教えや用語を日本語に変換していくのである。

たとえば、キリスト教の唯一絶対の神をヤハウェというのだが、中世のヨーロッパでは学者の用いる言語はラテン語であったため、これをラテン語でデウス（ポルトガ

㊳ヤジロウ（生没年不詳）日本人初のキリスト教徒。マラッカ（マレーシア）でザビエルに洗礼を受けた。薩摩国出身。アンジロウとも伝わる。

ル語・カタルーニャ語・ガリシア語でもデウスという）と表記していた。

手始めに、ザビエルはこのデウスを「大日」と訳した。だが、結果としてはこれがまずかった。デウスを大日と訳したため、ほとんどの日本人は、これを「大日如来」と理解してしまったのである。

また、キリスト教が最も重視する概念の一つに「愛」があるが、これは無差別無償の愛を指し、ポルトガル語ではカリダアデという（ギリシア語でアガペー）。この無差別無償の愛には、神が人間に向ける愛と人間が人間に向ける愛（隣人愛のこと）があり、前者のカリダアデを「ご大切」、後者のそれを「大切」と使い分けた。無差別無償の愛の実践的な側面を指す隣人愛を「大切」としているわけだ。

さらには、キリスト教の「救済」は「解脱」、パウロの三元徳、すなわち信仰・希望・愛を「信じ奉る」「頼《たの》もしく存じ奉る」「身持ち以《もっ》て勤《いそし》むべき」と訳している。

しかし、ザビエルはその後、デウスを大日と訳すことの間違いに気づき、キリスト教信仰にかかわる重要な用語は、すべて原音主義を取るようになって（一五九〇年代以降）、デウスはデウスと表記されるようになった。

たとえば、キリスト教において重要な真理の一つに三位一体説がある。三位一体説とは、神と神の子であるイエスと聖霊は、その神性において同じであるという考えである。三位一体に関しては、「三のぺるさうな」とある。つまり、「ペルソナ」をそのまま原音表記したわけである。「父」に関しても「ぱあれて」、神の子を意味する「子」も「ひいりよ」、「聖霊」も「すぴりつーさん」と記され、「一体」は「御一体のでうす也」と締め括る。

いずれにせよ、ザビエルは日本人の文化や言葉の意味を理解したうえで、日本人にも彼が信じる宗教を理解してもらい、その延長線上に信者を増やしていこうとした。その姿勢自体、戦略的によく練られた布教活動であるといえるだろう。

◇ザビエルも驚いた信教の自由

ところが、ザビエルは日本における布教活動のなかで、深刻なアポリア（難題）に陥っていた。再び『聖フランシスコ・ザビエル書翰抄』をひも解いてみると、彼は日本には驚くほど多くの寺院があり、驚くほど多くの僧侶がいる、と記している。

しかも、教義が異なる宗派が「九つ」あって、どの宗派を選ぶかはまったくの自由であるというのだ。五野井隆史氏の『日本キリスト教史』にも、ザビエルが日本人の宗教選択性について、男女夫婦親子関係にこだわらず、自分の意志で自分が信仰する宗派を選び、これに帰依すると報告していることが記されている。

考えてみれば、『愚管抄』の慈円は真言宗だが、その実兄である九条兼実は法然に帰依して、念仏を専らとしている。日本史にはそうした例がいくらでもあって、信教の自由は近代憲法を待たなくても担保されていたといえる（一時禁教扱いされたキリスト教に関しては例外だが）。

さらに、ザビエルは日本には霊魂や唯一絶対なる神による天地創造についての教義がまったくない、ともいう。古代ギリシアでは、オルフェウス教㊴の霊魂不滅説の影響もあり、ピュタゴラス学派㊵をはじめ、ソクラテス㊶もプラトン㊷も霊魂不滅説を前提としているし、キリスト教においても肉体は滅んでも魂は生き続けるとしている。ある意味で、ヨーロッパにおいては自明の思想信仰の類なのだが、日本の宗教にはそれがない、というのだ。

加えて、神がこの世のすべてを創造し、神の意志によってこの世が始まり、神の意志によって終わりを迎えるという教えもないという。したがって、天地の始まりや創造主についての話は、日本で一度も耳にしたことがないと記している。たしかに、「記紀」に天地開闢に関する記述はあるが、これは神の意志によって創造されたものではなく、そもそも『古事記』は江戸時代に本居宣長が現われるまで捨て置かれ、散逸したままであった。一方、『日本書紀』も一部の貴族の教養書としての側面が強く、庶民にとってはまったくあずかり知らぬ世界観であったわけだから、当時の人々が天地創造という発想やそれを行なった創造主という概念をもたなかったのも理解できる。

また、日本のどの宗教を見ても、天国（極楽）と地獄という思想信仰は説かれてい

㊴オルフェウス教　ギリシア神話の英雄オルフェウスを開祖とする古代ギリシアの宗教。
㊵ピュタゴラス学派　古代ギリシアの哲学者ピュタゴラスが創設した学問的宗教教団。清浄な生活と学問の研鑽を目的とした。
㊶ソクラテス（前四七〇？～前三九九）　古代ギリシアの哲学者。
㊷プラトン（前四二七？～前三四七）　古代ギリシアの哲学者。ソクラテスの弟子。

るものの、キリスト教の教えとはまったく異なる。自分が犯してしまった罪を贖《あがな》わなくても、各宗派の開祖の教えを信仰し、これを実践すれば救われると説くからだ。だから、地獄に堕ちたとしても、信仰心があれば救われる。しかし、キリスト教ではいったん地獄へ堕ちると、再び救済の対象とはならないから、日本の宗教宗派が説く教えを理解できないのである。

一方、日本人から見ても、ザビエルが驚いたほどたくさんの寺院や僧侶がいたということは、それだけ宗派も教義もバラエティに富んでいたわけで、そのいずれの宗派に帰依するかは各人の自由だから、キリスト教のような一神教の思想が理解できないのである。加えて、宣教師側も日本の言葉に置き換えて布教したため、自分たちの思想が日本の宗教を通して理解されていることがよくわかっており、布教活動の困難さが当初から見て取れたわけだ。事実、これから宗教論争を紹介するが、キリスト教の布教にともなうアポリアは、ザビエルの報告書に見える課題の萌芽として、いよいよ現実のものとなって表われてくるのである。

とはいえ、ザビエルが薩摩で布教を始めた一五四九（天文一八）年から鎖国が完成する一六三九（寛永一六）年まで、実に一〇〇年近くにわたってキリシタンの思想は日本へ影響を与え続けることになる。一五六〇（永禄三）年の段階では、キリシタンは一万人くらいであったが、一五八三（天正一一）年には全国に教会がつくられ、キリシタンも一五万人に達しており、一五九〇（天正一八）年には二四万人にふくれあがっている。わずか三〇年の間で二四倍に増えているのである。

◇キリスト教と禅宗の霊魂不滅論争

次に、ルイス・フロイスの『日本史』をひも解きながら、当時の日本人の様子や人々のものの見方・考え方をたどってみよう。

ポルトガル人のルイス・フロイスは、一五六三（永禄六）年に来日したイエズス会の宣教師である。彼は、京で織田信長に謁見し、豊臣秀吉とも親交があったことから、布教の足掛かりはつかんでいたものの、バテレン追放令（一五八七年）によって国外退去を命じられてしまう。その後、再来日したが、一五九七（慶長二）年に長崎で没している。

彼が記録した『日本史』には、イエズス会宣教師の目に映った当時の日本の様子がよく記されている。これは、当時の日本の様子をうかがい知る書物というよりも、宣教師には当時の日本がどのように理解され、どのように映ったのかを知る資料でもあるのだ。

フロイスとロレンソ了斎は、一五六九（永禄一二）年、信長の面前において禅宗の僧である日乗㊸上人と霊魂不滅論争を展開した。キリスト教徒のフロイスは、肉体が

㊸日乗（?～一五七七）戦国時代の僧。織田信長の信を得て、内裏修造の奉行を務めた。

滅んでも霊魂は不滅であると説いたのである。対する日乗上人は禅宗の僧であるため、空の思想を是としている。だから、誰もが死ねば等しく無・空になるので、霊魂も無・空になると主張した。霊魂が不滅だというフロイスの主張など、到底受け入れられないわけだ。

『日本史』のなかで、フロイスは信長も霊魂不滅を信じてはいないし、来世に賞罰が下されるというキリスト教の教えも信じていないばかりか、偶像も見下していると記している。既述のように、日本の仏教思想にも極楽や地獄といった概念はあって、霊魂が不滅であるという思想は日本人にもしっくりとなじみそうな感じがするが、さにあらず。徹底的に否定されたわけである。

しかし、フロイスの論争相手は禅僧だった。禅僧が説く無・空という思想からすると、霊魂は存在さえしないことになるわけで、論争の相手が悪かった。和辻《わつじ》哲郎㊹も、『日本倫理思想史』でその点を指摘している。

◇フロイスは「国家神道」を予言していた?

フロイスは、当初、たくさんの宗派が存在する日本には、異なる見解や教えが共存しているわけだから、キリスト教もその一つとして根づき、信者を増やしていけると考えていた。ところが、実際には仏教や神道、そして胎動し始めたばかりの儒教から

㊹和辻哲郎　三九五ページ参照。

も、激しい非難が寄せられることになる。

そうした状況のなかで、フロイスは『日本史』に、もし日本人が一つの教義のもとに一致団結したら、キリスト教の教えを浸透させるのはきわめて困難だろうと記している。まるで、後年のいわゆる「国家神道」を予言しているかのようである。

いずれにせよ、宣教師たちの布教活動は決して楽なものではなかったことが見て取れる。宣教師が日本に渡ってきた当初から、彼らを取り巻く環境はすこぶる悪かった。本地垂迹説にせよ、反本地垂迹説にせよ、神仏一致の考え方が日本人に浸透していたうえ、近世に入ってからは、胎動し始めた儒教が仏教に攻撃を加え、排仏論を展開する一方で、儒教は神道に接近し、神儒一致を説いて儒家《じゅけ》神道㊺が成立すると、人々に神・仏・儒が広まることになる。

ちなみに、儒教が仏教を否定する理由は、仏教の教えは現実社会をよくすることには無益であるし、そもそも人倫の教えを否定しているからだという。解脱や空の思想を唱えたり、現世では救われないから極楽へ往生するという仏教は、現実社会のなかで人間をいかによくするかという視点に欠けているというわけである。

対する儒教は、人間関係で大切にしなければならない生き方やあり方、さらにはこの世界の理・道理を説くため、社会というシステムを秩序づける体系的な教えとして有効であるというのである。

㊺儒家神道　江戸時代に儒学者によって提唱された神道説。

加えて、秀吉はバテレン追放令を発してキリシタンと距離を置いた。その理由は、日本は神国だから、キリシタンの国から持ち込まれる邪法はいらないというのである。さらに、キリシタンは神社仏閣や仏法を破壊するとんでもない存在だからだという。

江戸幕府二代将軍秀忠の代にいたっては、「黒衣の宰相」こと金地院崇伝《こんちいんすうでん》㊻が「排吉利支丹文」を秀忠に提出している。崇伝は、もともと日本という国は神国であり、仏国であり、「大日の国（大日如来の垂迹が天照大神、天照大神の本地が大日如来であるため、本地垂迹説にもとづく見解といえる）」であるという。さらに、儒教を学んで理解し、これをよく実践する日本は、神国として神を、仏国として仏を敬う国で、仁義の道を実践することで善悪の法を正してきたという。にもかかわらず、神道・仏教・儒教を否定するキリシタンの教えは、邪法以外の何ものでもないと批判するわけである。

だから、宣教師を取り巻く諸状況は、日本上陸当初から鎖国完成にいたるまで多難に満ちていたのである。

㊻金地院崇伝（一五六九〜一六三三）　江戸時代初期の僧。家康以来、三代の将軍の信を得て、政治外交に深くかかわった。

◇ハビアンの帰依と棄教

その過程の一つとして、禅宗からキリスト教へ改宗し、林羅山との宗教論争をきっかけに棄教へといたったハビアンを取り上げてみたい。

ザビエルが日本で布教活動をしていたときから、多くの日本人は彼らの思想を批判的によく吟味していた。ザビエルは、日本人が悪魔という存在を信じているからこそ、唯一絶対なる神、すなわちデウスを信じないと報告している。というのも、そもそも神という存在が、まったくのよき神であるならば、悪魔などという存在を創造するはずがないからだという。悪の象徴にして、その担い手である悪魔を創造するデウスが、善神であるというのは明らかに矛盾しているというわけである。

そうした批判にザビエル答えていわく、善なる神は、みな等しくよきものとして創造したのだが、創造された被造物が、みな自分勝手に悪くなっただけなのである、と。したがって、神が悪しき存在を創造したわけではない、というのである。加えて、手前勝手に悪くなった彼らを神は捕まえ、永劫に続く罰を与えたと締め括る。

これに対して、かくもむごい罰を与える神は、なんと憐れみのない無慈悲な存在なのかと、日本人は続けたという。しかも、悪魔が人を誘惑する悪い存在であるならば、なぜそのような者をそのままにしておくのか、と。

ザビエル再び答えていわく、神が何のために人間を創造したのかといえば、それは神に奉仕するためである、と。答えになっていないようにも思えるが、そもそも人間は神に奉仕する存在として創造されたのだから、悪魔に誘惑されるのは、本来の自分の役目をおろそかにしているとザビエルは言いたいのだ。だが、悪魔をそのままに捨て置くのはなぜか、という問いに対する答えとしては不十分であろう。

さらに、そもそも神が慈悲深い存在であるならば、なぜこんなに弱い存在として人間を創造したのか。しかも、罪を犯しやすい存在として創造するのではなく、決して罪を犯さない存在として創造できたはずだ、と日本人は重ねて問うたという。

かてて加えて、神が地獄をつくっていたということは、そもそもよき存在として人間を創造していない証拠ではないか、と鋭く指摘する。初めから、悪さをする存在として創造したことを認識していたことになるというのである。

となれば、やはりデウスは憐れみのない酷い存在だということになるのである。最後に、神がよき存在であるならば、端から決して守ることのできないような十戒を人間に与えたりはしないはずだと締め括る。

このような具合に、当時の日本人はキリスト教の教えを理解したうえで、その矛盾や納得できない点をしつこいくらいに問いただしていたのである。

◇この世の始まりと終わりに関する論争

同様に、フェルナンデスとトレスの書簡、すなわち「山口の討論」㊼にも、キリスト教の教えに対する問答のやりとりがおさめられている。

この世の始まりと終わりをテーマにした論争では、禅僧側が、この世に存在するも

㊼山口の討論　一五五一（天文二〇）年、イエズス会士トレスが山口において日本の禅僧と行なった神学論争。ザビエルの通訳だったフェルナンデスとトレスの書簡から、論争が再構成された。

のは無から生まれたのだから無に帰ると説き、神の意志と言葉によってこの世が始まり、そして終わりがないキリシタンの教えに異を唱える。

また、人間と動物の違いをテーマにした論争では、人間であろうが、動物であろうが、等しく生まれて等しく死んでいくのだから、人間も動物も同じであると、禅僧側は説く。

宣教師側は、人間は何が正しくて何が正しくないのかをわかっているし、良心の呵《か》責《しゃく》をもっており、これが動物と人間の大きな違いであると答える。

しかし、禅僧側は、人間は無から生まれたわけだから、再び無に帰るため、無にはそもそも善悪の区別も対立もないし、生死のそれもない。善悪の区別、すなわち知恵があるとか、良心の呵責があるという理由で、動物と人間の違いを明かしたことにはならないという。

さらに、霊魂（アニマ）に関して、宣教師側は、人間という存在は肉体とアニマから成り立っており、アニマは理性をもっているから善と悪を知っていることになるし、理性に従って生きれば、肉体からアニマが解き放たれたあと、神のもとへいたることができるが、理性に反する生き方をすると、神のもとへはいたらず、地獄へいたるという。

これに対して禅僧側は、ならばアニマというものは、いったいどんな色をしていて、どんな形をしているのかと問う。

宣教師、答えていわく、色も形もない、と。ならば、アニマは無に他ならないと、禅僧は断じた。宣教師の再反論。風が存在するように、アニマも存在する、と。ならば、アニマを構成している材料、素材は何かと禅僧が詰め寄ると、宣教師は「アニマは、神の意志と言葉によって創造された」と答えたが、神が創造したアニマの構成要素の問いに対することは避けてしまった。

◇デウスとは何者なのか

続けて、キリスト教は神の意志と言葉によって、この世に存在するものを創造したというが、そもそもデウスとは何者なのか、デウスに肉体はあるのか、と禅僧が尋ねた。

これに対して、宣教師はこう答える。

「デウスは、地・水・火・風という四大元素によって肉体を創造した。もし、デウスが肉体をもっているならば、その肉体を構成している四大元素は誰が創造したのかということになる。だから、神は肉体をもってはいない」

再び、禅僧は尋ねる。

「人間はデウスを見ることができるのか」

これに対して、宣教師は「人間が肉体を失うことで、アニマによってデウスを見ることができる」と答えたという。

さらに、神はみな等しくよき存在として創造したと説きつつ、当然のことながら、人間もよき存在として創造したし、何がよくて何が悪いのかもしっかり判断できる知恵も与えた。しかも、神は人間に自由意志を与えたため、人間は自由意志によって自分で悪くなったわけだから、神に責任はなく、人間個人の問題であると説いた。

この論理は、天使と悪魔に関してもあてはまるという。神は、天使をよき存在として創造した。しかし、天使は自分の判断で悪をなし、自分で自分を悪くした結果、悪魔となったのだという。つまり、よき存在が悪くなった原因を悪をなした者に求め、その者の自己責任に帰結させることで、それらを創造した神の免責が成立するわけである。

このように、宣教師にとっては必ずしも芳しくない状況であったが、キリシタンに改宗した禅僧がハビアンである。彼は、どのような理由でキリシタンに改宗したのか。そのあたりの事情が、ハビアンの『妙貞問答《みょうていもんどう》』(一六〇五年)という史料に書いてある。これは神・仏・儒を批判するとともに、キリスト教の絶対的優位性と真理性を説いたキリスト教を擁護する書である。

◇『妙貞問答』に見るキリスト教優位説

『妙貞問答』は、仏教批判として、まず仏教の世界観（宇宙観）に相当する須弥山《しゅみせん》㊽説を、ヨーロッパの天文自然科学にもとづく宇宙観によって論破する。そして、釈迦にせよ阿弥陀にせよ、あるいは大日如来にしても、彼ら三仏はすべて人間ではないかと指摘して、彼らに救済の資格はなく、とどのつまりは無や空を説く教えではないかと断じ、否定する。仏教の説く最終的な教え、あるいはたどり着く境地は無や空だから、人々を救済（キリスト教でいうところの救済であり、仏教の救済、すなわち解脱とは異なる）する教えではない、といいたいわけである。

また、儒教については「陰陽則太極、太極則天道」が示すとおり、儒教が説いている「天道」とは「太極」に尽きると指摘する。太極から陰陽が分かれ、陰陽から五行が分かれ、それらが離合集散して、再び太極に戻る。これが天道だというわけだ。ならば、太極から陰陽が分かれるというのだが（これは「陰陽開きて」と表現されるのだが）、いったい誰が陰陽を分けたのか、その担い手についてまったくふれられていないのが儒教だと指摘する。

一方、神道批判としては、ハビアンは吉田神道にもとづいて論を展開しているのだが、『日本書紀』に立脚しつつ、最初に現われた国常立尊は天地開けた間から生じた神だから創造主ではないと批判し、やはり神道にも創造主に関する説明がないと断ず

㊽須弥山　仏教において、世界の中心に存在すると考えられる高山。

る。

しかも、「天地ノ中ニ一物ナレリ」を陰陽の理にもとづく神話にすぎないとして、にべもない。つまり、「一物」の「一」とは陰陽五行の「陽数」であり、「物」とは「陰の形」であるととらえ、『日本書紀』の神話は陰陽論の焼き直しにすぎないと見るのである。

したがって、創造主や人ではない唯一絶対なる神について説かれているキリスト教の教えは、神・儒・仏の三教よりもはるかに優位性があり、真理を示しているというのが、『妙貞問答』の主張である。

これに対して、ハビアンが『妙貞問答』を書いた翌年、林羅山が実弟の林信澄と友人の松永貞徳《ていとく》㊾を引き連れて、ハビアンに論争を仕掛けた。その一連のやりとりは、林羅山の『排耶蘇』に記録されている。

論争当時、ハビアン四一歳、血気盛んな羅山は二四歳。論争に先立って、羅山はマテオ・リッチ㊿が書いた『天主実儀』を読んでいたらしく、キリシタンの教義や考え方がどのようなものか、ある程度、その内容を理解していた節がある。

まず、羅山はデウスの画像について質問するが、ハビアンは自分の理解が足りず、うまく説明する自信がないため、これに答えなかった。

次に、羅山は「地球図（地球儀のこと）」について問うた。

㊾松永貞徳（一五七一～一六五三）　江戸時代初期の俳人。母は藤原惺窩の姉と伝わる。細川幽斎に和歌、里村紹巴に連歌を学んだ。貞門俳諧の祖。

㊿マテオ・リッチ（一五五二～一六一一）　イタリアのイエズス会士。中国・明で布教し、中国イエズス会の基礎を築いた。

羅山　地球図に上下の区別はあるのか。

ハビアン　地球図に上下の区別はない。東へ進めば西にいたり、西に進めば東にいたるから、地球とは円形（球体）である。

羅山　風や浪の力を借りて東へ進む船は、いったん北（南）へ転じてから東へいたる。同じく、西へ進む船は、いったん北（南）へ転じてから西へいたる。したがって、西へ進んで東にいたることはなく、東へ進んで西にいたることもない。

つまり、ハビアンは地球球体説を主張しているのだが、羅山は地球方形説に立脚しているのである。

◇天動説と地球方形説

さらに、羅山は天動説の立場から、次のように主張した。

「世界は地図のような広がりをもっていて、地上と地下を境にして上下の区別があり、地上は天、地下は地である。古来、天は動くもの、地は静かなものであるという。そして、動くものは天へ、動かないものは地へ配当される。したがって、天にある星々や月、太陽、雲、それに類するものは刻一刻と変化するが、山々や海など、地にあるものは動かず、いつまでもその場所にある」

続いて、羅山は霊魂や天地の始まりと終わりについて尋ねた。

「物事には、始まりがあれば終わりがある。始まりがないから、終わりもない、というのなら筋がとおっているが、始まりがあるのに終わりがない、というのは筋がとおらないではないか。私は、こんな教えを信じない」

これに対して、ハビアンは黙して語らなかった。しかし、羅山は攻撃の手を緩めない。

「あなた方は、天主が天地を創造したというが、天主はいったい誰が創造したのか」

ハビアンが答える。

「天主に始まりも終わりもない」

「すると、キリシタンの教えというのは、あるときは始まりがあって終わりがないといい、またあるときは始まりもなく、終わりもないというのか。それでは、まったくもって遁辞《とんじ》にすぎないではないか」

こう羅山にやりこめられ、信仰に迷いを生じたハビアンは、ついには棄教するにいたってしまった。

棄教後の彼は『破提宇子《はだいうす》』を著わして、キリスト教擁護論者から一転し、反キリスト教論を展開する。興味のある方は、一度目にしてはいかがだろうか。彼は『妙貞問答』をよりどころにして、それとまったく逆の論を展開することで反キリスト教論を述べている。

以上のような問答でハビアンは白旗を掲げてしまったが、現代のわれわれは羅山の天動説と地球方形説が間違っていることを知っている。では、近世の日本人の天文地理に関する教養とは、どの程度のレベルだったのだろうか。

たとえば、安土桃山時代の信長は宣教師を介して地球儀を手に入れており、地球が丸いことも、日本の国土が小さいことも知っていた。江戸時代にいたると、一六五九（万治二）年に成立した『乾坤弁説《けんこんべんせつ》』という自然科学書には「海の果てにいる船は上の部分しか見えないが、近くの船は全体が見える。このことによって、地球が丸いことがわかる」という趣旨の記述がある。また、幕府の初代天文方に任じられた渋川春海《しゅんかい》(51)が、一六九〇（元禄三）年に日本初の地球儀をつくっている。

さらに、常陸国（茨城県）土浦にあった寺子屋では、地理学者の沼尻墨僊《ぬまじりぼくせん》(52)が一八五五（安政二）年ごろ、輿地地球儀（現在のような地球儀の模型）を使った授業をしていたことが記録に残っている。当然、彼らも地球が丸いことは知っていただろう。幕末のある時期、ロシア人に向かって下働きの日本人が、持っていた椀をひっくり返し、「ここが日本で、おまえたちの国はここ」と、ほぼ正確に地理を示したため、ロシア人はその知的レベルの高さに驚いたというエピソードもある。

(51)渋川春海（一六三九～一七一五）江戸時代前期の暦学者。囲碁棋士安井算哲の子。

(52)沼尻墨僊（一七七五～一八五六）江戸時代後期の地理学者。折りたたみ式の地球儀を考案し、水戸藩主の徳川斉昭に称賛された。

ただし、以上のような宣教師との論争を見ていて、やや奇異な印象を抱いた方もいるかもしれない。イエズス会の宣教師たちが、地動説や地球球体説を主張しているからだ。長い間、キリスト教が支持してきたのは天動説である。カトリックを立て直そうとしたイエズス会としては、当然、キリスト教の公式な立場を支持すると思われがちだが、実は、当時のイエズス会は自然科学に関しては比較的、寛容な立場だったらしい。というのも、イエズス会のリシュリュー学院では、ガリレオ・ガリレイが木星の衛星を発見したとき㊾、これをみなで祝っているのである。そうした雰囲気がイエズス会にはあったわけだ。そう考えると、宣教師たちが地動説を主張した背景もわかるような気がするが、それでもキリスト教の教義に反するのは間違いないわけで、いまとなってはすっきりしないところではある。

㊾イタリアの天文学者ガリレオ・ガリレイが、一六一〇年に望遠鏡で木星の四つの衛星（イオ、エウロパ、カリスト、ガニメデ）を発見した。

第四項 江戸時代の儒教

さて、再び時代は江戸時代に戻って、ここから江戸時代の儒学、なかでも朱子学と陽明学について見ていきたい。

その前に、そもそも儒学とはどんな学問で、儒学と儒教はどう違うのか、その成立過程から振り返ってみよう。

中国の春秋戦国時代（紀元前七七〇～前二二一）に、「諸子百家」と呼ばれる人たちが現われた。この場合の「子」とは先生や思想家のことであり、「百家」とはたくさんの学問グループを意味する。したがって、諸子百家とはたくさんの先生や思想家とたくさんの学問グループの総称である。

とはいえ、そんなにたくさんの先生や思想家がいたわけでも、学問グループがあったわけでもない。主要なものとして、墨子の「墨家《ぼくか》」、孔子の「儒家」、老子と荘子の「道家《どうか》」、韓非子《かんぴし》が大成した「法家」、陰陽五行をつくりあげた鄒衍の「陰陽家」、公孫龍《こうそんりゅう》や恵施《けいし》で有名な「名家」、合従策《がっしょうさく》を唱えた蘇秦《そしん》と連衡策《れんこうさく》を唱えた張儀《ちょうぎ》で有名な

■　主な「諸子百家」

	主な思想家	主な著作
墨家	墨子	『墨子』
儒家	孔子	『詩』『書』『礼』『楽』『易』『春秋』
道家	老子・荘子	『老子』『荘子』
法家	韓非子	『韓非子』
陰陽家	鄒衍	『鄒子』
名家	公孫龍・恵施	『公孫龍子』
縦横家	蘇秦・張儀	『蘇子』『張子』
雑家	呂不韋・劉安	『呂氏春秋』『淮南子』
農家	許行	『神農』『氾勝之』
小説家	鬻子(しゅくし)	『鬻子』
兵家	孫子	『孫子』

「縦横家《しょうおうか》」、『呂氏春秋《りょししゅんじゅう》』や『淮南子《えなんじ》』を著した「雑家《ざっか》」、『神農《しんのう》』二〇篇や『氾勝之《はんしょうし》』一八篇を著した「農家」が挙げられる。これに「小説家」や孫子の「兵家」を加えても、せいぜい「一〇家」といったところだ。

　その一つに数えられる儒家だが、孔子が開いた学問グループでありながら、彼は生涯に一冊も著作を残していない。『論語』があるじゃないか、と思われるかもしれないが、あれは孔子の言行録で、孔子の弟子たちが「孔先生は、こうおっしゃった」という具合に、彼の言行をまとめたものである。

◇発展していく儒家の思想

孔子は、有徳者を君子と呼び、その理想像を周王朝の武王の実弟であった周公旦に見出している。周公旦のとき、礼は守られ、家族道徳である孝悌が自覚され、よく天下は治まったからだという。孝悌の孝とは、子が父親の言うことをよく聞き、よく守ることであり、悌とは弟が兄の言うことをよく聞き、よく守ることである。だから、古代より中国では家長と長男が中心となって家制度が成り立っていたのである。

孔子は、周代に自覚され始めた孝悌を、家族関係に限定する徳ではなく、人間関係全体にあてはめようとした。すなわち、孝は子が父によく従うことに限定せず、家臣が君子によく従うこととし、悌も兄弟間の関係ではなく、年下の者が年上の者の言うことをよく聞き、よく守るといった具合に、すべての人間関係にあてはめたのである。

そして、相手を思いやる心があるから、君子に対して家臣は思いを尽くし、年下の者は年上の者を慮ると説き、家族関係に限定していた孝悌を社会における人間関係に拡大し、これを「仁」という徳目に昇華させた。

しかも、孔子は相手を思いやる心、すなわち仁があれば、自然と態度に現われるという。身分や年齢に上下関係があり、相手を敬い思いやる心があれば、上下関係に合わせた言動が形となって現われる。それが「礼」であるという。

たしかに、そもそも相手を思いやる心があれば「あいさつをしろ」とか「口のきき方に気をつけろ」と、とやかく言われることにはならないわけだが、人間とはそう単純なものではない。表面上は礼を尽くしているように見えても、実際に心から相手を思いやっているかどうかはわからないのである。良好な人間関係を維持するための潤滑油として、形式的に礼を尽くしているだけかもしれず、あるいはそうした意識すらなく、単に「そういうもの」と割り切っているだけかもしれない。

いずれにせよ、孔子は人の心で大切なのは思いやりであり、これを仁とし、仁がかたちとなって態度や行為として現わされるものを「礼」とした。仁と礼が孔子にとって大切な徳となるのである。

しかし、仁と礼のうち、儒家の孟子は仁を、同じく荀子《じゅんし》は礼を重視する。孟子は性善説の立場を取るため、人間は生まれながらによい心をもっていると説くのだが、荀子は性悪説を取るため、人間は悪い心（私利私欲）をもって生まれてくると唱える。

孟子は、井戸の周りで赤ちゃんがはいはいをしていたら、誰も驚き慌てて助けようとするから、よい心をもっていると説くのだが、荀子は人間というものは私利私欲をもって生まれてくるから、自分の欲望を満たすためいろいろ悪さをするものだと主張する。

だから、孟子は人間に生まれながらに具わっているよい心（惻隠《そくいん》・羞悪《しゅうお》・是非・辞譲《じじょう》の心＝四端の心）をうまく育てて、四つの徳（仁・義・礼・智＝四徳）を身につければよいと説くのだが、荀子は礼儀作法を徹底的に身につけさせて、加えて古典を勉強することで、私利私欲を完全に抑制しなければならないと唱えるわけである。

とくに、孟子は誰かに教わらなくても生まれながらによいことを知っているし（良知）、生まれながらによい行ないができる（良能）と考えていたから、礼儀作法による心の矯正というよりも、よいところを伸ばし育むことを説くのである。

さらに、君子みずからがまずは徳を身につけて、君子が身につけた徳によって、人々の徳性が覚醒することを説いた孔子の教えを（これを俗に徳治主義という）、具体的な用語を造語して、修身・斉家《せいか》・治国・平天下として広めたのが、ほかならぬ孟子であった。だから、修身・斉家・治国・平天下は孔子の言説、あるいは『論語』にはない。これら孟子の造語を、朱熹《しゅき》(54)が『大学』に体系的にまとめて記しているため、『論語』にはそもそも存在しない用語なのである。

加えて、孔子の徳治主義を端的に表わす言葉として「修己治人《しゅうこちじん》」があるが、これも孔子の言葉ではないため『論語』にはなく、『大学』に登場する用語なのである。ちなみに、論語には「修己安人《しゅうこあんじん》」とある。

このように、儒家の思想は発展継承されて、宋の時代に朱熹によって成立した朱子学に昇華することとなる。朱子学の基本的な考えは、理気二元論、性即理《せいそくり》、居敬窮理、格物致知《かくぶつちち》といったところである。

(54)朱熹（一一三〇～一二〇〇）中国・南宋の思想家。朱子学を大成し、後世に大きな影響を与えた。

◇朱子学と理気二元論

理気二元論とは、この世に存在するものは理と気から成り立っているという考え方である。「理」とは、「然ル所以ノ故」とあるように、万物を万物たらしめている存在の根拠のような一面があり、また「当ニ然ルベキノ則」とあるように、万物を万物たらしめている秩序や法則を意味している。この世に存在するものの法則や秩序そのもの、といった程度の意味である。

対する「気」とはガス状の物質であり、この世に存在するものが形となって現われる際の材料のようなものだ。

いわば、理とは万物の性（性質、人間に宿るときは心となる）を決め、気とは万物の形を決める関係にある。これが、理気二元論の基本的な考えである。

さて、理が人間に宿るとき、これを性（心や性質）というのだが、性は本然の性と気質の性に分かれる。本然の性は清く澄んだ心であり、徳が具わっているよい心であるのだが、気質の性は私利私欲によって濁ったゆがんだ心、悪い心を意味する。

気質の性をそのままにしておけば、本然の性を濁らせて悪くさせてしまう。この状態のまま放っておく人間を凡人という。対して、気質の性を修養することで、完全に私利私欲を抑制し、本然の性のよさに立ち戻った者を聖人といっている。

ちなみに、性即理の性とは、気質の性ではなく、本然の性を指す。というのも、理とは万物の秩序なわけだから、秩序が悪いはずがないし、よきものであるため、これが人に宿るとき澄んだ心である本然の性となるのである。

それでは、どうすれば私利私欲の温床である気質の性を矯正できるのか。居敬窮理を実践するしかない、という。居敬とは言動を慎むことであり、窮理とは万物の理をきわめることであるという。言葉や行為を慎むことが相手を敬うことであり、万物の秩序や法則、その性質をきわめることで、気質の性のゆがみや濁りが消えるというのだ。

このような個人個人が居敬窮理によって、完全に気質の性を抑制したこと（これを修身という）を前提に、初めて斉家・治国・平天下へいたり、社会秩序が実現完成すると説くのが朱子学である。総じて、孔子や孟子といった儒家の学問を儒学といい、彼らの教えと儀式ごとや礼儀作法をひっくるめて儒教というのである。

なるほど、徳川家康からしてみれば、まさしくこれから新しい体制を構築するイデオロギーとして最高の理論に見えたのである。そこで、いよいよ徳川幕府と朱子学とのなれそめに入ろう。

◇藤原惺窩と林羅山の朱子学

京都五山⑮の一つである相国寺に、のちに還俗《げんぞく》する藤原惺窩⑯が禅僧として属して

⑮京都五山　京都にある禅宗の五大寺。天龍寺、相国寺、建仁寺、東福寺、万寿寺。別格として南禅寺がある。

⑯藤原惺窩（一五六一～一六一九）　安土桃山・江戸時代初期の儒学者。近世儒学の祖とされる。

いた。惺窩の時代は、仏教と儒教は互いに矛盾しない学問や教えであり、神仏一致とともに、儒仏一致は学者や僧侶に容認されていた。だから、仏教を学びながら儒教も寺で学んでいたのである。

ところが、惺窩は気づいてしまった、根本的に仏教と儒教は異なる学問であることを。というのも、仏教は現世をよくするための教えではなく、儒教が大切にしている人倫や義理といった徳を否定する教えだからだ。出家したはずの惺窩は、人倫を否定する仏教に見切りをつけ、再び世俗の世界に戻ることにした。これを、還俗という。還俗した惺窩は、仏教批判を激しく展開し、排仏論の流れをつくる役割を果たす。

惺窩は、徳川家康に儒教（朱子学をとおした儒学の教えだが）を講じていた。そこで、家康から幕府のブレーンに加わってほしいと頼まれるが、自分は歳だから、弟子にできのよい者がいるので、彼を取り立ててほしいという。こうして、惺窩の推挙によって幕府のブレーンとなったのが、当時二三歳の林羅山である。

羅山の基本的な考えは、前述のハビアンとの論争でもある程度、明らかだと思うが、そのポイントは「上下定分の理《じょうげていぶ》」と「存心持敬《そんしんじけい》」である。上下定分の理とは、この世に天と地があるように、天は上に、地は下にあるのが当たり前で、天地に上下があるのだから、人の身分にも上下の区別があるのは当たり前だという考えである。上下の区別があるわけだから、支配する者と支配される者、身分の高い者と低い者がいて、支配される者が支配したり、身分の低い者が高い者になるのは不自然であり、万物の理に反しているというわけである。社会秩序が上下定分の理によって担保され、下剋上や戦国時代の様相を呈することを抑制したのである。

さらに、個人の修養として存心持敬を掲げる。存心持敬とは、既述の居敬窮理のことだが、羅山流にいえば、慎みをもって私利私欲を抑え、心を保つことである。

◇山崎闇斎の釈迦批判

さて、惺窩にせよ、羅山にせよ、排仏論者であることには違いなかった。やはり、同派の山崎闇斎《あんさい》㊼も排仏論を展開している一人である。

闇斎の朱子学理解は、敬と義にもとづく道徳論なのだが（慎みをもって私利私欲を抑え、時と場所と相手と目的によって、正しい判断と態度が取れること）、儒教や朱子学者が説く神儒一致（神道と儒教の教えは一致すること）をさらに進めて垂加神道《すいかしんとう》を唱えた。闇斎は私塾を開き、彼の門下を「崎門《きもん》学派」という。

闇斎の排仏論は、彼の『闢異《へきい》』に詳しい。それに従って、闇斎が仏教を批判する理由を見てみよう。彼は、仏者を代表するのは釈迦にほかならないという。釈迦は、父は捨てるし、妻子も捨てて、出家と称して山林に独りで暮らして行に励む、なんと身勝手な人なんだ、と批判する。

㊼山崎闇斎（一六一九～一六八二）江戸時代前期の儒学者・神道家。別号は垂加。神儒を統合した垂加神道を創始した。

人間という存在は、共同体のなかに生まれて、そのなかで生き、そして死んでいく。つまり、君臣や父子、あるいは兄弟や夫婦、そして朋友といったさまざまな関係性のなかで生き、結びついているものだ。これが、本当の人の道であり、あり方ではないか、と説くのである。

このような関係性を手前勝手に捨て去って、独りで悟りを開くなど、やはりひどい人だ、というのである。したがって、ひどい人の教えも、やはりひどいから、仏教は邪法にすぎない、というのが闇斎の主張である。このように、広い意味での儒学者たちから、仏教は一貫して厳しく否定されることとなる。

◇中江藤樹の陽明学

次は、朱子学を陽明学の立場から初めて批判した中江藤樹㊽を見てみよう。その前に、中国の朱子学と陽明学との関係、および王陽明《おうようめい》㊾の陽明学の基本的な考えを押さえておきたい。

前述したように、朱子学は宋の時代に成立した学問で、陽明学は明の時代に成立した学問である。朱子学と陽明学の関係は、まさに犬猿の仲といってもいい。朱子学が理気二元論を唱えれば、陽明学は理一元論を説き、朱子学が性即理を唱えれば、陽明学は心即理《しんそくり》を唱える。このように、ほとんど水と油といってもよい関係にあるのだ。

㊽中江藤樹（一六〇八～一六四八）江戸時代前期の儒学者。陽明学派の祖。近江聖人と称される。

㊾王陽明（一四七二～一五二八）中国・明の儒学者。知行合一などを説き、陽明学を完成させた。

その原因を探ると、陽明学の祖である王陽明のある経験にたどり着く。

そもそも、王陽明は熱心で意欲的な朱子学者であった。よい意味で、朱子学の実践者でもあった。ところが、朱子学の理をきわめるという教えを実践するため、庭先に生えていた竹の理をきわめようとした。決意して一週間、一心不乱に竹の理をきわめようと努力したが、ただ神経をすり減らすばかりで、いっこうにきわめることができなかったという。

そこで、彼は三七歳のとき、「初めて知る聖人の道は、わが性みずから足る。さらに理を事物に求めしは誤なり」と断ずるにいたる。竹などの存在事物に理を求めて、これを理解し、きわめようとする立場は、孝の理を親に求め見出そうとするようなものだという。孝の理とは、親を慮る自分の心のなかにあるものであって、常に何ごとかを実践する私という主体にあると説くわけだ。常に何ごとかをなし、活動している自分の心のなかに理がある立場を「心即理」という。

したがって、自分の心の外に、万物のなかに理を求める朱子学の態度を厳しく批判するとともに、心に目が向いていない学問、心がおろそかになっている学問だと断ずるのである。

加えて、人間の心、すなわち性というものを朱子学者は気質の性と本然の性に分けるが、それは心の解体を意味するものと批判する。その対立は『大学』に記されてある「格物致知」の解釈にもおよぶ。格物致知の「物」を、朱子学は文字どおり万物・事物ととらえるのだが、王陽明は「物」を「心」と解釈する。また、「致知」を、朱子学は知をきわめること、理をきわめることと理解し、王陽明は孟子の良能良知をきわめること、すなわち致良知ととらえる。だから、両学派の見解は、いつまで経っても平行線で、互いに譲らない。

このような陽明学を学んだ中江藤樹は、羅山たちの朱子学を知識偏重の理屈のたわごとであり、慎みを意味する敬や礼を重視する現実世界に活かせない学問であると批判する。彼は、形式的な恰好ばかりの規範（敬や礼）よりも、状況に合った柔軟な態度や孝という心のほうが大切ではないか、という。

中江藤樹の孝とは、まごころをもって相手とかかわることであり、これが敬うことと理解する。そして、孝こそが人倫の基本的な原理原則であり、しかも万物の存在根拠であるとする。加えて、孝の本質を愛敬《あいけい》と説き、まごころをもって人と接し、上を敬い、下を決して軽んじない心を基本とした。つまり、愛敬を日々実践することで孝が実現すると考えていたのである。

さらに、あらゆる人間関係の根本原理を孝とし、まごころをもって接する人間関係を親子関係や夫婦関係、あるいは主従関係や兄弟関係、または朋友との関係へと拡大し、ひいては宇宙の根本法則そのものが孝（この場合の孝は大孝という）なのだというにいたる。ここが、中国の陽明学と中江藤樹の大きな差異といえる。

中江藤樹の陽明学は、相手を思いやるまごころを意味する孝というものは、さまざまな人間関係があるわけだから、そのときどきによって柔軟に変えることをモットーとする。すなわち、孝は、時・処・位（時と場所と身分・立場）に合わせて実践すべしと説く。そのほか、知行合一《ちこうごういつ》や良知を重視しているから、基本的に中国の陽明学とさして変わらないことになる。

◇熊沢蕃山の排仏論

彼の陽明学に刺激された人物に、熊沢蕃山《ばんざん》⑥⓪がいる。蕃山も、排仏論者の一人である。蕃山は、仏教の核心は死と輪廻への恐れに尽きると指弾する。仏教という教えは、つねに死のことばかり考えており、死への恐怖から逃れるために悟りを求める、そのような教えだと批判する。

これに対して、儒教を学ぶ者たちは、夜がすぎれば昼がくるし、昼がすぎれば夜になるように、昼夜の入れ替えをごく自然に当たり前のように理解している。夜が死であるならば、昼は生であり、昼夜の循環が日常の当たり前であるならば、生死のそれも日常の当たり前と理解するのが儒者であるという。

さらに、『集義外書《しゅうぎがいしょ》』（巻の十六）には、「親を葬るとて、目の前に親の身をやきす

⑥⓪熊沢蕃山（一六一九〜一六九一）江戸時代前期の儒学者。岡山藩主・池田光政に仕えた。

てて、火葬などにする事は、甚不仁《はなはだふじん》なる事と覚え侍《はべ》り」とある。火葬を当たり前とする仏教の葬祭を、広い意味での儒教は受け入れていない。

ちなみに、儒教国として知られる韓国で、ある俳優が自殺した際、その遺体は火葬にされたそうだ。韓国の儒教では、生まれた順に死んでいくのが当たり前なのであって、親より先に子が死ぬことは、不孝中の不孝とされる。それゆえに、遺体は土葬ではなく、火葬にされたらしい。

しかしながら、広い意味での儒教は朱子学の教えがベースになっている。人間は肉体と精魂から成り立っており、一回きりの人生を生きると考えられている。死とともに、肉体も精魂も消滅してしまうからだ。そうなると、死後の世界も霊魂も存在しないことになる。

儒教では祖先崇拝を重視し、孟子にいたっては親が他界すると「三年喪に服す」といわれるくらい礼楽と金をかけて葬祭をするのだが、現代では儒教と朱子学の教えが混在融合しており、生とともに肉体と精魂が融合し、死とともに消滅するわけである。ならば、祖先崇拝という名のもとに、いったい何を、誰を祀っているのであろうか。よくわからないことになる。

第五項

広義の古学派

さて、これから古学派について見ていこうと思うのだが、そもそも江戸時代の学問グループは関係性が複雑で、どのような流れになっているのか、わかりにくい。

儒学は、孔子や孟子の言ったことや行なったことを学び、徳のある人の生き方・あり方を理解し、実践する学問である。その意味では、諸子百家の一つである儒家の学問を学ぶのが儒学ということになる。一方、儒教となると、孔子や孟子、荀子などが説いた礼儀作法や儀礼ごと、さらには儒家の教えを解釈した朱子学が説く礼儀作法や儀礼ごともひっくるめて指す。

朱熹が創始した朱子学というものは、この儒学と儒教を総合的に註付けして解釈したものであり、これに老荘思想や陰陽五行説など、ほかの学派の理論理屈も取り入れることで成り立っている。

だから、江戸時代に儒学といえば、朱子学によって解釈された孔子や孟子の教えであり、直接『論語』や『孟子』といった原典を読んで、孔子は徳のある生き方を仁といったとか、孟子の教えは仁と義であるとか、江戸時代の朱子学者や陽明学者が理解したわけではなかったのである。つまり、漢代、宋代以来の儒学解釈を重視するのが、江戸時代の朱子学者や陽明学者であったわけだ。

これに対して異を唱えたのが、山鹿素行⑥¹であった。彼は、朱子学や陽明学の解釈の受け売りではなく、直接、原典にあたって孔子や孟子の教えを学ぶべきだと説いた。これが、彼が起こした古学派の基本的なスタンスである。

しかしながら、『論語』や『孟子』をただむやみに読んでも意味がない。『論語』や『孟子』に記されている当時の言葉の意味を解釈しなければ、本当の教えを理解することはできないと、古義（古の言葉の意味を解釈すること）の重要性を説く者が現われた。それが、伊藤仁斎⑥²である。彼の起こした古学を「古義学」といい、その一派を古義学派という。

ところが、古義を明らかにしても、孔子や孟子といった古の聖人の教えを理解することはできないと主張する者が現われる。言葉の意味は文章のなかで明らかになるものだから、古代の文章を理解しなければならないというのである。そう主張した人物が荻生徂徠⑥³である。彼の古学の立場を「古文辞学」といい、その一派を古文辞学派という。

山鹿素行にせよ、伊藤仁斎にせよ、あるいは荻生徂徠にせよ、彼らは朱子学や陽明

⑥¹山鹿素行（一六二二〜一六八五）江戸時代前期の儒学者・兵学者。筆禍により播州赤穂に配流されたが、のちに許され江戸で塾を開いた。

⑥²伊藤仁斎（一六二七〜一七〇五）江戸時代前期の儒学者。京都に塾「古義堂」を開く。門弟三〇〇〇人におよんだ。

⑥³荻生徂徠（一六六六〜一七二八）江戸時代中期の儒学者。五代将軍綱吉の側用人柳沢吉保に仕えた。

学の儒学・儒教解釈を是とするのではなく、原典という古典に立ち戻って、それらを直接、読むことを説くため、広い意味では古学（派）に分類されるのだが、その古典に向き合う姿勢に違いがあるため、古義学とか古文辞学などと呼ばれ、山鹿素行の古学を指すときは狭義の古学派となるわけだ。

◇山鹿素行の『聖教要録』

孔子・孟子などの古典を直接、読むことを唱えた山鹿素行は、『聖教要録《せいきょうようろく》』を著している。小序を見てみると、聖人の姿（生き方・あり方）は遠くなり、その言葉すら聞き取れなくなってしまったとある。漢代・宋代・明代の解釈によって惑わされ、本当の聖人の教えがわからなくなっている。だから、周公旦をはじめ孔子の道を敬い、もう一度原典に立ち返る必要性を説くわけである。

周公旦や孔子といった聖人たちは、物事の道理をよくわきまえているから、心正しくあることができる。そのため、分別や道理を踏み外すことがないという。その立ち居振る舞いは理に適っており、礼を失することが決してないし、その国を平和のうちに治めることができるという。

このような聖人の教えを学ぶべき者は、武士であるという。農工商にある者は、日々仕事に追われ、学問する暇がない。だから、彼らの糧で生活している武士が、代わって学問を修め、聖人の教えを身につけて、彼ら農工商の手本となって生きねばならないという。いわば、武士とは農工商の師表（手本・教師）とならねばならぬというのである。これが、山鹿素行の武士道であり、士道と称される基本的な考えである。

武士にとっては、なんとも耳の痛い話だったに違いない。現代にあてはめていえば、政治活動費の使途が制度上、問題がなくても、道徳的な意味合いで本当に正しいのか、それを使う立場にある者は襟を正せ、といっているようなものだろう。

◇伊藤仁斎の古義学

山鹿素行が、「原典に立ち返って、直接、孔子や孟子、周公旦の教えを理解すべきだ」と唱えたのに対して、『論語』や『孟子』に記された言葉の意味、すなわち古義をまずもって理解しなければならないと説いたのが伊藤仁斎であった。

古義を明らかにした伊藤仁斎は、孔子の説いた精神、つまり孔子の根本思想とは、とどのつまりは仁に尽きるとした。なれば、孔子の説いた仁とは、いったい何を意味しているのであろうか。孔子の仁とは愛であり、人を愛し、人から愛されることであるという。愛することとは、互いに親しくなることであり、互いに思いやることであるのだが、その愛の本質を仁斎は「誠」と解釈した。だから、「誠ならざれば、仁あらず」というのである。

では、「誠」とはいったい何なのか。仁斎は、「真実無偽なる心」であるという。つまり、嘘偽りや私心のない心を誠と表現し、そのような心が人を愛することの本質であると説く。愛に嘘があってはならないわけである。

さらに、誠を実践しようとするなら、どのようなあり方・仕方で臨めばよいのか。仁斎は、「忠信なり」という。忠信とは、自分にも他人にも嘘をつかないことである。「真実無偽なる心」を誠とし、嘘偽りや私心のない心を愛の本質とするならば、われわれは自分に対しても、他人に対しても正直に接して、決して欺《あざむ》かないことを心がけ、これを実践しなければならないというのである。

その一方で、仁斎は朱子学が否定する私利私欲といった欲望を否定してはいない。というのも、私利私欲というものは生きることの源泉であり、生命の原点であるからだ。これを否定するということは、仁斎によると、生きることの否定につながるわけである。

◇荻生徂徠と「経世済民」

荻生徂徠には、山鹿素行や伊藤仁斎と古学という点では共通するものの、決定的に異なる姿勢がある。素行や仁斎は徳のある生き方を求めたが（素行は孝の実践、仁斎は仁愛・誠・忠信の実践）、徂徠はそのような徳のあり方など求めてはいない。

徂徠は、朱子学も陽明学も批判するが、その姿勢からもやはり徳に価値を置いていない。というのも、朱子学は存在事物のなかにある理を理解しようとするのだが、その理が人間の心に宿ると性となり、万物の秩序や法則、あるいは性質を意味する理の宿る性は本然の性であるという。だから、本然の性には理が働き、理は万物の秩序であるため、よきものである。そのよきものである理を事物のなかに発見し、これを理解しろというのが朱子学なのである。

対する陽明学は、理とは心にあるから、存在事物に理を求めても無駄だという。自分の心を見つめて、これを錬磨することでよき心、すなわち理が現われると説くのである。

しかし、視点が異なるだけで、心もよきものであり（朱子学はよき心を本然の性とし、陽明学は心が理そのものと説くから）、理もよきものであるというのは共通している。つまり、朱子学にせよ、陽明学にせよ、よきものである理が人間の外にあるのか、心にあるのかは違っても、よきものの基準、あるいはその根拠を理そのものに見出している点では一致しているのである。

このような人の心に宿る理、存在事物のなかにある理に善なるものの基準を求める態度を厳しく批判するのが徂徠なのである。彼は、心や理によきものを判断する価値基準を見出すのではなく、また善なるものの原理原則を理や心に求めることを否定する。心は人によって異なるし、一人の心の内でさえ刻一刻と変化するので、理などというものはさっぱりわからない。そもそも、理をきわめる前に人は死んでしまうのである。

かてて加えて、朱子学の道とは天地自然の理であって、古典解釈はきわめて独断的で、思いやりがまったく感じられないと指弾する。

だから、善なるものの根拠、よきものの基準として、古の聖人が人為的につくった制度をよきものとするのである。聖人たちがいろいろ試行錯誤して、やっとの思いでつくり出した制度をよきものとし、これを実現することが大切であると説く。徂徠の求めた道とは「先王の道」であり、先王の道とは「安天下の道」であり、安天下の道とは、「礼楽刑政《れいがくけいせい》(礼儀作法・音楽・刑罰・政治のこと)」であると説く(『弁道』)。

ということは、徂徠の求めた道とは、有徳者の道でもなければ、聖人の生き方・あり方でもなく、聖人がつくった制度や慣習のこと(礼楽刑政)なのである。しかも、徂徠は学問の目的を「経世済民《けいせいさいみん》」に見出しているのだが、経世済民とは「世を治めて民を救う」ことであり、端的にいって政治・経済ということになるため、政治・経済をうまく治めることを重視していることになる。だから、従来の儒教というものは個人の修養を求めてばかりで、経世済民を忘れていると、徂徠は指摘する。

その後、徂徠の古文辞学派は「徂徠学派」と称されるのだが、内部対立が起きて、太宰春台《だざいしゅんだい》⑭の一派と服部南郭《なんかく》⑮の一派に分かれてしまう。実利的な経世済民を学問の目的としていた徂徠は、昔に使われていた言葉とその意味をよく理解して、これを当時、日常的に使われていた言葉に置き換えて、歌や詩に生かして遊戯していたため、経世済民を重視する太宰春台と詩や歌に興じることを説く服部南郭のグループに分裂してしまったのである。

◇南郭派を皮肉った太宰春台

太宰春台は、服部南郭派を内々で通用する昔の言葉を歌や詩にして楽しみ、昔の言葉をうまく使って文章にして、その洒落た言い回しを互いに競い合う、オタクな集団と非難する。

さらに、春台は南郭派の特質は師匠である徂徠に端を発していると指摘する。というのも、徂徠は「無」という字は「莫」に通じているため、「無有」を「莫有」とし、「無所」を「莫所」と書き、日常使われる言葉を古文辞で記していたからだ。

しかし、春台はこれまでいろいろな古典古書を読んできたが、いまだかつて「無有」を「莫有」、「無所」を「莫所」と記した文献に出合ったことがないと指摘する。つまり、徂徠自身が、かつて使われていない使い方で古文辞を使って、難解な文章をしたためて、奇をてらっているといいたいのである。

⑭太宰春台（一六八〇～一七四七）江戸時代中期の儒学者。著作に『経済録』『聖学問答』などがある。
⑮服部南郭（一六八三～一七五九）江戸時代中期の儒学者・詩人。歌人として柳沢吉保に仕えた。

そんな徂徠の悪いところを手本に、洒落た古文辞の言い回しに酔いしれる南郭派を、春台は「錦あり、繍《ぬいとり》あり、繢《えぎぬ》あり、綺《あやぎぬ》あり、羅《うすもの》あり、綾《あや》あり、繻《うすぎぬ》あり、縿《かとりぎぬ》あり、志摩《しま》あり、絹あり、布あり（一見すると、南郭派の詩は古文辞が流暢に使われているし、通の人を魅了するかもしれないが、その詩は「糞雑衣《ふんぞうえ》」にすぎない）」と皮肉った。

春台は、とある古文辞の「訓」が同じでも、その使い方はまったく異なるのに、その使い方を無視して言葉遊びに興じる、そんな徂徠をはじめ南郭派の古文辞遊戯の側面を厳しく否定した。そして、経世済民と「先王の道」を重視する春台は、あくまで礼楽刑政の道を実現することで、自然と人の心もよくなるように治まるという立場を取ることとなる。

第六項

国学の思想

これまで、江戸の儒教というものが、結局のところ宋代の朱子学の受け売りでしかなく、朱子学の孔子・孟子解釈をそのまま是としている姿勢を鋭く指摘した古学派について綴ってきた。

いわば、古学派は周公旦や孔孟（孔子と孟子のこと）といった聖人の教えを直接読み解き、原典に立ち返ることを打ち出したわけである。この古学派の学問研究に向き合う姿勢に影響されたのが、契沖《けいちゅう》⑹を祖とする国学である。

さて、一八世紀の江戸の世は、いろいろな意味で世俗化が蔓延していた。人々の生活は豊かになり、蓄えた財を消費に回したため、それに応えるように商いが働いて、多種多様な生き方やあり方が担保される時代状況にあった。仏教といえば、極楽と地獄を当たり前のように説くようになるが、これも本来の仏教の教えの世俗化であり、極楽や地獄など方便にすぎないものであったはずが、いまでは極楽と地獄といった観念が仏の教えとして当たり前のようになっている。

⑹契沖（一六四〇～一七〇一）江戸時代前期の国学者・歌人。文献学的古典研究で、近世国学の基礎を築いた。

このような当たり前の世俗化に異を唱えたのが国学であった。陽明学や朱子学、あるいは古学も含めて、これら儒教が江戸時代になって流行り出し、いまでは当たり前のようになっているが、それらはすべて外来の思想であり、日本人固有のものの見方・考え方ではない。さらに、仏教という思想も日本の外からもたらされたものであり、日本固有の思想ではない、とする。

これら儒教・仏教といった外来思想をすべて排除して、失われ、否定されてきた日本人の心の原点をもう一度復権させようとするのが、国学の基本的な立場であった。そのためには、儒教や仏教といった外来思想に毒されていない和歌や『古事記』をひも解き、そこに流れ、息づく日本の心を理解しなければならないというのである。

国学の主だった系譜は、契沖から荷田春満《かだのあずままろ》⑰へ、春満から賀茂真淵⑱へ、真淵から本居宣長⑲へ、そして会ったこともない宣長に師事した平田篤胤《あつたね》⑳へといたる。荷田春満、賀茂真淵、本居宣長、平田篤胤の四人を「(国学の)四大人《しうし》」という。この「大人」とは、男性の学者・教師を意味する。

契沖から真淵までは日本人の心の原点を『万葉集』に見出そうとしたが、本居宣長は『古今集』にそれを求めていた。さらに、宣長は『古事記』の世界に遡ることで、日本人の生き方・あり方を古道に見出し、平田篤胤は復古神道を説くにいたる。

このような具合に、国学の基本的な立場を維持しつつ、国学者それぞれがそれぞれ

⑰荷田春満(一六六九〜一七三六) 江戸時代中期の国学者・歌人。復古神道を唱え、『万葉集』と「記紀」研究の基礎を築いた。

⑱賀茂真淵(一六九七〜一七六九) 江戸時代中期の国学者。御三卿田安宗武に仕え、復古主義を唱えた。

⑲本居宣長(一七三〇〜一八〇一) 江戸時代中期の国学者。三〇余年を費やし『古事記伝』を著述した。

⑳平田篤胤(一七七六〜一八四三) 江戸時代後期の国学者。本居宣長没後の門人。幕末の国学の主流である平田神道を形成した。

の問題意識によって、日本人の心とは、そもそもどういうものであったのかを解き明かそうとしたのである。

◇『万葉集』を評価した契沖と荷田春満

国学の祖と称される契沖は、もともと真言僧であった。ところが、僧侶の世界に幻滅して放浪の旅に出てしまう。旅を続けている最中、自然の美しさに心を打たれて、彼はなんと自殺を試みる。しかしながら、それは未遂に終わり、高野山に舞い戻って古典の研究にいそしむこととなる。

彼が専らとしたのは、古歌(『万葉集』)であった。古代からの歌を体系化し、古歌の心をよく言い表わす詞《ことば》を限定し、それを使用することで古歌とする、あの藤原一門の歌に関する決めごとを一蹴するにいたる。

つまり、詞は心を表現するものであり、心が詞となって詠み込まれたものが歌なのだから、詞にとらわれない万葉の世界にこそ、日本人の心の原点があると唱えるのである。「人情」や「感情」といった心が昇華されて、色恋ごとへといたり、色恋ごとを好む人の情や心を詠む『万葉集』を高く評価する。

なかでも、在原業平《ありわらのなりひら》⑪の辞世の句「つひに行く道とはかねて聞きしかど　昨日今日とは思はざりしを」を絶賛したことで知られる。

⑪在原業平(八二五~八八〇)　平安時代前期の歌人。『伊勢物語』の主人公とされる。六歌仙の一人。

契沖の『万葉集』研究は『万葉代匠記《まんようだいしょうき》』としてまとめられるのだが、そうした彼の研究に傾倒したのが、京都伏見稲荷⑫の神職であった荷田春満である。

春満は、『万葉集』にとどまらず「記紀」の研究も手がけ、神職にふさわしく神道の道を開拓するとともに、古い言葉の意義や解釈（これを古義という）を明らかにして、古代の日本人の心を理解しようとした。

そして、春満のもとで学び、国学の道へと進んだ人物が賀茂真淵である。真淵も、師匠と同様に『万葉集』の研究に励むこととなる。

⑫京都伏見稲荷　有名な「千本鳥居」の朱色は、主祭神の稲荷大神が楓の色を好むことに由来する。朱色の原料となる丹（水銀）は防腐剤の役割も果たすという。

◇「古言」の解明に努めた賀茂真淵

いまは使われなくなった昔の言葉を「古語」や「古言《ふること》」といい、『万葉集』などの昔の和歌を「古歌」というのだが、真淵は、古歌は古言によって成り立っており、昔の言葉で昔の歌が構成されている以上、まず古言を明らかにしなければならないという。古歌は詠み人の心が反映されており、古歌の古言を理解すれば、詠み人の心を理解することができるうえ、詠み人の心を理解すれば、昔の人の心や情というものが、いかようなものであったのかがわかるというのである。

たとえば、真淵は『にひまなび』で古歌を研究する意義をつらつらと綴っている。古歌を構成する古言を正しい調子で読み込めば、一〇〇〇年前の歌人が詠む歌を直に聞いているのと同じであるから、古語の読みを少しも間違えることなく読み込まねばならないという。

しかも、古歌で使用されている古言は古代の人々の心、すなわち古意を表現していると打ち出しているため、古言の意味を明らかにすれば、古代の日本人の古意を知ることができると説く。ゆえに、「古き世の歌こそ、古き世の人の心詞である」と説くのである。

たしかに、古言の「こおろぎ」は「きりぎりす」のことであり、「うつくし」は「かわいい」のことだから、現代人の言葉の意味で古言を解釈したら、とんでもないことになる。極端な例だが、古代人がいわゆる「ゆるキャラ」を見て「うつくし」と歌に詠んだら、古代人の美意識は「ゆるキャラ」を美しいと感じていた、と誤解しかねない。したがって、当時の言葉の意味を現代の感覚で解釈してはならないのだ。

ちなみに、本居宣長は古語を明らかにして古意を知るだけでは足りないという。さらに一歩進めて、人間の「事（行為や人間の存在そのものにかかわるものを指す）」を研究せねばならないと説く。ここが真淵と宣長の違いの一つである。真淵は、「言」と「心（意）」を対応させて、古言によって詠まれた古歌を知れば古代の人の心が理解できるというが、宣長は「言」と「意」に「事」を加えた古道を展開する。「言」、すなわち古語によって構成される古歌を知れば、当時の人の心を理解できるし、心を知ることで古代の人の「事」、すなわち立ち居振る舞いも理解することができる。これが、宣長の古道である。

◇賀茂真淵と「ますらをぶり」

さて、真淵にとっての古道は古歌や古代の日本人の心のあり方を指すのだが、その原点にして原典を『万葉集』に見出す。『万葉集』の基調は「ますらをぶり」であり、男性的で、おおらかな、それでいて素朴で雄渾な様子を指す。実際、『万葉集』で詠まれている歌の特徴は、どれもおおらかで素朴なものばかりである。たとえば、在原業平の歌に「あなみにく（醜）賢《さか》しらをすと酒飲まぬ人をよく見れば猿にかも似る」がある。「ああ、みっともない。利口ぶって酒を飲まないやつを見ると、まるで猿が人間のふりをして利口ぶっているようだ」という皮肉である。なんとも素朴で、ストレートな表現だ。

しかし、そうした古代人の心こそ日本人の心の原点であり、日本人の感じ方や表現の仕方とはそのようなものであったと真淵はいう。そんな「ますらをぶり」を真淵は「高く直き心」と表現し、のびのびとして力強い様子や心を是とした。

ところが、そういったのびのびとした心を抑制して否定する価値観が現われた。その典型が、女性らしい繊細さを売りにする『古今和歌集』であり、仏教や儒教といった外来思想もそれにあたる。真淵は、そうした外来思想を「からくにぶり」と称して、これを徹底的に否定するのだが、こういった態度は他の国学者にも見られるもので、本居宣長にも平田篤胤にも共通している。

『古今和歌集』の基調は「たをやめぶり」であり、「ますらをぶり」のようなガサツな態度を嫌い、女性らしさ、やさしさ、繊細さを歌に詠みあげる。一方、儒教や仏教は徳のある人の生き方やあり方、仏の教えを説き、人間がつくった善悪を押しつける。

そうして、細かいことにこだわらない「ますらをぶり」は、いつしか「たをやめぶり」を信奉する側から「デリカシーがない」と罵られるようになった。また、儒教の立場からは、感じたままを言葉にし、態度に表わす「ますらをぶり」は人の道に反すると叱られて、仏教の立場からも、色恋にのめり込み煩悩にまみれた「ますらをぶり」は仏の道に外れていると指弾され、とうとう「ますらをぶり」はその純粋さを失ってしまった、というわけだ。

したがって、真淵は「たをやめぶり」と「からくにぶり（仏教や儒教）」を徹底的に排除して、凋落してしまった日本人の心である「ますらをぶり」、すなわち「高く直き心」の復権を唱えるのである。

◇奇跡の出会いとなった「松坂の一夜」

やがて、真淵に入門して国学の道に進んだのが、本居宣長である。といっても、真淵と宣長はたった一度しか会っていない。その奇跡の出会いが「松坂の一夜」と呼ばれるものである[73]。真淵六七歳、宣長三四歳であった。

「先生は、『古事記』を研究なされないのですか」

そのとき、宣長は真淵にそう問いかけたという。

対して、真淵は答えた。

「よいところに気づきましたね。私も、日本人の心の原点は『古事記』だと思っていましたが、そこに書かれている言葉の読み方も意味も、よくわからない。そこで、古い言葉を学ぶには『万葉集』が一番よいと思って『万葉集』を研究してきたら、こんな歳になってしまった。もう『古事記』に手を出すことはできなくなってしまいました。あなたは、まだ若い。『古事記』を研究なさってはいかがですか」

そう水を向けられた宣長は、『古事記』の研究を志したといわれる（それからすぐに始めたわけではないが）。

国学の大家らしく真淵は、さらに助言も与えていた。学問研究には順序が大切だから、まずは『万葉集』を学び、それから『古事記』に進んではどうか、と。

真淵と宣長は、この後、手紙でのやりとりは続けたものの、再び彼らが会うことは

[73] 本居宣長は当初、医者を志望していた。宣長が真淵と会ったのは、松坂の旅館「鈴乃屋」とされる。

なかった。それでは、師である真淵を批判的に継承しつつ、独自の世界観を構築した宣長の国学を見てみよう。

◇本居宣長と「たをやめぶり」

本居宣長の歌に、「敷島《しきしま》の大和心を人問はば　朝日に匂ふ山桜花《やまざくらばな》」がある。宣長のいう心とは、朝日に輝く山桜の美しさや麗しさを感ずる心であり、これが大和心というわけである。

宣長は、大和心とはやさしく、やわらかい心であり、これこそが国意（日本人に固有の心）であるという。したがって、彼がよりどころとする古歌は、やはり「たをやめぶり」を基調とする『古今和歌集』であった。また、「あはれ」の文学である『源氏物語』にも注目している。宣長の師である真淵が『古今和歌集』の基調である「たをやめぶり」を否定して、『万葉集』の基調である「ますらをぶり」を重視した姿勢とは、明らかに一線を画している。

ただ、両者に共通しているのは、儒教や仏教といった外来思想を否定する態度で、真淵はそれを「からくにぶり」といい、宣長は「漢意《からごころ》」と称して批判した。宣長は、儒教や仏教は人の情けや思いをゆがめる賢しらな知恵であり、本心を偽るものの見方・考え方であるとして、それらを退けた。加えて、それらは自分たちの国である日本を蔑《さげす》み、否定する一方、他国の教えを崇拝する悪い心であるというのである。

◇『源氏物語』研究と「漢意」への批判

宣長は、江戸時代の官学である朱子学などというものは、そもそもあまりに禁欲的にすぎるし、朱子学者たちはもっと素直に人の欲望を肯定すべきであると断じた㉔。そもそも欲望というものは、昇華されることで色恋の情となり、これが歌に詠まれて芸術となる。したがって、歌は政治に利用されたり、徳を身につけるための手立てではない。ただひたすら心に思い浮かぶことを言葉にすることよりほかないのだ、という（『排蘆小舟《あしわけおぶね》』）。

そして、人の心というものは、そもそも女々しいものであり、男らしくて勇ましく、それでいて正しさもともなう心など自然に反する、といっている。それゆえに、『玉勝間』では「おいしいものを食べ、命をながらえたいと思うのは真心」であり、「金銀を欲しくないというのは漢様の偽り」であると、にべもない。

「たをやめぶり」の女々しさは、『源氏物語』の研究によって、より一層の深みを増していく。宣長は、人の情というものを『源氏物語』を貫く「あはれ」に求める。「あはれ」とは、しみじみと感ずる心を意味するが、これを宣長は「もののあはれ」と解釈した。

㉔伊藤仁斎も、同様の批判を展開している。

「もののあはれ」とは、「事の心」と「物の心」を知る心である。「物」と「事」、すなわち「物事」を目にしたり、聞いたり、あるいはある言動とかかわったり、接したりすることで、しみじみとした気持ちがわき上がって「あぁ、美しい」「あぁ、悲しい」「あぁ、うまい」といった自然にわき上がる気持ちを知る心なのだ。

そして、うれしいときにうれしいと素直に感じることができるのは、「物の心」と「事の心」をわきまえているからである。このように「もののあはれ」を素直に感じ取り、素直に表現できる心を「もののあはれを知る心」というわけである。

宣長は、「あはれ」というものは物事とかかわり、接することでわき上がるものだから、「もののあはれ」でなければならないと断じる。素直な心、真心がなければ、「事」と「物」に接しても「あはれ」を感ずることはできないという。

さらに、『源氏物語』に対する評価として、「漢意」にとらわれた人たちは勧善懲悪の立場に立って、好色の戒めの範と解釈するようだが、そのような解釈は文芸の本質をゆがめたものであると、宣長は非難する。人の心は、よいものに対しても悪いものに対しても、等しく感じるものであり、よい物事ばかりに反応するものではない。たとい勧善懲悪の価値観に反した生き方をしたとしても、光源氏を「もののあはれ」を知る人として肯定するのが、宣長なのである。

ところが、宣長を徹底的に嫌う上田秋成《あきなり》⑮は、宣長の光源氏解釈を、これまた徹底

⑮上田秋成（一七三四〜一八〇九）江戸時代後期の国学者・歌人。読本『雨月物語』の作者として知られる。

的に批判した。宣長の光源氏解釈は、「月が出ては涙を流し、月が雲に隠れてもまた涙を流す。なんてもののあはれを知る人なのだ」となるのだが、秋成は「月が出ては涙を流し、月が雲に隠れてもまた涙を流す。なんて女々しいやつなんだ」となる。先の「敷島の歌」に対しても、おごり高ぶった宣長の態度が表われていると手厳しく罵る秋成は、宣長とすこぶる相性が悪い。

◇古道を「惟神の道」へ昇華させた宣長

さて、真淵の項で宣長の古道についても少しふれたが、最後に宣長の古道論をまとめてみよう。

『古事記』の研究を始めてから三十数年後、その注釈書である『古事記伝』を完成させた宣長は、その一方で古道を「惟神《かんながら》の道」として昇華させ、古道論を完成させた。『玉勝間』で記されているとおり、人の心の基本中の基本は「よくもあしくもうまれつきたるままの心（これを真心という）」であるという。

そして、「惟神の道」とは人為的な道、すなわち仏教や儒教のような人の教えや人がこしらえた生き方・あり方ではなく、またあるがままの自然の道でもなく、ただひたすら『古事記』に記されている神代のままの生き方、神々の御心のままに生きることであると説く。人為的な解釈や議論は不要で、ひたすら天照大神の道に従い、「天皇の天下をしろしめす道（天皇が統治支配するあり方）」あるのみだというのである。

また、この世にはよいことも悪いこともある。それらはすべて人知を超えた神の「御所為」だと諦めて、これを受け入れることの大切さを説いた。同時に、性急な変化や言い争いを避けて、穏やかに、いまというこのときを、この場所で、楽しみ生きることが肝心であると締め括る。これが、宣長がたどり着いた古道のあらましである。

◎平田篤胤と死後の世界観

宣長を生涯の師と仰いだ国学者に、平田篤胤がいる。宣長は、その師である真淵とたった一度しか顔を合わせなかったが、篤胤は宣長に師事しながら、一度も会ったことがなかった。

彼は、真淵や宣長のように、古道を歌の世界に見出すことを否定する。むしろ、ストレートに神道の世界にそれを求めた。それゆえに、復古神道を説くにいたるのである。彼の神道論は、宣長が説かなかった神道論を創作したものであり、悪くいえば篤胤が勝手につくりあげたお話といえる。

篤胤は、社会道徳はもちろんのこと、全世界をつくったのは産霊神《むすびのかみ》であり、その子孫が天皇であると唱えた。したがって、天皇に従う生き方こそが神道であるとして、神仏習合した神道を否定する。

さらに、師の宣長は死後の世界論を批判し、死後に魂が行く黄泉の国を穢き世界としたが、篤胤は違った。宣長が、死後に魂が穢き世界に行くこと自体は悲しいことだが、それを悲しいこととして受け入れるのが「もののあはれを知る心」であると説くのに対して、篤胤は、人は死んでも墓や神社にとどまり、祭祀を通じて親類縁者や近親者と交流を続け、彼らを見守りながらことあるごとに恩恵をもたらす、というのである。

この発想は、柳田国男⑯や折口信夫《しのぶ》⑰といった後世の民俗学者と非常に近い考えである。ということは、民俗学における死後の世界論と魂論は、篤胤を根本にもっていることになる。彼らの唱えた死後の世界論は、篤胤以来、たかだか一〇〇年足らずの間の言説を一般化、普遍化したものであったともいえよう。なぜなら、篤胤以前において、死後の世界に関する定説など存在しなかったからである。死後について、ある者は仏教をよりどころにしたが、またある者は儒教にそれを求め、さらに別の者はキリシタンをよりどころにし、なかには『古事記』にそれを求めていたのである。

そもそも、日本人の心の原点など、わかるはずがないのである。ある一部分が理解できたからといって、それで古代人のすべてが理解できると考えるのは傲慢だろう。

ちなみに、篤胤の門下生は驚くほどに多く、彼の思想的な影響たるや、水戸学や尊皇攘夷思想、昭和の国粋主義にまでおよんでいる。

⑯柳田国男　四〇一ページ参照。
⑰折口信夫　四〇五ページ参照。

第七項 江戸庶民の倫理観

ここからは、江戸時代の庶民に注目して、そのものの見方や考え方をたどってみたい。ただし、江戸時代の庶民といっても、江戸（東京都）に暮らしていた人々の価値観ばかりではない。

たとえば、江戸時代を代表する庶民文化に元禄文化があるが、その中心的な文化人とされる井原西鶴[78]も近松門左衛門[79]も大坂を中心に活躍していた。また、『町人嚢《ちょうにんぶくろ》』で有名な西川如見《じょけん》[80]は長崎を拠点としていたのである。江戸時代の文化といっても、そのすべてが江戸を中心に賑わったわけではないのである。

まずは、江戸時代の近世文学に着目しながら、当時の庶民の価値観や倫理観を見てみたい。

◇西鶴と近松が描いた庶民の倫理観

談林派の俳人として活躍した井原西鶴は、その後、好色物といわれる浮世草子の作

[78]井原西鶴（一六四二〜一六九三）江戸時代前期の浮世草子・浄瑠璃作者。主な作品に『好色一代男』『日本永代蔵』『本朝二十不孝』がある。

[79]近松門左衛門（一六五三〜一七二五）江戸時代前期の浄瑠璃・歌舞伎狂言作者。主な作品に『曽根崎心中』『国姓爺合戦』『心中天網島』がある。

[80]西川如見（一六四八〜一七二四）江戸時代前期の天文地理学者。晩年は八代将軍吉宗に仕えた。

家として名を馳《は》せることとなる。西鶴の処女作は『好色一代男』。五代将軍綱吉の「生類憐みの令」などの制度改革をはじめ、金銀に対する執着や失望など、当時の社会風潮を織り込んだ同作品は、畢竟《ひっきょう》、主人公の世之介が「女護《にょご》の島」へ渡るところで幕切れとなっている。

当初、西鶴は社会に対する批判的な立場からさまざまな作品を発表していたが、やがて彼は金の力を背景にしたたかに生きる町人を肯定する作品を描くようになる。『西鶴織留《おりどめ》』では「金銀なくしては人間に生まれた甲斐がない」と記し、『武家義理物語』では「一切の人間目もあり鼻もあり、手足も変わらず生まれついては、武士、鋤を握れば百姓、十露盤持てば商人」といった具合に、上下を区別する社会の身分制度についても描写している。

しかし、幕府のお膝元である江戸と西鶴たちの大坂では、お金に対する価値観がまったく異なった。「宵越しの金は持たない」など、江戸には金離れのよさを「粋」とする美学があったが、当時の大坂や現代の日本にそういう感覚は乏しい。西鶴は、大名風を吹かせるような江戸の人々を「太っ腹で見事なり」と語る。たしかに、元禄時代の江戸では鯛一尾が大坂や京都の三六倍もの値段で売られていたともいわれるくらいだから、江戸っ子たちが「太っ腹」に映るのも無理はない。

また、近松門左衛門は「世話物」と呼ばれる浄瑠璃などを通じて、義理と人情の間で苦悩する人間模様を描いており、西川如見は同時代の町人生活の意義を綴った。このように、さまざまな文学作品を読むと、当時の町人の価値観やものの考え方がそこはかとなく理解できる。

一方、そうした文学作品からうかがえる庶民の倫理観に影響をおよぼした思想家たちの存在を忘れることはできない。ここでは、その代表的な人物である石田梅岩と二宮尊徳を取り上げてみる。そして、当時はほとんど誰からも注目されなかったものの、後世、突如として脚光を浴び、高等学校の倫理の教科書に掲載されるにいたった安藤昌益の思想についてもふれてみたい。

◎石田梅岩の「石門心学」

石田梅岩（一六八五～一七四四）は、丹波国（京都府）の農家の次男として生まれた。一一歳のとき、当時の慣わしに従って、京都の商家に奉公に出された。その後、奉公先の商家が傾いたため帰郷したが、二三歳のとき、再び京都の呉服問屋で奉公生活を始めた。

梅岩は、町人として生きることを心に決め、懸命に働いて番頭にまで出世するのだが、四三歳のとき、生来の学問好きが高じて、奉公先を辞めてしまう。以後、学問に専念した梅岩は、四五歳にして京都の自宅に「聴講自由・席料無料」の看板を掲げて講義を始めた。当初こそ、無名の梅岩の話を聞こうなどという人はいなかったが、わかりやすい言葉で人の道を説く講義が評判になり、しだいに人が集まって、やがては全国に名を知られる存在になっていった。

彼の学問は、神道と儒教、仏教の「いいとこ取り」をしたもので、そのころ「神儒仏打って一丸した」学問と称された。現在では、彼の学問を「心学」や「石門心学」と呼ぶが、梅岩自身がそう名づけたわけではない。実は、梅岩の門弟に手島堵庵《てじまとあん》（一七一八～一七八六）という学者がいて、彼が梅岩の講説をしたところ、おおいに人気を博し、手島学と呼ばれた。さらに、その弟子に中沢道二《どうに》（一七二五～一八〇三）という学者がいて、彼の講話を聞いた松平定信が「心の学び」と称したことから「心学」と呼ばれるようになったのである。しかし、心学といえば、当時は心即理を説く陽明学を指していたため、これと区別する意味で「石門心学」と呼ばれるようになったという。

それでは、梅岩の『都鄙問答《とひもんどう》』をもとに、彼の基本的な考え方をたどってみよう。

◇賤貨思想に一石を投じた新思想

『都鄙問答』には、次のような記述がある。

「商人の売買の利益は、武士の俸禄と同じである。売買の利益がなければ、武士が俸禄なしに仕えるようなものである」

「商人は、左の物を右へ取り渡しても、正直《せいちょく》に利益を取る。不正をして取るのではない。鏡に物を映すように、隠しだてすることはない。商人は、正直に利益を取ることによってなりたち、正直に利益を取るのは商人の正直である。利益を取らなければ、商いの道ではない」

つまり、商人が商品をAからBへ運ぶだけで、何も商品を生産していないにもかかわらず、いままでいうところの手数料を取る行為は、武士が主君に仕えてサラリーをもらうようなものだ、というのである。しかも、彼らが手にする利益は正直な商いによって担保され、「先も立ち、われも立ち（相手にとっても自分にとっても利益となる）」ことをモットーとする互助と公正の精神に裏づけされているという。

また、商いについて、梅岩は「正直」だけでなく「倹約」も大切にしていると指摘する。倹約というと、われわれ現代人は吝嗇《りんしょく》をイメージしがちだが、梅岩のいう倹約は人やモノの有効活用という意味である。

このように正直と倹約を徳目とする商人の道は、商人の世界だけでなく、広く人間としての道である、と梅岩はいう。そして、士農工商すべてにとっての人の道とは「知足安分」に昇華される。これは「足るを知って分を安んぜよ」という意味で、士農工商を職業的分業としてとらえ、それぞれが職分や身分、持ち分を懸命に励んで満足せよ、というのである。こうした考え方がまずは商人たちから支持され、やがて職人などを含めた庶民にまで広まっていったのである。

それまでの日本には、賤貨《せんか》思想ともいうべき考え方が根づいていた。モノを生み出すことなく、わずかばかりの利益を求めて右往左往するのを卑しい行為と見なし、そうした人たち（商人）を一段、低く位置づける考え方である。しかも、そうした考え方は当事者である商人たちの間にも共有され、彼ら自身も商いという行為を卑しいものととらえていたのである。

そうしたなかで、梅岩は商いという行為を正当化したのである。そして、商いにいそしむ商人たちについても、決して卑しむべきものではないと評価したため、石門心学は商人たちから絶大な支持を集めるにいたった。

◎安藤昌益の「自然活真」

江戸時代中期にあたる一八世紀中葉の八戸（青森県）に、医者を生業《なりわい》としながら学問・執筆活動に励む思想家がいた。安藤昌益（一七〇三?〜一七六二）である。

そのころの日本には疲弊した農村が多く、全国的に百姓一揆が頻発するような状況で、昌益の暮らしていた東北地方でも百姓たちは激しく困窮していた。そのせいか、昌益の思想はきわめて反社会的・反封建的であり、彼の思想は当時の水準をはるかに超える先進的なものであった。しかしながら、その急進的とも表現し得る過激さが災いして、彼の思想は当時の人々にまったくといってよいほど影響力がなかった。

実際、彼はほぼ無名のままこの世を去っており、その存在にようやく光があてられるのは、一八九九（明治三二）年に当時、第一高等学校（現東京大学教養学部）校長であった狩野亨吉《かのうこうきち》博士㉛が、昌益の主著『自然真営道《しぜんしんえいどう》』を再発見してからのことである。

そして、第二次世界大戦後、カナダの外交官だったハーバート・ノーマン㉜が『忘れられた思想家』という書籍で昌益の思想を紹介するにいたって、彼の評価が高まった。

彼は、まず社会を「法世《ほうせい》」と「自然世《しぜんせい》」に区別して、前者には階級制度や貧富の差があり、不平等な社会であるとする。対する後者は「万人直耕《ばんにんちょっこう》（すべての人が直接、田畑を耕すこと）」を前提とし、自給自足をモットーとする社会であり、階級制度も貧富の差もなく、平等な社会であるとする。

そのうえで、昌益は法世について、みずから田畑を耕しもしないで百姓たちに寄生する貪欲な輩（武士や手工業者）が支配する社会であると指弾した。彼はそうした輩を「不耕貪食の徒《ふこうどんじき》」と呼んで、これを否定し、彼らが支配する封建制を徹底的に批判したのである。

さらに、昌益は当時の学問にも矛先を向け、仏教や儒教、神道というものは法世を

㉛狩野亨吉（一八六五〜一九四二） 思想家・教育者。日本における自然科学思想史の開拓者として知られる。

㉜ハーバート・ノーマン（一九〇九〜一九五七） カナダの外交官。日本生まれで、日本近代史を研究。戦後は占領軍の通訳として、占領政策に関与した。

野放しにする学問であるとして非難し、聖人の教えとされるものでさえ自然世を法世へと堕落させた張本人であるとした。

万人直耕を是とする自然世は、「土活真《どかっしん》」という、いわば万物の根源を土に見出すものの見方や考え方を前提としており、相反する天と地が相互にかかわり合うように、相反するものが互いに一体となっているあり方（互性《ごせい》）、対立しながら相手と深く結びつき、互いが存在しなければ存在できないようなあり方を「自然活真《しぜんかっしん》」と呼んだ。

要するに、天と地、太陽と月、男性と女性といったように、対立し合う存在同士は、実は相手が存在して、それと一体となることによって存在しているというのである。このように、自然世というユートピアを説きつつ、法世と位置づける現実の社会を手厳しく否定した思想家が、江戸時代に、しかも八戸にいたのである。

◇二宮尊徳の「報徳思想」

二宮尊徳（一七八七～一八五六）も、活動の場は江戸ではなかった。相模国（神奈川県）の裕福な地主の子に生まれた彼は、幼名を金次郎といった。しかし、幼いころに両親を失い、田畑も失うも、叔父に預けられた金次郎は、数年で家計を立て直し、その後、小田原藩（神奈川県）の家老に依頼され、その家政を再建する。そして、天保の改革を進めていた水野忠邦[83]によって登用され、利根川水域の治水や日光神領の

[83]水野忠邦（一七九四～一八五一）　江戸時代後期の大名。浜松六万石を領す。老中となり、天保の改革を進めた。

開拓復旧を命じられている。

経世家・農政家としての尊徳を理解するうえでのキーワードは、農業、天道、人道、報恩、分度《ぶんど》と推譲《すいじょう》である。尊徳は、「農は万業の大本である」といわれるように、すべての職業の土台を農業に見出す。尊徳の弟子たちによって著された『二宮翁夜話《にのみやおうやわ》』にも、家の根元が土台であるように、さまざまな職業の土台、すなわち根元は農業であると書かれている。農業によって作物がつくられ、人がこれを食べることで他のすべての産業は成り立っている、ということである。

しかしながら、尊徳はそうした根元となるものは必ず低く卑しいものとして捨て置かれるという。実際、国家の根本は農民によって成り立っているはずなのに、現実には農民は常に低く卑しい存在として扱われていると指摘する。

とはいえ、農業は季節の移り変わりや雨風といった自然法則（天道）と人々の常日ごろの働き（人道）によって成立するものであるため、農業は人々の絶えざる努力と継続する力によって維持されると説く。

そして、いま自分たちがこうして生きていられるのは、天と地、先祖や親、君主（為政者）のおかげなのだから、その恩には徳をもって報いねばならないという。こうした考え方を「報徳（報恩）思想」という。

では、どのような徳で報いればよいのか。ここで、尊徳は分度と推譲という言葉を挙げる。分度とは、それぞれの経済力にふさわしい生活設計をすることであり、推譲とは、倹約によって生じた余剰を将来のために蓄えたり、余ったものを足りないところへ、人のため、社会のために使うことをいう。自分の将来のために倹約するのは結構だが、それだけでなく、貧しい人や困っている人のためにも役立てなさい、と説くのである。現在の経済学思想に贈与論があるが、尊徳の考え方にはそれと似た考え方が表われている。

第八項

幕末の思想

一般的に、幕末とは黒船来航（一八五三年）から戊辰戦争（一八六九年）までの時代を指す。世界情勢と否応なく直面せざるを得なくなったこの激動の時代に、日本人の思想がどのように展開したのか、歴史的背景を押さえながら見てみたい。まずは、大濱徹也氏の『講談日本通史』をよりどころにして、その概略をたどってみよう。

一七七五年のジェームズ・ワットによる蒸気機関の改良を発端として、イギリスで最初の産業革命がスタートする。端的にいうと、産業革命とは生産過程に歴史上、初めて機械が導入されたことを指す。これに続いて、一七七六年にアメリカ独立宣言発布、一七八九年にフランス革命と、欧米では市民革命が勃発した。さらに、蒸気船の発達によって、世界の海は一気に距離を縮めた。

そうしたなか、一七九二（寛政四）年には日本にロシア使節のラクスマン㊹が来航する。慌てた幕府は、それまでほとんど無関心だった蝦夷地の探査に力を入れ始め、一八〇七（文化四）年には蝦夷地全域を直轄領（天領）として、ロシアの脅威に備え

㊹ラクスマン（一七六六～一八〇三？）　ロシアの陸軍軍人・外交官。ロシア初の遣日使節として根室に来航。その際、大黒屋光太夫ら漂流民の送還を名目にしていた。

た㉕。しかし、蒸気船という画期的な移動手段を手に入れた欧米諸国（とくに英米仏蘭）は、アジア市場への進出といえば聞こえはよいが、その実態はアジア各国の植民地化をもくろんでいた。幕府は、外国からの接触に神経をいらだたせる一方、天明と天保の大飢饉によって国内は困窮していたため、まさに内憂外患《ないゆうがいかん》の状態であった。

このような状況下にあって、長崎の蘭学者志筑《しづき》忠雄（一七六〇〜一八〇六）はオランダ商館付きの医師ケンペルが出版した『日本誌』の一部を訳出し、一八〇一（享和元）年に『鎖国論』を世に出す。『日本誌』のなかでケンペルは、四方を海に囲まれた日本という国は自給自足によって成り立っており、他国との交渉を閉ざしている、と述べている。そうした状況にある日本の体制を歴史上、初めて「鎖国」と訳したのが志筑だった。彼は、他国から日本という国を守るには、鎖国が必要であると訴えたのである。

◇会沢正志斎の『新論』

幕府は、外国の脅威が差し迫ってくるなかで、それまで漠然としか理解していなかった「日本」という国の領土を意識し始めることになる。いったい日本はどんな姿形をしているのか、その確認作業に着手するのである。そうした意識の延長線上に、間宮海峡を発見した探検家間宮林蔵《りんぞう》（一七八〇〜一八四四）の活動や測量家伊能忠敬《いのうただたか》（一

㉕蝦夷地全域の天領化にともない、松前氏は陸奥国梁川（福島県）9000石に移封されたが、一八二一（文政四）年に幕府が方針転換し、再び松前氏に蝦夷地一円の支配を許した。

七四五〜一八一八）による日本全土の測量と日本地図作成（『大日本沿海輿地《よち》全図』）がある。

そして、一八二四（文政七）年、大津浜事件が起こる。これは、水戸藩領の大津浜にイギリス船員が上陸し、地元民から食糧を強奪した事件で、彼ら船員を乗せた船は捕鯨船であった。初め彼らは食糧を購入するつもりだったが、住民に断られたため強奪したという。

この事件に衝撃を受けた水戸藩は、いよいよもって異国の脅威を意識することとなる。そうした意識を背景に書かれたのが、水戸藩士で思想家としても名を知られていた会沢正志斎《せいしさい》（一七八二〜一八六三）の『新論』である。

このなかで、会沢は日本という国は四方を海に囲まれていたおかげで、平安時代に満州族が対馬などに侵攻した「刀伊《とい》の入寇《にゅうこう》」や鎌倉時代の文永・弘安の役（元寇）をしのぐことができたと指摘する。ところが、西洋に蒸気船が登場したいま、四方を海に囲まれている地理的環境が災いし、長大な海岸線のどこからでも日本への侵攻を許してしまう危険な状態になってしまった、と記している。

しかし、対外的に強硬な姿勢を崩さない幕府は、一八二五（文政八）年、いわゆる「異国船打払令」を発する。これによって、日本にやってきた外国船はすべてただちに追い払われることになるのだが、一八三七（天保八）年、救助した日本人漂流民を送り届けにきたアメリカ船にまで砲撃を加え、追い払ってしまった（モリソン号事件）。善意で来訪した外国船に対して、事情を尋ねることなく一方的に攻撃したのである。

◇頼山陽の『日本外史』

そうした幕府の対応に対して、婉曲的ながら批判の声を上げたのが、蘭学者たちのグループ「尚歯会《しょうしかい》」であった。それに対して、幕府は高野長英《たかのちょうえい》（一八〇四〜一八五〇）や渡辺崋山《かざん》（一七九三〜一八四一）といった尚歯会の指導的蘭学者たちに対して弾圧を加えた。これが「蛮社《ばんしゃ》の獄」と呼ばれる言論弾圧事件である。

ところが、一八四二（天保一三）年、アヘン戦争で清がイギリスに大敗北を喫したことが伝わると、幕府は同年、異国船打払令を撤回し、一転して「薪水給与令《しんすいきゅうよれい》」を発した。もし外国船がやってきたら、砲撃を加えるのではなく、蒸気船に必要な薪や水、食糧を与えて、早々にお引き取り願いなさい、というわけである。これ以降、欧米列強の脅威が高まるなか、幕府外交は迷走を続けることになる。

そのような状況は、やがて幕藩体制が宿命的にもっていたある弱点を表面化させていく。それは、日本という国家を代表し得る政権の不在であった。

たしかに、二〇〇年以上続く幕府は実質的な日本政府であり、その頂点に位置する将軍は実質的な日本国王であったが、厳密にいえば、それはあくまで歴史的経緯をふまえた日本国内における体制でしかなかった。日本という国家を代表して諸外国と渡り合う資格が幕府にあるのかといえば、必ずしもそうとはいえなかったのである。なぜなら、幕府、つまり徳川家は「三百諸侯」といわれた大名たちのなかで最大の存在であるにすぎず、幕藩体制とは将軍と諸侯の連合国家だったからである。実際、たとえ一万石ほどの小大名であっても、その領国の支配権は大名にあって、非人道的な施策によって一揆が頻発するなど、領国経営の適格性が疑われるような問題がないかぎり、幕府が各大名家の内政に容喙《ようかい》することはできなかったのである。

したがって、前述の大津浜事件のような場合、異国船に対して日本という国家の統一的な見解が示されるかというと、そうとばかりもいえなかった。幕府や藩のレベルで、それぞれがそれぞれの立場で対応を考えているようでは、諸外国の侮《あなど》りを受け、やがて日本は侵食されてしまうという危機感が醸成されていくのである。そして、日本をどうとらえればよいのか、多くの日本人がわがこととして国家を意識し始めるのである。

そうしたなかで歴史家である頼山陽《らいさんよう》（一七八一〜一八三二）の『日本外史』が注目を集めたのは、ある意味で当然のなりゆきであっただろう。

同書は、南北朝時代の楠木正成《まさしげ》㉖や新田義貞《よしさだ》㉗を理想的な忠臣と位置づけることで、新田氏の子孫を公称する徳川幕府の正統性を論じたものである。そして、徳川幕府と

㉖楠木正成（一二九四?〜一三三六）　南北朝時代の武将。河内の土豪。後醍醐天皇の求めに応じて挙兵し、鎌倉幕府打倒に貢献した。のち、湊川の戦いで足利尊氏に敗れ自刃。正成を大楠公、子の正行を小楠公と呼ぶ。

㉗新田義貞（一三〇〇?〜一三三八）　南北朝時代の武将。後醍醐天皇の挙兵に呼応し、鎌倉を攻略して幕府を滅ぼした。のち、後醍醐天皇と対立した足利尊氏と戦い、敗れた。

足利幕府の違いを強調し、朝廷に対する足利氏の不忠を描いて徳川氏の忠誠を際立たせた。それゆえに、山陽が同書を松平定信に献上した際、大絶賛されている。

ところが、朝廷に対する正成や義貞の忠誠心と正統性を賛美することで足利幕府を否定する論理が、いつしか徳川幕府を否定する論理に転じていった。山陽は、日本の国柄として最も大切にしなければならないものは尊皇・勤王の精神であると説いているのだが、諸外国からの圧力が増し、国家の存亡にかかわる危機意識が読書階級の間で共有されていくなかで、徳川幕府が足利幕府と重なっていったのである。そして、日本という国家の行く末を憂える自分たちの姿が正成や義貞の活躍に投影され、天皇のもとにまとまって日本を守らなければならないという意識が醸成されていく。『日本外史』は、幕府批判の理論書として読み替えられていったわけである(『日本外史』と並んで、尊皇・勤王家たちの理論武装に貢献した書物に徳川光圀が編纂を命じた『大日本史』があるが、これについては後述する)。

◇神国思想と国体

ここで、「国体」と「政体」について確認しておきたい。

「国体」は、明治時代に入ってから強調されるコンセプトで、簡単にいってしまえば「国柄」のことといってよい。日本においては、万世一系の天皇が中心となって統治されてきた、という意味である。一方、「政体」は、たとえば議会制や代議制といったように、国家の政治体制を意味する。したがって、国体（国柄）と政体は異なる概念である。

一九三七（昭和一二）年に文部省が編纂した『国体の本義』によれば、日本の国体とは天皇を中心とした国柄のことであり、神の子孫である天皇が統治する日本は神の国であると強調している。そうした思想の萌芽が、すでに幕末の段階で現われていたわけである。

さて、いよいよ日本外交史における最大の事件の一つであるペリーの来航について見ていこう。

アメリカ大統領の親書を携えて東インド艦隊司令長官マシュー・ペリーが来航したのは、一八五三（嘉永六）年と翌年の二回である。この来航が、いわゆる「棍棒外交《こんぼう》」であったのは明らかで、ペリーは一八五一（嘉永四）年の段階ですでに日本を開国させるための計画書を立案していた。そのなかで、彼は任務遂行のためには四隻の軍艦が必要であり、そのうち三隻は蒸気船がよいとか、オランダが横やりを入れてくる可能性もあるため長崎では交渉を行なわないほうがよい、などというアイデアを披露している。また、彼は清に対して行なったように「恐怖に訴えるほうが、友好に訴えるより多くの利点があるだろう」という認識をもっていたようだ。

そうした周到な計画のもと、ペリーは二回目の来航時に幕府へ三つの手みやげを持ってきた。「電信機」「蒸気機関車の模型」「米墨戦争終結交渉の絵」の三点である。当然、これらは単に物珍しいから献上されたわけではなく、日本に対するメッセージが込められている。つまり、電信機や蒸気機関車をもっている国（アメリカのこと）と戦争をしたら、墨国（メキシコ）のようになるぞ、という恫喝である。

ちなみに、米墨戦争（一八四六～四八）はアメリカの勝利に終わり、メキシコは国土の三分の一を失った。

◇砲艦外交に反発する「大攘夷」と「小攘夷」

ペリーの砲艦外交に屈した幕府は、一八五四（嘉永七）年、日米和親条約を締結して、国家の基本政策を鎖国から開国へ転じた。これを契機に騒ぎだしたのが、水戸藩士をはじめとする攘夷派である。この「攘夷」という言葉は「夷狄《いてき》を撃ち払う」という意味で、「大攘夷」と「小攘夷」に区別されていた。前者は、諸外国と積極的に貿易をし、それによって蓄積した経済力で武装して列強と対抗すべきだとする説で、後者は日本の国土に足を踏み入れる外国人を殺傷すべきであるという直接的な排外思想をいう。

幕末において、いわゆる攘夷派たちに色濃く表われていたのは「小攘夷」であった。

異人が日本の国土に足を踏み入れるということは、神の子孫である天皇が統治する国、つまり神国を穢す行為である、という発想があったためである。そうした考え方から、当時、日本人と外国人との間でさまざまな事件が起こったが、なかでも多くの人々に影響を与えたのが「生麦事件」であった。この事件が、薩摩藩とイギリスとの間に薩英戦争を引き起こすことになる。

薩摩藩を主導した西郷隆盛[88]や大久保利通[89]はイギリスとの間で和議にこぎつけるも、彼らがあらためたのは小攘夷の態度であって、それ以降はむしろ大攘夷の姿勢を一層の確信をもって強めた。イギリスとの戦争を通じて、欧米列強に対抗できるだけの戦力を整備しなければならないと痛感したのである。

とはいえ、西郷や大久保、長州の木戸孝允《たかよし》[90]といった明治維新の指導者たちを除けば、小攘夷の思想に固執する攘夷派は多く、明治時代に入ってもあらためられることはなかった。いまとなっては笑い話のようだが、明治初期、東京に電信柱が立てられ人々の頭上に電線が張りめぐらされると、電線の下を通ると頭が穢れて大和心を失うといって電信柱を切り倒す者もいたという。

いずれにせよ、ペリーの砲艦外交に屈した幕府は日米和親条約を締結して開国したが、そのことによって国内世論は一気に沸騰した[91]。このとき、幕府の弱腰を糾弾する攘夷派たちによって展開された論法が「違勅条約論」である。幕府は、朝廷の許可

[88]西郷隆盛（一八二八〜一八七七）幕末から明治初期の政治家。元薩摩藩士。明治維新最大の功労者となるも、征韓論を主張して政変に敗れて下野。一八七七（明治一〇）年、西南戦争に敗れて自刃した。

[89]大久保利通（一八三〇〜一八七八）幕末から明治初期の政治家。元薩摩藩士。西郷下野後、新政府の実質的指導者として内政の確立をはかるが、不平士族に暗殺された。

[90]木戸孝允（一八三三〜一八七七）幕末から明治初期の政治家。西郷、大久保とともに維新三傑の一人とされる。元長州藩士。

[91]開港地にずる賢い外国人がやってきて、邪（よこしま）な日本の商人たちをたぶらかし、やがて日本を乗っ取るのではないかという「奸民狡夷論」も流布した。

を得ることなく条約を締結してしまったが、そもそも幕府の統治権は朝廷から委任されたものであって、それはあくまで国内問題に限られるため、本来、朝廷が潜在的にもっている権能を幕府が侵した、とする考え方である。つまり、そもそも幕府には外交権がないうえ、鎖国を維持せよという朝廷の意向に逆らったのはけしからん、というわけである。

◎安政の大獄と「公武合体論」

さらに、国学においても、将軍は天皇から政治のいっさいを取り仕切る権限をゆだねられているとする「みよさし論」が唱えられていたが、やはりその権限は国内に限られるというのが定説であった。

しかし、攘夷派からこういった批判を招くにいたったそもそもの原因は、幕府にあった。日米和親条約の交渉過程をわざわざ朝廷に報告してしまったからである。それまでの幕府は、一六一五（慶長二〇）年に公布した「禁中並公家諸法度《きんちゅうならびにくげしょはっと》」によって、朝廷が政治に口をはさむことを厳に戒めてきた。天皇をはじめ、京都の公家たちは歌を詠んだり、蹴鞠をしたりして、伝統芸能の継承に努めるべき存在とされてきたのである。ところが、開国交渉を進めるにあたり攘夷派からの批判を一身に受ける事態を回避しようとした幕府は、朝廷に交渉過程を報告することでその矛先をかわそうとしたのだが、結果として朝廷を政治的存在と認めてしまったのである。

こうしてみずから策に溺れた幕府は、それ以降、あらゆる外交問題について朝廷の許しを得なければ身動きできない状況をつくり上げてしまった。しかしながら、強硬な攘夷派だったとされる孝明天皇以下、朝廷の主流は開国に反対する公家たちであり、砲艦外交によってますます外圧を強める列強との間で、外交交渉の当事者たる幕府は板挟みの苦境に陥っていく。そうしたなか、彦根藩主の井伊直弼《いいなおすけ》（一八一五〜一八六〇）が大老として幕府の実権を握ると、条約締結に反対する攘夷派を一掃してしまう。いわゆる「安政の大獄」である。

このとき、直弼は懐刀といわれた国学者の長野主膳《しゅぜん》（一八一五〜一八六二）に対して、日本の為政者として実にきわどい指示を出している。歴史上、臣下が帝を廃した事実があったかどうかを調査するよう命じたのである。孝明天皇のもとに攘夷派が結集するようなことがないよう、いっそ「玉《ぎょく》（天皇のこと）」を退位させる道を模索したのである。

しかし、大老就任からわずか二年後の一八六〇（安政七）年、直弼は登城中を元水戸藩士たちに襲撃され、命を落としてしまう（桜田門外の変）。その二年後には、主膳も廃帝を企てたとして処刑された。

その後、「公（朝廷）」と「武（幕府）」の一致協力によって難局を打開すべしという「公武合体論」が力を得て、一八六二（文久二）年の和宮降嫁㉜によって朝廷と幕府の融和が図られた。そうしたなかで、新時代にふさわしいあり方として将軍を議長とする合議型の指導体制を幕府側が打ち出し、孝明天皇に近い公家たちも、この動きに同調するようになった。

ところが、一八六七（慶応二）年、孝明天皇が突然、崩御されると、よりどころを失った公武合体派は急速に勢いを衰えさせ、のちの明治天皇を担ぎ上げた岩倉具視《ともみ》（一八二五〜一八八三）を中心とする倒幕派が台頭した。以降、時代の流れは一気に武力倒幕に傾き、新体制でもトップへスライドする道を模索していた一五代将軍慶喜《よしのぶ》（一八三七〜一九一三）は大政奉還に追い込まれ、二六五年続いた幕府は終焉を迎えることとなった。

以上のような時代の推移を背景に、日本人はどのような思想をたどっていったのか、その概要をまとめてみよう。

◇尊皇論の理論的支柱となった水戸学

さて、ここでは幕末の思想として忘れることのできない水戸学を見ておきたい。水戸学は、尊皇論の理論的支柱となった思想である。

水戸学が生まれた水戸藩は、いわゆる御三家の一つで、将軍家の親戚のなかでもと

㉜和宮降嫁　孝明天皇の妹和宮親子（ちかこ）内親王と一四代将軍家茂との婚儀。降嫁に尽力した老中安藤信正は、その後、水戸浪士らに襲撃された（坂下門外の変）。

くに重んじられた家だが、他の二家（尾張藩と紀州藩）より石高は少なく、藩主の官位も低く抑えられていた。その代わり、江戸に近い利点があり、将軍に何かあれば藩主は江戸城に詰め、将軍に代わって指揮をとらねばならなかった。したがって、水戸藩主は江戸定府《じょうふ》（参勤交代を免除されて、江戸に常駐すること）とされ、「副将軍」と異称されている。

そのような事情があったため、水戸藩主は地元在住の家臣たちとの君臣関係が希薄になりがちで、領民とのなじみも薄かった。二代藩主の水戸光圀が『大日本史』の編纂を命じた背景には、歴史書の編纂を通じて家臣たちと精神的・思想的なつながりを維持しようとするねらいもあったと思われる。

光圀は、『大日本史』を編纂するにあたって、ある原理原則にのっとって事業を進めるよう指示した。「尊王論（尊皇論ではない）」を前提とした大義名分論である。

そもそも、尊王論は攘夷論とワンセットで中国の周代（前一〇四六年ごろ～前二五六年）に成立した思想である。周王朝は、殷（前一七世紀ごろ～前一〇四六年）を倒した武王をトップとして、諸侯が臣下の礼を取り、主従関係を形成していた。ところが、春秋時代（前七七〇年～前四〇三年）になると、西方から異民族が侵攻してきた。周では、彼らを「夷」と呼んで、諸侯が一致団結して周王朝を守ろうとした。このとき、周王を尊んで夷から守ろうとした考え方が「尊王論」であり、夷を撃ち払うべきだとする「攘夷論」と一体となったスローガンが「尊王攘夷論」だったのである。

時代が下って宋代（九六〇年〜一二七九年）、北方に金が起こり、宋は金に北部を占領されてしまう。それ以降は南宋と呼ばれるが、そうして王朝が外敵の侵攻に悩まされた状況のなかで朱熹により朱子学が成立し、「大義名分論」が唱えられた。これは、君臣や父子の関係を「名」、君臣や父子がそれぞれに担う役割や義務を「分」といい、それらは五倫五常といった人倫にもとづく価値観、つまり「大義」に従う、という考え方をいう。

君臣関係では臣下が君（王）を尊び、忠誠を尽くす。父子の関係では、子が親に忠実に従う（孝）という道徳概念のことで、朱子学はこうした忠孝の徳を理念に掲げることで社会秩序を維持しようとしたのである。したがって、君臣関係では必然的に尊王論がともない、外敵（金）を撃ち払うという攘夷論も説かれることとなった。

江戸幕府は朱子学を官学としたため、当時の読書階級にとって、大義名分論も尊王攘夷論もよく知られたなじみ深い知識であった。光圀は、古代中国に由来する尊王論と朱子学の大義名分論を『大日本史』の編纂方針の軸に据えたのである。

このような思想に従えば、家臣と藩主の間に忠誠を求める君臣関係が成立する。さらに、それを敷衍《ふえん》させれば将軍と天皇の間にも君臣関係が成立することになる。つまり、家臣→藩主→将軍→天皇のそれぞれの関係において、忠誠を尽くすべき君臣関係が成立し、家臣が藩主に忠誠を尽くすことは、結果として天皇に忠誠を尽くすことにつながるのである⑼。

◇「尊王」と「尊皇」

一六五七（明暦三）年に始まった『大日本史』の編纂事業は、初代神武天皇から一〇〇代後小松天皇までの歴史を編年体形式でまとめたものである。この壮大な事業は、一九〇六（明治三九）年、第三九七巻をもって終了した。編纂事業の大部分は水戸藩の修史局である「彰考館《しょうこうかん》」で行なわれたため、水戸学もまた彰考館を中心に発展することになる。水戸学の前半は水戸藩の儒学者安積澹泊《あさかたんぱく》（一六五六〜一七三八）が担い、後半は藤田幽谷《ゆうこく》（一七七四〜一八二六）と子の東湖《とうこ》（一八〇六〜一八五五）、会沢安《やすし》（正志斎）らが担うことになる。

彰考館の総裁を務めていた藤田幽谷は、経世済民に役立たない儒学をあらため、より実用的な学問・思想を模索していた。また、幽谷は攘夷論を展開するとともに、国体（国柄のこと）の確立についても主張していた。彼の著書である『正名論《せいめいろん》』では、名分論を展開するとともに、朱子学の「上下定分の理」と同様、身分上の上下の差別は天地の差別と同じように、この世の当然の理屈であると説く。「尊王」から「尊皇」へとシフトした尊皇攘夷論を特徴とする水戸学の基礎は、幽谷によって築かれたもの

⑼後醍醐天皇に殉じた忠臣楠木正成に対する「楠公信仰」が、幕末、倒幕の志士たちの精神的原動力となった。

であった。

ちなみに、「尊王論」が唱えられた周代の中国に「皇帝」はいないため（初めて皇帝を名乗るのは秦の始皇帝である）、「尊皇」という表記は天皇を意識した日本発祥のものと考えられているが、幕末の文書でも「尊王」と「尊皇」は混在している。

一方、前述したように会沢正志斎は大津浜事件に衝撃を受けて『新論』を書き上げ（一八二五年）、藩主に献上している。このなかで、彼は国体（国柄）について、日本では「記紀」の時代から天祖である天照大神とその子孫（天皇のこと）による統治が連綿と続いており、万世一系の天皇に統治された国体をもつ日本では、忠孝の精神にもとづく生き方が当たり前なのである、と説いている⑭。

『新論』は幕府をはばかって出版こそされなかったが、多くの志士たちに読まれた。長州の吉田松陰（一八三〇～一八五九）も、その一人である。明治維新後も政治イデオロギーとして広く影響をおよぼした理論書であるため、戦前の軍国主義や天皇礼賛思想の源泉として、戦後はアカデミズムの世界からもマスコミからも完全に黙殺されてきた。しかし、日本ではどのような時代に、どのような思想が登場し、力を得るのか、という歴史的事実だけはしっかりと認識し、その思想的特徴や背景を理解しておくべきではないだろうか。

⑭神武天皇の時代を理想化する「神武天皇信仰」や歴代天皇陵の修復・保存を訴える「御陵修補運動」が、尊皇攘夷論の倒幕論への転換に一役買った。

◇朱子学の正統を自負した佐久間象山

幕末における最大の思想家の一人が、佐久間象山《しょうざん》（一八一一～一八六四）である。信州（長野県）の松代藩士であった象山は、二三歳のときに江戸へやってきて、佐藤一斎（一七七二～一八五九）のもとで朱子学を学んだ。

師の佐藤一斎は美濃国（岐阜県）岩村藩出身の儒学者で、幕府の儒官であった林家《りんけ》の塾頭を務めたが、官学である朱子学だけでなく陽明学も講じていたため、象山は師の陽明学的傾向を厳しく批判した。そして、自身は朱子学の正統中の正統であると自負していた。

やがて、主君の松代藩主が幕府の老中や海防掛に就任すると、象山は海外の諸事情の調査や砲術の研究にのめり込むようになる。その知識欲は旺盛で、西洋砲術を学ぶと、それに飽きたらずにオランダ語を習得して、原書からさまざまな知識を取り込むほどだった。そうした貪欲さがあったからこそ、吉田松陰も彼のもとで兵学などを学んだのである。

象山は、アヘン戦争で清がイギリスに大敗北を喫したことに、たいへんなショックを受けた。そして、敗因を実用性に乏しい「紙上の空論」を特徴とする中国の学問に見出した。ということは、中国の朱子学にもとづく社会秩序と学問的な特徴をもつ日本も、やがて清と同じ運命をたどりかねない。象山は、西洋の進んだ「芸術（砲術や戦艦などの技術のこと)」を積極的に取り入れるべきだと主張した。

しかし、日本人の精神的・道徳的価値観は、従来どおりの朱子学的儒教(朱子学の儒学・儒教解釈)を守る社会秩序と生き方を説く。象山の「東洋道徳・西洋芸術」という考え方は、のちに国民的なスローガンとなる「和魂洋才」の源流であった。だが、攘夷(小攘夷)派からは「西洋かぶれ」と批判され、京都で暗殺されてしまった。

◇吉田松陰と「草莽崛起」

一方、象山の門下生だった吉田松陰は長州藩の藩校明倫館で兵学師範を務めた。驚くべきことに、兵学師範に就任したのは九歳のことである。その後、藩主の温情で九州に遊学し、やがて江戸に出て佐久間象山に師事した。二二歳のとき、東北地方へ旅に出るのだが、藩の許可を得ていなかったため脱藩行為と見なされ、士籍を剥奪されてしまう。ペリーが来航した際には、象山の勧めもあって黒船への乗船を試みたが、失敗して捕らえられ、萩(山口県)に送られ獄につながれた。

のちに許されて自宅で謹慎しているとき、有名な松下村塾を開いて高杉晋作(一八三九~一八六七)や久坂玄瑞《くさかげんずい》(一八四〇~一八六四)など、多数の志士を育てたが、安政の大獄に連座して二九歳の若さで刑死している。

松陰は、外国との交渉に弱腰な幕府に失望し、それに対して表立っては異を唱えない諸藩にも失望して、さらには朝廷の無力さにも失望していた。それゆえに、彼自身が当事者として、隙あらば日本を植民地にしようと外圧を加える欧米列強に対抗するにはどうすればよいかを考えたのである。

そうした考えから、松下村塾に集う若者たちに「草莽崛起《そうもうくっき》」を呼びかけるのである。これは、志をもった在野の人々が立ち上がって大事を成し遂げる、という意味の言葉だ。では、誰のもとに集うのかというと、天皇である。日本は古来、天皇を君主にいただいてきた国柄であるため、天皇のもとに万民が結集して夷狄を追い払うべきだというのである。これが、松陰の「一君万民」の思想である。

第4章

近現代の歴史と思想

近現代の略年表

区分	時代	年	出来事
近世	江戸時代	1854（嘉永７）	日米和親条約締結
近代	明治時代	1868（明治元）	王政復古の大号令
		1877（明治10）	西南戦争
		1894（明治27）	日清戦争
		1904（明治37）	日露戦争
	大正時代	1912（大正元）	大正天皇が即位
		1923（大正12）	関東大震災
	昭和時代	1926（昭和元）	昭和天皇が即位
現代		1945（昭和20）	第二次世界大戦終結
		1946（昭和21）	日本国憲法公布
		1951（昭和26）	サンフランシスコ講和条約締結
		1964（昭和39）	東京オリンピック開催
	平成時代	1989（平成元）	今上天皇が即位

ここからは近現代の思想について見ていきたい。その前に、「近代」と「現代」の時代区分を押さえておこう。

西洋史の観点からすれば、近代はいくつかの要素が整うことによってスタートする。その一つは、「主権国家の成立」である。これは一六四八年のウェストファリア条約によって成立するのだが、それ以後、ヨーロッパの国家観に支配的なタームとなる。また、市民革命による「市民社会の創出」、産業革命を原動力とする「資本主義の成立」、さらにはナポレオン（一七六九〜一八二一）による「国民国家の形成」などが挙げられる。これらの要素をはらんだ一八世紀末から一九世紀初めにかけてのヨーロッパを「近代」の幕開けと理解するのが定説である。

一方、日本の歴史学者の多くは一八世紀末から一九世紀初めにかけてのヨーロッパを「近世」と位置づける。これは、安土桃山時代から江戸時代末までを「近世」としていることと無関係ではないが、いずれにせよ日本では明治維新（一八六八年）から第二次世界大戦終結（一九四五年）までを「近代」とする考え方が主流である。一部には、近代のスタートを開国に踏み切った日米和親条約の締結（一八五四年）に置く説もあるが、その終焉についてはほぼ異論がなく、終戦後から現在までを「現代」と位置づけている。

第一項 幕末・明治時代の歴史

さて、近代のスタートを明治維新に置くスタンスに従って、そのあたりの歴史を概観すると、その直接的な萌芽といえるのは一八六六（慶応二）年の「薩長同盟」であろう。これは、当時の最有力藩だった薩摩藩が、公然と幕府に叛旗を翻していた長州藩と結んだ攻守同盟を指す。

この同盟によって時代の流れは一気に倒幕へと向かっていくのだが、そうした動きを察知できなかった幕府は同年、諸藩に命令して長州征伐に乗り出した（第二次長州征伐）。ところが、すでに長州藩と攻守同盟を結んでいた薩摩藩が参戦を拒否したこともあって幕府軍の士気は上がらず、幕府軍は各地で連戦連敗を喫した。さらに、一四代将軍家茂が急死する事態にいたって、幕府軍は将軍の葬儀を理由に兵を退き、幕府の権威は失墜するのである。

そのような状況のなかで将軍職を継いだのが、御三卿の一つである一橋家を継いでいた水戸藩出身の徳川慶喜である。しかし、薩長同盟を軸とする倒幕派は朝廷を掌握し、さらに薩摩藩との親密な関係からイギリスも彼らを後援する姿勢を見せ始めた。そのとき、「朝廷に政権を返上してしまってはどうか」と慶喜に提案したのが、前土佐藩主の山内容堂《やまのうちようどう》（一八二七〜一八七二）である。一八六七（慶応三）年、その献策を受け入れた慶喜は朝廷に大政を奉還した。

戦って敗れたわけでも、決定的な窮地に陥ったわけでもないのに、敵対する勢力にみずから政権を譲り渡すという行為は、一見、戦意喪失による無条件降伏のようだが、容堂の献策を受け入れた慶喜には、ある思惑があった。二〇〇年以上にわたって政治とは無関係に生きてきた朝廷には行政経験がなく、自前の軍事力もない。政権を返上されて困るのは朝廷のほうで、そのうち経験豊富な幕府に助けを求めてくるに違いない、という読みがあったのだ。そうした状況に追い込めば、幕府は看板をつけ替えるだけで体制を温存したまま、新時代も引き続いて主導権をにぎることができる、と考えたのである。

ところが、薩摩藩と長州藩を主力とする倒幕派は、あくまで幕府を倒したうえで新体制をつくろうとしていた。慶喜の大政奉還によって一時的に倒幕の名目を失ったものの、倒幕派は「王政復古の大号令」を発して、新政府の基本方針を公表した。これは、幕府や摂関政治を完全に否定し、天皇が直接統治（親政）を行なっていた神武創業の精神に立ち返ろう（復古）という宣言で、新政府首脳として新たに総裁・議定《ぎじょう》・

参与という三職を置くことにしたのである。この三職のなかに、慶喜の名はなかった。

◎なぜ慶喜は恭順に徹したのか

倒幕派で構成された三職が京都御所に集められ、初めて行なわれた会議（小御所会議）では、慶喜の辞職と徳川家の領地没収が決められた（辞官納地）。この決定に憤慨した旧幕府側は、やがて大坂城に駐屯していた兵を京都に向かわせて抗議するが、武力による倒幕の機会をうかがっていた倒幕派も兵を進め、京都南郊においてついに両者が衝突する。こうして始まったのが、鳥羽伏見の戦いである。

このとき、倒幕派（新政府側）は天皇が朝敵を討伐する将軍に授けるとされる「錦の御旗」を掲げて官軍を称し、旧幕府軍を賊軍と規定した。これは、水戸出身の慶喜が最も恐れていたことであった。水戸学が「逆賊」として否定した足利尊氏と同じ汚名を残すことになるからである。

そうした事態だけはなんとしても避けるため恭順に徹することを決意した慶喜は、鳥羽伏見で官軍と戦う旧幕府軍を置き去りにして江戸へ逃げ帰り、さらに故郷の水戸へ退いて謹慎した。しかし、あくまで慶喜を討伐することによって新時代の到来を印象づけたい新政府軍は、鳥羽伏見の戦いに勝利したあと、江戸に向けて進軍する。そして、江戸総攻撃の準備を整えるが、その寸前で慶喜の代理人勝海舟①と官軍の実質

①勝海舟（一八二三～一八九九）幕末から明治初期の幕臣・政治家。蘭学・兵学を学び、一八六〇（万延元）年、幕府使節とともに咸臨丸で渡米。幕府海軍の育成に尽力した。維新後は新政府に仕えた。伯爵。

的な司令官だった西郷隆盛が話し合い、江戸無血開城を実現した。

結局、慶喜は助命されたものの、その後も旧幕府側勢力を一掃するための戦争は続き（戊辰戦争）、そうしたなかで新政府は「五箇条の御誓文」を示した。これは、明治天皇が天神地祇に誓うという体裁の条文で、新体制ではさまざまな問題を会議によって決めていくことや天皇を中心とする国にしていくことなどが打ち出された。

さらに、その翌日には「五榜の掲示」を全国の高札場《こうさつば》②に掲示した。これは、「五箇条の御誓文」が公家や大名に向けて示されたのに対して、すべての国民を対象に示されたものだが、その内容は幕府時代の政策を継承するもので、キリスト教を禁教と位置づけ、信者を見つけて密告すれば褒賞を与えるなどと書かれている。

一般の庶民に対しては前時代の継承を布告して混乱を防ぐ一方、新政府は社会体制の変革に取り組んだ。その柱となったのが「版籍奉還」と「廃藩置県」である。

②高札場　高札を掲げておく場所。高札は、法令などを記した板のことで、法令を民衆に周知させる手段として江戸時代に制度化された。一八七四（明治七）年に廃止。

◇一君万民思想と国軍の整備

一八六九（明治二）年の版籍奉還は、全国の藩主がその領地（版図）と領民（戸籍）の支配権を朝廷に返還するというもので、このことにより中央集権体制の基礎が固まった。しかしながら、版籍奉還後も旧藩主のほとんどが新政府から世襲の「知藩事」に任命されて、引き続き各藩に君臨したため、その実情はほぼ幕藩体制のころと変わることがなかったのである。

そうした状況を一気に転換させたのが、一八七一（明治四）年に断行された廃藩置県である。これは、従来の藩を廃して代わりに府や県を設置するという施策だが、単に呼称を変えただけでなく、知藩事に代わって新政府が新たに任命した県令を各地に派遣したところに大きな意味があった。つまり、世襲の領主が罷免され、彼らの代わりに官僚が統治することによって、中央政府が全国を直接、一元的に支配する体制にあらたまったのである。以降、失職した知藩事（旧藩主）たちは東京への移住を命じられ、新たに設けられた身分制度によって「華族」③に列せられた。

このとき、一君万民の思想にもとづく「四民平等」をスローガンにした新政府は、従来のいわゆる士農工商をあらためて、農工商を「平民」としたが、問題は藩の消滅とともに失職した武士たちの扱いだった。そこで、旧幕臣や各藩の武士たちを「士族」、下級武士を「卒族《そつぞく》」として遇し、国家から秩禄《ちつろく》という俸給を受け取る身分にしたが、財政基盤の弱い新政府に彼らを養い続ける経済的余裕はなかった。一八七六（明治九）年には秩禄の支給が廃止され、旧武士たちは没落していくことになる。

旧時代の国防と治安維持を担った武士階級の没落にともなって、新たに整備されたのが国軍である。まず、その地ならしとして、一八六九（明治二）年、新政府（太政官）に兵部省が設置され、一八七二（明治五）年には兵部省が廃止されて陸軍省と海

③華族　一八六九（明治二）年に旧公家・大名の呼称として定められ、一八八四（明治一七）年の華族令で制定された世襲の社会的身分のこと。旧公家・大名のほか、国家に勲功のあった者も加えられ、公侯伯子男の五等爵が設けられた。

軍省が新設された。そうして国軍の組織と形式が整ったところで、同年、明治天皇の名で「徴兵告諭《ちょうへいこくゆ》」が発せられた。

この徴兵告諭は、「古代の兵制では、人々がみな兵士になった」という。時代がくだると世襲の武士階級がその役割を担ったが、明治維新によって四民平等が実現し、武士も農民も身分の差がなくなった。すべての国民は、心身ともに尽くして国家に報いねばならない。つまり、国費にあてられる税を通じて国家に貢献せよと説き、西洋ではこれを血税と称しているとして「生き血をもって国に報いることに由来する」と告諭した。

この「血税」という言葉が、一部の人々を刺激した。文字どおりに血液を税として納めることになると誤解して、「徴兵者の生き血で毛布を赤く染めるらしい」とか「妊婦や子どもの血で薬をつくるようだ」といった根拠のない噂が全国に広がり、暴動が起こるのである。これを「血税一揆」といった。

さらに、翌一八七三(明治六)年に「徴兵令」が発布されると、新政府に対するさまざまな憤懣と相俟って、血税一揆は各地に広まっていく④。

この徴兵令は、元長州藩士で維新後、兵部大輔に就任した大村益次郎(一八二四〜一八六九)が発案し、彼が暗殺されたのちは山県有朋《やまがたありとも》(一八三八〜一九二二)が推進したもので、すべての国民を兵とする「国民皆兵《こくみんかいへい》」を説いた徴兵告諭にもとづき、満

④三重、福岡、岡山、広島、京都など、一四件の血税一揆が起こった。

二〇歳に達した男子に三年間の兵役を義務づける制度であった。だが、当初は戸主（家長）を頂点とする家制度を重視していたこともあって、徴兵を免除する条件がいくつか設定されていた。

たとえば、家長やその跡継ぎである長男は免除されたほか、高等教育を受けた学生や役人、高額納税者などもその対象とされていた（のちには免除の範囲が狭められていく）。跡継ぎのいない家と養子縁組をすることで徴兵を逃れる者も、少なくなかったという。

こうした諸制度改革と並行して、明治新政府は経済の近代化も推し進めている。まず着手したのは、土地制度とそれにともなう税制の近代化であった。

◇石高制から新たな土地税制へ

江戸時代、土地の価値は「石盛《こくもり》」で決まっていた。石盛とは、田や畑であろうが、屋敷地であろうが、その土地でコメをつくった場合、どれくらいの収穫量があるかという見積り上の生産量のことである。実際にはコメ以外の作物を栽培していても、それを石盛によってコメの生産量に換算し、総収穫量を石高で表わしていたのである。その多寡を基準とする社会体制を「石高制」という。農民の税負担も、この石高に応じた年貢というかたちで支払われていた。

ところが、豊臣秀吉の太閤検地以来、社会の基本原理であったこの石高制を廃止して、まったく新しい土地税制を確立しようとしたのが、一八七三（明治六）年に新政府によって着手された「地租改正」である。地租とは、土地にかかる税のことをいう。

これにともなって、課税額の基準は石高ではなく、その土地の価値を金額で表わした「地価」に応じて支払われることになった。また、納税法もコメで支払う物納（年貢）から現金で支払う金納に変わり、土地の売買も認められるようになった。実は、一六四三（寛永二〇）年に発布された「田畑永代売買禁止令」によって、少なくとも建前としては、田畑の売買は禁止されていたのである。そのほか、江戸時代にはその土地で何を栽培するかが決められていたが、これ以降、そうした制限はなくなった⑤。

⑤当初、地租は旧幕府と同レベルの三パーセントに設定されたが、毎年、一定額が課税されるため結果として税負担が増し、各地で地租改正反対の一揆が頻発した。治安の悪化を懸念した新政府は一八七七（明治一〇）年に二・五パーセントに引き下げ、一揆の収束をはかった。

◇「新貨条例」と殖産興業

さらに、新政府は通貨・貨幣制度の改革も進めた。

江戸時代を通じて、幕府や諸藩のような財政基盤をもたなかった朝廷を母体とする新政府は、ほとんどお金がないなかでスタートせざるを得なかった。そのうえ、戊辰戦争の戦費が重くのしかかり、財政は当初から破綻の危機に直面していた。そこで、新政府はまず一八六八（慶応四）年に史上初の全国通用紙幣である「太政官札」、翌年には太政官札を補完する目的で「民部省札」を発行し、資金不足を補おうとしたのである。

ところが、これらはいずれも「不換紙幣《ふかんしへい》」だった。不換紙幣とは、たとえば一円札を発行元に持ち込んでも一円分の金（ゴールド）と交換することができない紙幣のことをいう。一方、一円札を持ち込めば一円分の金（ゴールド）と交換できる紙幣は「兌換紙幣《だかんしへい》」である。ちなみに、通貨単位が「円」になるのは、一八七一（明治四）年の「新貨条例」以降である。

たとえ不換紙幣でも、政府や中央銀行に信用があれば問題はないのだが（現在、日本に流通しているのは不換紙幣である）、そのころの新政府は樹立された直後で、幕府に代わる中央政府として国民から信用されていなかった。そのため、太政官札も民部省札も国民からは敬遠され、そのうち技術的な未熟さもあって偽札が出回るようになり、結局、流通が滞ってしまった。

そこで、新政府は新貨条例によって「金本位制」に踏み切った。兌換紙幣を発行したのである。ところが、新政府には十分な金（ゴールド）が準備されていなかったうえ、もともと大坂を中心とする経済圏では主に銀貨が使われていたこともあって、紙幣と銀貨との交換も認めることとなった。したがって、実態は「金銀複本位制」だったのである⑥。

その後も、一八七七（明治一〇）年に起こった西南戦争の戦費などが負担となり、

⑥金本位制が正式に採用されたのは、一八七八（明治一一）年である。

新政府の財政はなかなか安定しなかったが、一時的に銀本位制に移行するなどの紆余曲折を経て、一八九七（明治三〇）年、ようやく金本位制が確立された。これは、日清戦争（一八九四〜九五）の賠償金などで、潤沢な金（ゴールド）が準備できたことによる。

以上のように、土地制度や貨幣制度の近代化を進めながら、新政府はいわゆる殖産興業に取り組んだ。その司令塔となったのが、一八七〇（明治三）年に設置された工部省である。一八七二（明治五）年には日本初の鉄道が新橋駅（東京都）と横浜駅（神奈川県）間で営業を開始したほか、同年、同じく日本初の機械製糸工場「富岡製糸場」（群馬県）が操業を開始した。また、民間事業としては一八六九（明治二）年に元土佐藩士らによって海運業「九十九《つくも》商会」が設立され、やがてその経営を担った岩崎弥太郎⑦によって三菱財閥へと発展していく。

◎北海道におけるアメリカ式近代農業経営

このような流れの一方で、新政府は北海道において大規模なアメリカ式農業経営を実践している。もっとも、幕末以来、ロシアとの緊張関係が続いていた明治初期の北海道では、農業開拓とともに国境警備も喫緊の課題と認識されており、新政府はわざわざ太政官直属の役所として一八六九（明治二）年に「開拓使」を設置して、その統

⑦岩崎弥太郎（一八三五〜一八八五） 明治初期の実業家。元土佐藩士。新政府の大隈重信の保護のもと、海運業で独占的地位を築いた。

治に力を入れた。その尖兵となったのが、一八七四（明治七）年から一九〇四（明治三七）年に廃止されるまで北海道の開拓と警備にあたった「屯田兵《とんでんへい》」である。

そして、北海道における近代的農業経営のプランナーとなったのが、開拓使顧問としてアメリカから招聘されたケプロン（一八〇四～一八八五）であった。「少年よ、大志を抱け」で有名なクラーク博士が赴任した札幌農学校も、ケプロンの発案で設立されている。

彼ら「お雇い外国人」の貢献もあって、北海道の開拓事業は着々と成果を上げつつあったが、そうした雰囲気に水を差す事件が起こってしまう。一八八一（明治一四）年の「開拓使官有物払い下げ事件」である。これは、開拓使の発足以来、莫大な予算を投じて築き上げてきた鉱山や農園といった官有設備をただ同然で民間に払い下げようとした計画が、世論の激しい非難を受けて頓挫した事件である。開拓長官であった黒田清隆⑧も、払い下げ先の関西貿易商会を経営する五代友厚（一八三六～一八八五）も、ともに薩摩藩出身だったことから、薩摩閥による政府の私物化であるとして問題視されたのだ。

結局、新聞ジャーナリズムだけでなく政府内からも批判の声が上がって払い下げは中止されるのだが、この事件は思わぬ展開を見せた。議会の開設や憲法の制定を求める自由民権運動と政府内の主導権争いに飛び火して、新政府で参議の重職にあった大

⑧黒田清隆（一八四〇～一九〇〇）明治初期の政治家。元薩摩藩士。第二代内閣総理大臣。伯爵。

隈重信（一八三八～一九二二）が突如、罷免されたのである。それにともない、大隈派の官僚たちも下野し、一〇年後の国会開設などが決定した。この一連の政変を「明治一四年の政変」という。

◇植木枝盛の「東洋大日本国国憲按」

一八七四（明治七）年の「民撰議院設立建白書」提出をきっかけにして始まった自由民権運動は、「天賦人権論《てんぷじんけんろん》」にもとづき、藩閥専制政治の打破を掲げた政治運動である。議会の開設や憲法の制定を求める運動は、やがて地租の軽減にも取り組み始めることで全国的に支持を拡大していった。そうしたなかで、独自に起草・検討したさまざまな憲法私案（私擬憲法）が議論されていく。有名なものに、土佐藩出身の思想家植木枝盛《うえきえもり》（一八五七～一八九二）が発表した「東洋大日本国国憲按《こくけんあん》」がある。そのポイントは、①権限の強い一院制の議会をつくること、②人権を保障すること、③抵抗権⑨と革命権を規定すること、の三点で、急進的な内容が特徴とされている。

そうした政治運動の広がりを背景に、一八八二（明治一五）年、憲法調査を命じられた参議の伊藤博文⑩はヨーロッパに渡って憲法学者たちに学び、帰国後、ブレーンたちと憲法草案の作成に取り組んだ。そして、一八八九（明治二二）年に発布されたのが、アジア初の近代憲法として知られる「大日本帝国憲法（明治憲法）」である。

⑨抵抗権　国家権力の不当な行使に対して抵抗する国民の権利。イギリスの哲学者ジョン・ロック（一六三二～一七〇四）により提唱され、アメリカ独立戦争やフランス革命の理論的根拠となった。

⑩伊藤博文（一八四一～一九〇九）明治期の政治家。元長州藩士。大久保利通亡きあと、新政府を主導した。初代内閣総理大臣、初代枢密院議長など、重職を歴任。また立憲政友会を結成して政党政治の発展に尽力したが、韓国人に暗殺された。

憲法の作成にあたって伊藤らがモデルとしたのは、プロシア型立憲君主制と呼ばれるものだった。ヨーロッパ諸国のなかでもプロシア⑪の憲法をモデルとしたのは、同憲法が君主権を強く規定していたため、天皇を中心とする国家体制の強化をめざしていた日本の国情に最もふさわしいと考えられたからだ。ちなみに、立憲君主制とは君主（日本では天皇）が憲法にのっとって国を治める体制のことである。

◇明治憲法を特徴づけた天皇大権

ここで、明治憲法の特色を詳しく見ておこう。

国家のあり方を最終的に決定する権限を「主権」という。明治憲法では、国家元首であり「統治権を総攬《そうらん》」すると定められた天皇が主権をもっていた。明治憲法でいう統治権とは、立法・行政・司法のすべてを含む概念である。

主権者である天皇の権限は広く、強いものだった。その権限は天皇大権と呼ばれるもので、「国務大権」「統帥《とうすい》大権」「皇室大権」を指す。

国務大権とは、立法・行政・司法に関する権限のことである。その権限は内政から外交にまでおよび、緊急勅令大権・独立命令大権・非常大権などがある。緊急勅令というのは、議会の閉会中に緊急の必要がある場合、天皇が発する命令のことで、法律と同じ効力をもつ。独立命令は、法律と関係なく命令を発することで、議会を通過す

⑪プロシア　北東ヨーロッパの地名。ドイツ語ではプロイセン。プロイセン王国は、ドイツ帝国の中核をなした。

る必要はないとされた。非常大権は、実際には一回も行使されたことがない権限だが、「臣民」の権利を停止することができる権能のことである。

次に、統帥大権とは、陸海軍を指揮する権限のことである。議会も内閣も、これに異を唱えることはもちろん、かかわることさえできなかった。この規定が、のちに軍部に悪用され、その暴走を許すことになる。

■ 明治憲法下の天皇大権

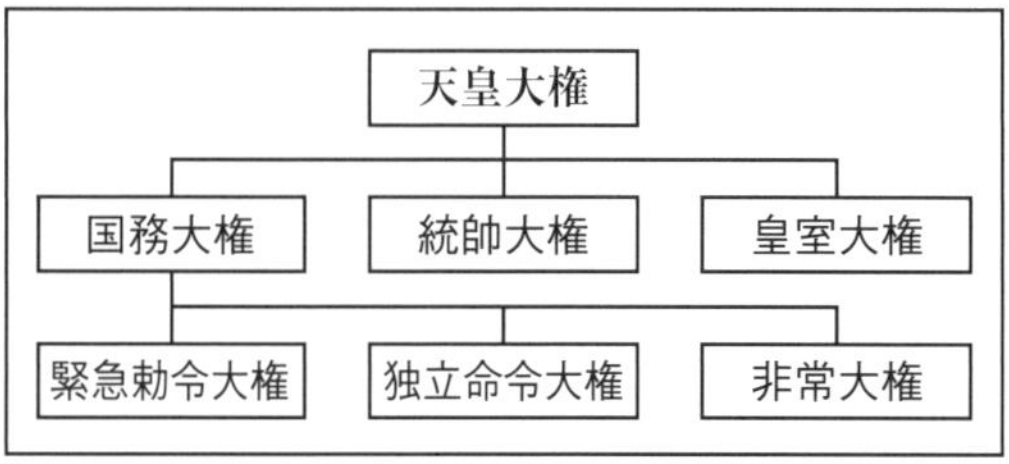

そして、皇室に関する諸々の規定をまとめたものを「皇室典範」というが、その改正についても議会は口をはさむことができなかった。皇室典範を自由に改正できる権限を皇室大権という。
明治憲法下において、議会は「帝国議会」と呼ばれ、天皇の協賛機関と位置づけられていた。協賛とは、同意ということである。したがって、帝国議会は立法権をもっていた天皇に同意する機関にすぎなかったことになる。
また、内閣については、そもそも明治憲法には規定がなかった。「国務大臣が天皇を補弼《ほひつ》する」とあるだけで、内閣も内閣総理大臣も条文ではふれられていなかったのである。現行憲法の感覚では、国務大臣によって構成されている機関は内閣だから、内閣が天皇を補弼すると規定されてもよさそうなものだが、そうした条文はない。

では、裁判所はどのように規定されていたのだろうか。明治憲法では、司法権が天皇に属すると規定されていたため、裁判所は天皇に代わって司法権を行使することになる。つまり、司法権の代行機関にすぎなかったのだ。裁判所には現行憲法のような違憲法令審査権もなく、ただ天皇の名において裁判を行なう機関であった。

しかし、裁判はあくまで公正でなければならない。その意味で、司法権は立法権や行政権から独立していなければならず、他からの干渉を受けないという「司法権の独立」という精神は、明治憲法にも存在していた。そのことを証明するのが「大津事件」⑫である。

◇法律上、制限を受けていた「臣民」の権利

一方、明治憲法下の「臣民」は、どのように位置づけられていたのか。臣民とは、天皇・皇族以外のすべての日本人（日本国民）を指す。その権利は、天皇から恩恵的に与えられたものとされていた。そこには、生まれながらに具わっている人権という発想はなかった。しかも、「法律の範囲内で」というただし書きが付されていることから、臣民の権利は法律によって制限されたり、場合によっては奪われることもある

⑫大津事件　一八九一（明治二四）年、訪日したロシア皇太子（のちのニコライ二世）が警備担当の巡査に斬りつけられ、負傷した事件。外務・内務両大臣を辞任させた政府は、外交上の配慮から裁判所に犯人の死刑を求めたが、大審院長（現在の最高裁判所長官）の児島惟謙は担当裁判官に公正な判決を下すよう指示し、刑法の規定に従って無期徒刑（無期懲役）を判決した。

ことになっていた。このような制限を「法律の留保」という。

臣民の権利としては、住居・移転の自由や人身の自由、所有権の不可侵、信教の自由、表現の自由、裁判を受ける権利、請願権などがあった。内容的には、現行憲法で保障されている基本的人権とほとんど変わりはないものの、信教の自由と裁判を受ける権利以外には、「法律の留保」の制限がつけられている。つまり、法律によっては住居・移転が自由にならなかったり、人身の自由が奪われたりする可能性もあったわけである。

◇朝鮮半島をめぐる大国の思惑

続いて、明治時代の外交について見てみよう。

日本にとって、いつも悩みの種はお隣の朝鮮半島（李氏朝鮮）にあったといっていい。あまりに距離が近いため、ここにロシアが勢力を伸ばしてこられると、国防上、困るわけだ。だが、中国・清《しん》も李氏朝鮮を属国と位置づけていたため、日本と清との関係が緊迫してきた。李氏朝鮮政府も一枚岩ではなく、親清国派の事大《じだい》党と親日派の独立党が対立していた。

日本としては、独立党と仲よくして朝鮮半島に日本の傀儡《かいらい》政権をつくろうとしたのだが、一八八四年に独立党が起こしたクーデターが清によって鎮圧されてしまい、失敗に終わる。これが「甲申事変《こうしんじへん》」である。結果として、日本は李氏朝鮮とのパイプを失うことになった。

ところが、それ以降も清の支配下に入った李氏朝鮮からは、朝鮮半島で穫れる穀物が日本へ流れ込んでいた。そうしたなかで朝鮮半島に飢饉が起こったため、李氏朝鮮政府は穀物の輸出を禁止してしまった（防穀令《ぼうこくれい》）。これに腹を立てた日本の商人たちは、こぞって朝鮮政府に圧力をかけ、屈服させてしまう。これが防穀令事件である。

日本からの圧力に対して、朝鮮半島では農民たちが立ち上がり、一八九四年には東学党の乱（甲午《こうご》農民戦争）が発生した。農民による大反乱は、やがて反政府運動へと拡大し、朝鮮半島は内戦状態に陥る。

◇日清戦争と日露戦争

朝鮮半島の内戦状態は、日本と清にとって、同国へ介入する口実となった。両国は朝鮮半島に軍隊を派遣したが、甲午農民戦争そのものは間もなく鎮圧されてしまった。両国は軍隊を駐留させる口実を失った両国は、そこでにらみ合う。そこで、日本は清に対して、両国が共同して朝鮮半島の独立を援助しようと提案するのだが、清は「まず日本が撤兵せよ」と主張して、その提案を拒否した。やがて、日清両国は朝鮮半島西岸沖で衝突（豊島沖海戦）。この豊島沖海戦をきっかけに、日清戦争（一八九四年）が始まるのである。欧米諸国が「眠れる獅子」とひそかに恐れた清の勝利が予想されたが、予想に反して日本は清が誇る北洋艦隊を壊滅させ、清に圧勝した。

ところが、日本の勝利によって清の弱体化が露呈すると、清を蚕食するチャンスをうかがっていたロシア、ドイツ、フランスが日清戦争後、清が日本に割譲した領土の返還を勧告してくる。いわゆる「三国干渉」である。日清戦争で疲弊した日本に三国干渉を跳ね返す余力はなく、日本が割譲されるはずだった領土を放棄すると、ロシアは南下政策を打ち出した。満州や朝鮮半島への野心を露わにし始めたのである⑬。

危機を感じた日本は、ロシアが満州に進駐することを認める代わり、朝鮮半島における日本の権益を認めさせるべくロシアに提案する。これが「満韓交換論」である。しかし、ロシアは日本の提案を適当にあしらっただけでなく、朝鮮半島を南北に分断し、北側を非武装中立地帯として南側においてのみ日本の権益を認めるとの方針を示した。これは、事実上、朝鮮半島がロシアの影響下に入ることを意味していた。

こうした状況を受けて、清に利権をもち、ロシアを牽制したいイギリスと日本との思惑が一致し、一九〇二（明治三五）年、日英同盟が締結され、日本はロシアとの決戦に向けて外交の舵を切ることになる。その後、日本がロシアとの国交断絶を決断し、日露戦争が始まるのは、一九〇四（明治三七）年のことである。

このとき、日本国内では内村鑑三（一八六一～一九三〇）や幸徳秋水《こうとくしゅうすい》（一八七一～

⑬日本に放棄させた遼東半島にはロシアが進出し、旅順・大連を租借して勢力を拡大した。

一九一一）といった思想家たちが、それぞれの立場から非戦論を唱えたものの、三国干渉以来、「臥薪嘗胆《がしんしょうたん》」⑭をスローガンにロシアへの反発を抑えてきた大多数の国民は、開戦に慎重な政府の弱腰を非難するほど激しい主戦論だった。

日清戦争と同様、日露戦争も苦戦を予想された日本が連勝を重ねて優勢を維持し、陸軍は乃木希典《まれすけ》（一八四九〜一九一二）による旅順攻略戦と大山巌《いわお》（一八四二〜一九一六）が指揮した奉天会戦に勝利して、優勢を決定づけた。海軍も東郷平八郎（一八四八〜一九三四）率いる連合艦隊が日本海海戦でバルチック艦隊を撃破して、日本の勝利を確定させた⑮。

日露戦争の勝利によってロシアから南樺太を割譲され、一九〇五（明治三八）年には第二次日韓協約により朝鮮半島の実質的な統治権を獲得するなど、国土と権益は拡大したが、その後は伊藤博文暗殺（一九〇九年）、日韓併合（一九一〇年）、大逆事件（同年）など、社会不安をあおるような出来事が続き、一九一二（明治四五）年には明治天皇が崩御して、一つの時代が終わった。

⑭臥薪嘗胆　復讐を誓って努力を重ねること。戦いに敗れた王が薪の上に臥（ふ）し、苦い胆（きも）を嘗めて復讐を誓ったとされる古代中国の故事に由来する。

⑮アメリカの仲介でポーツマス条約を締結して日露講和が成立したが、賠償金は獲得できなかったため、日清戦争の九倍（一八億円）にものぼる戦費をイギリスやアメリカからの借金でまかなった財政は、以後、借金漬けになった。また、日露戦争後は鉄鉱石や機械などの輸入が拡大したため、貿易赤字に転落した。

第二項 大正時代の歴史

続く大正時代は、大正天皇の在位期間がわずか一五年という短い時代だったが、無事平穏にすぎたわけではない。むしろ多事多難といってよいかもしれず、明治天皇の崩御から一か月半後、その大葬が行なわれた日に日露戦争の英雄乃木希典が殉死した。その衝撃による動揺のなか、大正時代は幕を開けたのである。

ちょうど同じ年、中国大陸では三〇〇年近く続いた清王朝が倒れて中華民国が成立した。翌一九一三年には、アメリカのカリフォルニア州で、いわゆる「排日土地法」が成立する。これは、土地所有などを禁止することによって、事実上、日系移民を閉め出そうとする法律であったため、これ以降、日米の国民感情にしこりを残すことになる。その背景にあったのが、白人国家においてわき上がった黄色人種を脅威と見なす「黄禍論《こうかろん》」である。

そうしたなかで、一九一四（大正三）年、サラエボ事件を契機として第一次世界大戦が始まった。イギリスが参戦すると、日本も日英同盟によってドイツに対して宣戦を布告し、連合国の一員としてアジアにおけるドイツの拠点などを攻撃した。翌年、中国大陸でドイツが保持してきた権益の継承などを中華民国の袁世凱《えんせいがい》に認めさせようとして突きつけたのが、「対華二一か条の要求」である。この一件は、日本が帝国主義的な手法で大陸へ進出する第一歩となったとされている⑯。

◇大正デモクラシーと関東大震災

一方、そのころの国内では普通選挙制度を求める社会運動や米騒動（一九一八年）など、自由主義的な社会運動をともなった思想が広く国民の支持を集めるようになった。そうした風潮を「大正デモクラシー」という。東京帝国大学の吉野作造⑰が提唱した「民本主義」や同じく東京帝国大学の美濃部達吉《みのべたつきち》⑱が発表した「天皇機関説」が、その代表的な言説として注目されている。

そのようななか、一九二三（大正一二）年に関東大震災が起こる。首都東京を直撃したこの大地震によって、一九〇万人が被災し、一〇万人以上が死亡した。第一次世界大戦後の不況に苦しんでいた日本経済は大打撃を受け、長い景気の低迷から脱することができないまま、やがて昭和初期の経済恐慌に突入することになる。

⑯その後、一九一七年にはロシア革命が起こり、その翌年、日本はアメリカやイギリスとともにシベリアへ出兵して革命を牽制するが、他の連合国の撤兵後も日本のみが駐留を続けたため領土的野心を疑われ、一九二二年になってようやく兵を退いた。

⑰吉野作造　三六九ページ参照。

⑱美濃部達吉　三七二ページ参照。

第三項 昭和時代の歴史

大正時代は一五年と短かったが、続く昭和という元号は日本の歴史上、最も長く続くことになる。もっとも、昭和元年と昭和六四年はそれぞれ七日間ずつしかなかったため、実際の長さは六二年と一四日である。

さて、七日間しかなかった昭和元年が終わり、一九二七（昭和二）年が始まると、三月には金融恐慌が発生した。このとき、大蔵大臣の高橋是清《これきよ》（一八五四〜一九三六）が片面だけを印刷した紙幣を大量に発行するなど機転をきかした対策が奏功し、いったんはおさまったものの、一九二九（昭和四）年には世界恐慌が始まり、翌年から一九三一（昭和六）年にいたるまで、日本経済は危機的な状況に直面した。

そうした経済不安を背景にして、軍部の急進派や右翼団体が社会変革を標榜し、さまざまなテロリズムを引き起こすことになる。そのなかでも社会に大きな影響をおよぼしたのが、「五・一五事件」⑲と「二・二六事件」⑳である。

国内ではテロリズムが横行する一方、海外では東アジアにおける権益の拡大を主張

⑲五・一五事件　一九三二（昭和七）年五月一五日に海軍の将校たちが総理大臣官邸を襲撃し、内閣総理大臣の犬養毅を殺害した事件。

⑳二・二六事件　一九三六（昭和一一）年二月二六日に起こったクーデター未遂事件。決起した陸軍将校たちによって総理大臣官邸や新聞社、警視庁などが襲撃され、高橋是清大蔵大臣や内大臣の斎藤実（一八五八〜一九三六）らが殺害された。このとき、陸軍将校たちが標榜していたのは、政争を繰り返す政党政治や国策を誤る重臣たちを排除し、天皇親政を実現して、明治維新を成し遂げた精神の復興をはかる、というもので、そうした意味を込めて「昭和維新」をスローガンに掲げている。

する軍部の行動によって、外国との間にさまざまな軋轢が引き起こされていく。その典型が、一九三一（昭和六）年の柳条湖事件に端を発した満州事変である。この一連の軍事行動は、関東軍による独断で引き起こされたとされており、明治憲法における統帥権の規定を悪用した軍部の暴走ぶりを象徴する事件として、のちに厳しく非難された。

この満州事変によって満州全土を制圧すると、関東軍の主導のもと、翌年には清王朝最後の皇帝であった溥儀《ふぎ》（一九〇六～一九六七）を執政に迎えて満州国を建国する。これに対して、中華民国は満州事変の国際法違反を国際連盟に提起し、国際連盟はイギリスのリットン卿を団長とする調査団を満州国に派遣した。ちなみに、国際連盟は第一次世界大戦後の一九二〇年に発足した国際機構で、発足当初から日本は常任理事国の一つだった。

リットン調査団は、調査の結果、満州における日本の権益を認めたものの、満州事変については自衛的軍事行動であるという日本側の主張を退け、満州国に関しても、その独立を否定する中華民国側の主張を認めた。この報告に反発した日本は、一九三三（昭和八）年、国際連盟を脱退した。

◇コミンテルンとファシズム

さて、一九三六（昭和一一）年から翌年にかけての時期は、全体主義の結束力が強まる時期でもあった。この場合の全体主義とは、いわゆるファシズムのことである。ファシズムという言葉については、歴史学者たちによってさまざまな見解があるのだが、その源流とされるのはイタリアのムッソリーニ（一八八三～一九四五）が率いた国家ファシスト党である。同党は、一九二二年のクーデターによって政権を獲得し、以降、イタリアではムッソリーニによる独裁体制が続くことになる。

そして、一九三六年から始まったスペイン内戦に際して、イタリアとともに右派のフランコ将軍（一八九二～一九七五）を支援したのが、国家社会主義ドイツ労働者党（ナチス）を率いたヒトラー（一八八九～一九四五）のドイツである。このことにより、同年、ドイツとイタリアの間で「ベルリン＝ローマ枢軸」が成立する。その後、第二次世界大戦において、この二国とともに枢軸国を形成するのが、日本である。

日本とドイツとの結束は、コミンテルンが反ファシズムを世界に呼びかけたことを契機に強くなった。一九三六年に「日独防共協定」を締結すると、翌年にはイタリアも参加して、日独伊三国間の協定ができあがる。これが一九四〇（昭和一五）年の日独伊三国同盟へと発展するのである。この三国は、第一次世界大戦後の国際秩序である「ヴェルサイユ＝ワシントン体制」に対する不満をもっていたという点でも共通しており、その体制打破をめざした結束でもあった。

◇快進撃を続けた第二次世界大戦初頭のドイツ

いよいよ、第二次世界大戦の説明に入ろう。

その端緒は、ドイツ軍がポーランドへ侵攻した一九三九（昭和一四）年九月一日とされている。ドイツは、ドイツのラジオ局がポーランド軍によって攻撃されたことを侵攻の理由としているが、これはのちにドイツによるでっちあげだったことが明らかにされている。

これに対して、イギリスとフランスがドイツに対して宣戦を布告した。両国は、ポーランドと相互援護条約を結んでいたからである。ところが、両国ともドイツに対して優勢な戦力をもっていながら、戦闘行為を仕掛けることはなかった。それまでドイツに対する宥和《ゆうわ》政策を取っていたことから、両国とも開戦におよび腰だったことがその理由と見られている。

そうしている間に、こんどは東側からソビエト連邦（ソ連）がポーランドに侵攻し、独ソ不可侵条約㉑によってポーランドは独ソ両国によって東西に分割されてしまった。続いて、ソ連はフィンランドに侵攻。翌一九四〇（昭和一五）年にはフィンランドから領土を割譲させることに成功し、一方でバルト三国にも侵攻して併合してしまった。

㉑独ソ不可侵条約　一九三九（昭和一四）年にドイツとソ連間で締結された条約。共産主義に対抗すべくドイツとの関係強化を模索していた日本が受けた衝撃は大きく、平沼騏一郎首相は「欧州の天地は複雑怪奇なる新情勢を生じた」と声明して内閣は総辞職した。

また、同年、ドイツはデンマークとノルウェーに侵攻して占領したうえ、ベルギー・オランダ・ルクセンブルクにも軍を進め、その勢いでフランスにも侵攻して、フランスがあっさり降伏すると、ドイツ軍はパリ入城を果たした。

そうしたなかで、イタリアが参戦。快進撃を続けるドイツを見て、勝ち馬に乗ろうとしたのである。降伏したフランスは北部をドイツに占領され、南部に第一次世界大戦時の英雄ペタン元帥を主席とする「ヴィシー政権」が成立したが、これはドイツの傀儡政権だった。戦後、大統領に就任するドゴール将軍はこのときロンドンに亡命し、以後、対独抗戦を呼びかけることになる。

その後、戦線はヨーロッパから北アフリカにも広がって関係国の参戦が続くなか、一九四一（昭和一六）年四月、ドイツはユーゴスラヴィアに侵攻。一〇日あまりで全土を制圧すると、ギリシアへの侵攻に手間取るイタリアに援軍を派遣してギリシアも降伏させた。

そして、同年六月、独ソ不可侵条約を破棄してドイツはソ連への侵攻を開始する。ドイツは順調に進撃を続け、首都モスクワに迫ったが、ドイツを共通の敵とすることになったイギリスとソ連が英ソ軍事同盟を締結。また、アメリカもソ連に対する軍事援助に乗り出して、降雪と泥濘にも悩まされていたドイツ軍は、開戦以来初めて進撃にストップがかかった。

◇「ABCDライン」による致命的な経済封鎖

ヨーロッパ方面がこのような状況にあるなか、ドイツは日本に対ソ参戦を呼びかけ、東西からの挟撃をもくろむが、これに対して日本はどのような動きを示したのか。

一九三七（昭和一二）年に日中戦争が始まって以来、中国大陸で戦線が拡大し続ける状況に日本は疲弊していた。事態を収拾するには、中華民国の蒋介石政権に対するイギリスやアメリカからの軍事援助を遮断する必要があると判断した日本は、その最大の輸送路（援蒋《えんしょう》ルート）を押さえるため、一九四〇（昭和一五）年、ヴィシー政権と交渉してフランス領インドシナ（ベトナム・ラオス・カンボジア）に進駐する。日独伊三国同盟の締結は、その直後である。フランスの降伏から三か月後という時期を考えると、当時の日本もまた勝ち馬に乗ろうとしたことがわかる。

その翌一九四一（昭和一六）年四月、日本はソ連との間に日ソ中立条約を締結した。ドイツが突如、ソ連に侵攻し始めるのは、その二か月後である。ドイツが日本に対ソ参戦を呼びかけた際、日本は独ソ戦への不介入を決定し、こんどはフランス領インドシナ南部へ進駐したのである。しかし、日本の勢力拡大を懸念したアメリカ（America）は、イギリス（Britain）、中華民国（China）、そしてオランダ領東インド（インドネシア）などアジアに植民地をもっていたオランダ（Dutch）と手を組んで、日本に対する経済封鎖を仕掛けてきた。経済封鎖とは、日本に対する石油の輸出をストップさせることである。これを、四か国の頭文字をとって「ＡＢＣＤライン（包囲網）」という。

石油の輸入が止まってしまえば、経済活動はもとより、軍艦も戦闘機も動かすことができなくなってしまう。そこで、同年一二月八日、日本はハワイの真珠湾を攻撃し、アメリカに対して宣戦を布告。さらに、同日、イギリス領マレー半島にも上陸し、ついに日本も第二次世界大戦に参戦することとなった。このことは、アメリカの参戦も意味していた。

◎ヤルタ会談とポツダム会談

日米の参戦によって、文字どおりに世界を二分した大戦争になった第二次世界大戦は、翌一九四二（昭和一七）年二月、東南アジアにおけるイギリス最大の拠点であったシンガポールが陥落するなど、同年前半までは日独伊の枢軸国側が有利に戦いを進めていたが、同年九月にはアメリカ軍とイギリス軍の攻勢によってイタリアが降伏した。さらに、同年夏から翌年にかけて行なわれたスターリングラード攻防戦でドイツが敗退すると、戦況は英米ソの連合国側の優勢に転じた。

また、太平洋戦線においても、一九四二年六月のミッドウェー海戦で日本が大敗を喫して以降、圧倒的な経済力を誇るアメリカの物量作戦によって日本はしだいに追い詰められていく。

そうした戦況の好転を受けて、連合国側の首脳は一九四三年にカイロ（エジプト）とテヘラン（イラン）で会談し、日独に対する戦略と戦後処理について協議した。さらに、一九四四（昭和一九）年六月にはノルマンディー上陸作戦を成功させた連合国軍によってパリが解放され、ドイツの戦争継続能力はほぼ失われた。その後、一九四五（昭和二〇）年二月には米英ソ首脳によるヤルタ会談が行なわれ、戦後のドイツの分割統治や国際連合の設立などが協議されたが、同時にソ連の対日参戦が密約されたとされる㉒。同年五月、首都ベルリンが占領されてドイツが降伏すると、枢軸国側の主要国で戦争を継続するのは日本だけになった。

その日本に対して、同年七月のポツダム会談では降伏勧告としてポツダム宣言が発表される。そして、八月に入ると広島と長崎に原子爆弾が投下され、日ソ中立条約を破棄してソ連が満州に向けて侵攻し始めると、ついに日本も降伏するにいたった。これをもって第二次世界大戦が終結し、日本の近代も終わりを告げる。

◇日本国憲法の三原則

さて、近代を脱して現代に突入した日本とは、どういう国なのか。現代日本のシンボルは、よい意味でも悪い意味でも、日本国憲法にある。現行憲法は、どのようなプ

㉒ロシアは同密約を北方領土領有の根拠としているが、二〇一六年に公開された公文書では、米大統領の越権署名を理由に、英政府が密約の有効性に疑念を呈していたことが明らかになった。

ロセスを経て成立したのだろうか。その出発点として、まずはポツダム宣言に立ち戻ってみたい。

先にも少しふれたが、ポツダム宣言は一九四五（昭和二〇）年七月二六日、アメリカ、イギリス、中華民国の首脳たちによって発表された日本に対する降伏勧告である。これに対して、八月一四日、日本政府は宣言の受け入れを決定し、同年九月二日、米戦艦ミズーリ号上で調印式が行なわれた。日本政府が正式に宣言を受諾したということは、宣言の骨子である「非軍事主義」「民主主義の強化」「基本的人権の尊重」という方針を受け入れたということである。連合国軍の占領統治下に置かれることとなった日本は、ＧＨＱ（連合国軍最高司令官総司令部）によって明治憲法の改正を迫られた㉓。

現行憲法の特色は、「国民主権」「平和主義」「基本的人権の尊重」の三点にある。このうち、「国民主権」と「基本的人権の尊重」については世界的潮流に鑑みても、また日本の歴史的経緯をふまえても、現代において異論の出にくいテーマだが、ご承知のように、国際的な政治環境の変化にともなって国家のあり方が議論されるとき、俎上に乗せられるテーマが「平和主義」である。

よく知られているように、現行憲法において「平和主義」の根拠とされているのは、前文と第九条である。とくに第九条では、その第一項で「国権の発動たる戦争と、武

㉓これに対して、当時の幣原喜重郎内閣は松本烝治国務大臣が中心となって作成した新憲法草案（松本試案）をＧＨＱに提出したが、天皇主権など、その大枠は明治憲法とあまり変わらない内容であったためＧＨＱの承認が得られず、逆に「マッカーサー三原則」にもとづくＧＨＱ案が示された。政府はＧＨＱ案にもとづいて憲法改正案を作成し、これを帝国議会に提出。議会で修正ののち可決され、一九四六（昭和二一）年一一月三日に日本国憲法として公布、翌四七（昭和二二）年五月三日に施行された。

力による威嚇又は武力の行使は、国際紛争を解決する手段としては、永久にこれを放棄する」として戦争の放棄を規定し、第二項では「前項の目的を達するため、陸海空軍その他の戦力は、これを保持しない。国の交戦権は、これを認めない」と、交戦権を否定する。

ところが、日本が自衛隊という「戦力」をもつにいたったのは、なぜなのだろうか。その原因をたどると、連合国軍（アメリカ）による占領政策の変化に行き着く。

◇朝鮮戦争で占領政策を転換させたアメリカ

現行憲法に「平和主義」を盛り込むことになったのは「マッカーサー三原則」㉔が示されたからである。つまり、占領を始めた当初のアメリカは、日本が戦力を保持することを望んではいなかったのだ。

しかし、第二次世界大戦の終結から五年後、一九五〇（昭和二五）年に朝鮮戦争が勃発すると、日本を取り巻く状況は一変してしまう。アメリカを中心とする自由主義陣営と、ソ連を盟主とする共産主義陣営の東西対立が深刻化するなかで、朝鮮半島に近く、ソ連や中国に対しても地政学的に大きな影響をおよぼし得る日本は、アメリカにとって重要な軍事拠点と位置づけられたのである。そこで、アメリカはそれまでの占領政策を転換させ、日本に再軍備を要請するのである。

㉔マッカーサー三原則　日本の憲法改正に際してマッカーサーが担当部局に示した方針のこと。「天皇を元首とする」「封建制度を廃止する」「戦争を放棄する」の三原則が示された。

アメリカからの要請に応じた日本は、まず一九五〇年に警察予備隊を設立して、朝鮮半島に派遣される在日米軍に代わる治安維持組織とした。その翌五一（昭和二六）年にはサンフランシスコ（アメリカ）で講和会議が開催され、日本と連合国諸国との間に平和条約が調印されて、占領が終了し、日本の主権が回復した（平和条約の発効は一九五二年四月二八日）。また、同時に締結された日米安全保障条約（日本国とアメリカ合衆国との間の安全保障条約）によってアメリカ軍の日本駐留が明記された。

そして、一九五二（昭和二七）年になると警察予備隊は保安隊と改称され、五四（昭和二九）年には保安隊を前身とする自衛隊が発足した。また、同年には自衛隊を管理・運営する機関として防衛庁も設立されている。

そうして日本の再軍備が進められるのと並行して、一九五三（昭和二八）年には総理大臣吉田茂㉕の特使である池田勇人㉖とアメリカのロバートソン国務次官補との会談が行なわれ、日本の防衛をアメリカが援助することで合意した。これにより、保安隊（当時）の法的根拠が強化された一方、教育や広報により国民に愛国心と自衛的精神を育成することも合意され、その後の学校教育に大きな影響をおよぼしたとされている。翌五四年にはＭＳＡ協定（日本国とアメリカ合衆国との間の相互防衛援助協定）が成立し、日本に自衛力漸増が義務づけられた。

そして、一九六〇（昭和三五）年の日米安全保障条約（日本国とアメリカ合衆国と

㉕吉田茂（一八七八～一九六七）外交官・政治家。一九四六（昭和二一）年以来、五次にわたり内閣総理大臣を務めた。大久保利通の子で外交官の牧野伸顕の女婿。

㉖池田勇人（一八九九～一九六五）大蔵官僚・政治家。吉田茂に重用され、大蔵大臣、通産大臣などを歴任。一九六〇（昭和三五）年、内閣総理大臣。

の間の相互協力及び安全保障条約）締結にいたる。いわゆる「六〇年安保」騒動を巻き起こしたこの条約は、実質的に旧安保条約を改定するものと位置づけられるが、アメリカが日本を防衛する義務が明確に打ち出されたほか、在日米軍の作戦行動については日米が事前に協議することが盛り込まれた。

これ以降の昭和と平成の歴史については、第六項「昭和時代の思想」で述べることとする。

第四項
明治時代の思想

明治という時代は、日本の君主であり、統治者であった天皇が、みずから政治にかかわり始めた時代でもある。そうした政治スタイルを「天皇親政」というが、一八五二（嘉永五）年生まれの明治天皇は明治維新のとき、まだ一六歳という弱年であったため、その後もしばらくの間は、新政府の実力者だった岩倉具視らが実際の政治を担った。

その後、一八七三（明治六）年に起こった、いわゆる征韓論をめぐる政変によって大久保利通が参議兼内務卿として主導権を確立すると、それ以降、政府の主要ポストを独占した薩長藩閥による専制政治が展開される。この時期の政治スタイルを「藩閥政治」や「有司専制《ゆうしせんせい》」㉗という。

この段階にいたって、青年に達した明治天皇の政治へのかかわり方がさまざまに議論された。旧熊本藩士で天皇の側近であった元田永孚《もとだながざね》（一八一八～一八九一）は、政治に関する議題はすべて天皇が裁可すべきであると主張した。天皇による「親裁論《しんさいろん》」

㉗有司専制　一部の官僚による独裁的な政治のこと。

である。これに対して、大久保利通が暗殺された後、実質的な首班となった伊藤博文らは、大臣たちが議論して決定したことを天皇は認めるだけ、というスタイルを主張した。これを「親統論《しんとうろん》」という。

結局、一八七九（明治一二）年、親裁論は退けられ、伊藤らの親統論が支持を集めて、このスタイルが第二次世界大戦後、現行憲法が施行されるまで貫かれることになる。したがって、明治憲法の制定も帝国議会の開設も、日清・日露戦争や第二次世界大戦への参戦も、すべては政治家や軍人たちが決めたことであり、ただそれを認めるだけの存在でしかなかった天皇は、彼らが決めたことを止める立場にはなかったのである。

ところが、きわめて異例ながら、天皇がみずから政治的判断を下す場面があった。その一つが、ポツダム宣言を受諾して第二次世界大戦を終わらせた昭和天皇の「聖断」である。戦争を継続するか、降伏するかという政治的問題の最終決断を昭和天皇に求めたのは総理大臣の鈴木貫太郎（一八六八〜一九四八）であったが、求めに応じて天皇が直接、政治に関与したのは事実であり、これはまぎれもなく「親裁」であった。それゆえに、強固な決意が天皇にあったなら、親裁によって戦争を回避することもできたはずだ、という天皇の戦争責任論にも発展しかねない。近代日本の天皇制㉘に関する議論は、実にさまざまな課題を抱えているのである。

㉘天皇制　「天皇制」という言葉自体は、マルクス主義用語として、一九三二（昭和七）年ごろから使用され始めた。

◇天皇の勅裁を仰いだ「祭神論争」

さて、基本的な政治スタイルに「親統論」を採用した新政府は、その後、天皇と神道とのかかわりについても、ある決断を迫られることになる。皇室の祭神に大国主命を含めるべきかどうか、という論争が起こったのである。従来どおりに造化三神（アメノミナカヌシ・タカムスビ・カミムスビ）と天照大神を祭神とすべきだと主張する伊勢派と、それに大国主命を加えて五柱とすべきだと主張する出雲派が対立し、神道界を二分する論争に発展した。

しかし、神道界の議論では決着がつかず、結論が政府にゆだねられたが、政府もこの問題を持て余し、一八八〇（明治一三）年、最終的に天皇の勅裁を仰ぐこととなる。結局、天照大神に一本化されることで落ち着くのだが、それは大国主命が死後の世界（黄泉の国）を司る神と解釈されたからだった。この一連の論争を「祭神論争」という。

一方、近代国家としての体制づくりに奔走する新政府は、各種法令や外交文書などに表記する必要から、国家元首である天皇の称号についても統一見解をまとめなければならなかった。天皇という称号は日本独自のものであるだけでなく、歴史的には「天子」「御門《みかど》」「御所《ごしょ》」など、さまざまな別称もあったからである。とはいえ、さまざまな歴史的経緯から「天皇」の称号が妥当であると判断した新政府は、一八七〇（明治三）年、国家元首の正式な称号を天皇とすることにした㉙。

㉙翌年、清から「天皇」は「皇帝」より尊貴な立場を意味するため天皇の名による国書を受け取ることはできない、というクレームがついた。この抗議を受け入れた新政府は、外交文書において「皇帝」を採用することになったが、実際には厳密な統一はなされなかった。国内だけでなく外交文書においても「天皇」という称号が使われるようになるのは、一九三六（昭和一一）年以降のことである。

国号についても不統一な状態が続いていたため、一九三五（昭和一〇）年、外交文書における表記を「大日本帝国」に統一した。

◇日本史上初めて出現した「国民」

以上のように、新政府が国家元首である天皇に関する諸問題を整備していったのは、欧米諸国と対等な近代国家としての体裁を整えるためであったが、それは同時に、日本に住む人々を「国民」に仕立て上げるための舞台装置であったともいえる。

明治維新までの日本人は、村や町、せいぜい藩に対する帰属意識しかもっていなかった。参勤交代によって江戸に滞在する必要があった武士を除けば、ほとんどの人は生まれた集落で育ち、働き、子を育て、死んでいった。生まれ育った集落こそが天地であって、藩＝国という意識しかなかったのである。したがって、薩摩人や長州人がいても、「日本人」はいなかったといってよい。

ところが、欧米列強からの外圧が深刻化するなかで、「日本」を意識せざるを得なくなってきた。藩＝国という認識を脱して団結しなければ、欧米列強の軍事力に対抗できないと考えられたからである。そして、そうした意識改革を可能とする依代《よりしろ》が、天皇であった。天皇を中心として連綿と続いてきた歴史を共有し、武士も町人も天皇の臣下である点では同格であるという平等意識を醸成することによって、日本に住むすべての人々に「国民（臣民）」としての自覚を植えつけようとしたのである。日本の歴史上、初めて誕生した「国民」は身分の上下なく、すべて天皇の「赤子《せきし》」であるとされた。

また、新政府は天皇を国家の中心に据えることによって「国民」の形成をはかる一方で、日本の伝統的な風習や生活習慣に規制を加えたり、禁止することによって、人々の日常を西洋化してしまおうとした。西洋文明にはなじみにくい旧来の慣習を「蛮風《ばんふう》」と呼んで、これを排除しようとしたのである。

その典型が、一八七一（明治四）年に新政府が発した「散髪脱刀令（断髪令）」であろう。これは、男性が髷を結う習慣や腰に刀を差す習慣を強制的に禁止するものではなく、あくまで「自由な髪型を認める」「刀を帯びない自由を認める」法令だったため（帯刀については、五年後の廃刀令で禁止された）、依然として結髪の習慣を続ける男性も少なくなかったが、その二年後に明治天皇が西洋風に散髪したことが伝わると、男性が髷を結う習慣は一気に廃れたといわれている㉚。

そのようななかで、当時の知識人のなかから、「無知蒙昧《むちもうまい》」な国民を啓蒙《けいもう》しなければならないとする論調が現われる。その先駆けが「明六社《めいろくしゃ》」である。

◇啓蒙思想と明六社

物事に疎《うと》い人々に真実を教え、彼らを無知から解放することを「啓蒙」という。一八世紀のヨーロッパにおいて、封建的なキリスト教的世界観のなかに閉じ込められていた人々に科学的で合理的な世界観を教え、彼らを「啓蒙」しようとする思想が起こ

㉚同様に、明治初期、蛮風であるとされて排除されていったものに、混浴や入墨、裸体の露出などがある。それらの行為を軽犯罪として取り締まる「違式詿違（いしきかいい）条例」が、一八七二（明治五）年、東京府で施行されて以来、全国の自治体に同様の条例が制定され、風俗や衛生に関する人々の意識は変化していった。

■ 明六社設立時のメンバー

森有礼(1847～1889)	元薩摩藩士
福澤諭吉(1835～1901)	元幕臣
西周(1829～1897)	元幕臣
津田真道(1829～1903)	元幕臣
中村正直(1832～1891)	元幕臣
加藤弘之(1836～1916)	元幕臣
箕作秋坪(1826～1886)	元幕臣
箕作麟祥(1846～1897)	元幕臣
杉亨二(1828～1917)	元幕臣
西村茂樹(1828～1902)	元幕臣

った。これを「啓蒙思想」という。それにならって、日本でも旧来の迷信や野蛮な風習にひたる人々を教化していこうとする動きが現われた。その担い手となったのが、学術団体の明六社である。

発起人の旧薩摩藩士森有礼《ありのり》を中心に創設された明六社は、福澤諭吉や西周《にしあまね》といった一流の学識者を会員としてスタートした。団体名は、一八七三（明治六）年に設立されたことに由来する。

幕末、一〇代でイギリスとアメリカに留学した経験をもつ森は、二三歳の若さで駐米代理公使として再びアメリカへ赴任するなど、欧米社会に通じた秀才であった。アメリカ滞在中、学者たちが専門分野ごとに団体を設立して学術研究に励み、成果を発表し合って闊達な議論を交わす様子を見て、日本にも同様の団体を設立し、社会の啓蒙に取り組むべきだと考えたようだ。

明六社は当初、月に二回くらい集まって議論をしていたが、翌年には『明六雑誌』を発行して、議論を広く世に知らしめるようになった。その売れ行きも順調で、毎回、三〇〇〇部ほど売れたという。ところが、翌一八七五（明治八）年、第四三号をもって発刊停止処分を受けてしまう。自由民権運動が広がりを見せていた当時、政府や役人に対する批判が強まることを警戒して、同年、新政府が新聞紙条例㉛や讒謗律《ざんぼうりつ》㉜という言論・表現の自由を制限する法令を発していたからである。

さらに、官吏が政治的見解を新聞や雑誌に発表することも禁じられてしまう。明六社の会員には在官者が多かったため、事実上、発言が封じられてしまったのである。『明六雑誌』は廃刊に追い込まれ、明六社も解散を余儀なくされた。もっとも、明六社の解散は発展的消滅といえるもので、現在の日本学士院はその源流を明六社にたどることができる。

活動期間こそ短かったものの、明六社が思想史上に果たした役割は大きかったといえよう。ここでは、福澤諭吉が論じた学者の職分論と民撰議院設立建白書の是非をめぐる論争、そして森有礼が論じた男女同権論を中心に、『日本思想論争史』をよりどころにして、彼らの議論を振り返ってみたい。

◇文化の推進者は政府か民間人か

福澤は、文明の発達とは学術・商売・法律の発展にかかっているが、日本ではそのいずれも諸外国に遠くおよばないと指摘する。明治維新後、新政府はそれらがいかな

㉛新聞紙条例　一八七五（明治八）年に公布された新聞・雑誌の取締法。外国人が新聞社主・編集人になることを禁じたり、犯罪や国家転覆につながる記事の掲載を禁じた。

㉜讒謗律　新聞紙条例とともに公布された言論統制令。他人の名誉を毀損する言論などを禁じた。

るものかを示し、人々の啓蒙に努めてはきたものの、その成果はいっこうに表われていないというのである。

そのうえで、福澤は文明の推進者とは政府ではなく、在野の学者であると断じた。無気力で無関心な人々を啓蒙すべき役割を担う学者は、官吏として政府に仕えず、あくまで「私立」の立場から人々の啓蒙をなし遂げるべきだというのが、福澤の主張であった。

これに対して、官途にあった明六社会員たちがいっせいに反発した。旧幕臣で、外務官僚や侍講などを歴任した加藤弘之は、福澤の議論は「リベラール」であると反論している。つまり、自由主義的だというのである。

たしかに、ヨーロッパにおいては「リベラール」によって文明が発達していったが、「リベラール」は自由の名のもとに民権の拡張を志向している。現在の日本で民権が増殖したら、国権の弱体化を招くおそれがある。そうなれば国家は弱体化し、国家の独立も危うくなる、というのである。

また、同じく官途にあった森は、政府と人民をいたずらに対立させるものだとして、福澤に反論した。官吏であろうと在野の平民であろうと、国家の一員であることに変わりはなく、みな日本の民であるはずだ。したがって、官にあっても野にあっても、互いに協力して文明開化を進めるべきではないか、と主張した。

幕臣の出身で司法官僚だった津田真道《まみち》の反論も森と似ていたが、津田は福澤が政府と人民を区別したことを受けて、むしろ政府は「精神」であり、人民は「肉体」であると考えたほうがよい、と説いた。国家とは、その精神たる政府と肉体としての人民が一体となったものであって、精神が肉体を動かすごとく、政府が人民を動かせばよい、という趣旨であった。

一方、旧幕府時代に徳川慶喜の側近として活躍し、維新後は兵部省などに出仕した西は、新政府の実績に関する福澤の認識不足を突いている。いわく、福澤は日本では学術・商売・法律が発達していないというが、よく考えてもらいたい。それまで学問といえば四書五経くらいしか知らなかった日本人が、維新後、一〇年も経ずして西洋学術の門を続々とくぐっているではないか、と。まだその途上にある現段階で、新政府の実績をあれこれいうのは時期尚早ではないか、というのが、西の主張であった。

このように、在官学者たちの反発を受けた福澤の職分論は、彼の旺盛な在野精神の勇み足と取れなくもないが、福澤の主張はやや旗色が悪かったようである。

◇民撰議院設立建白書をめぐる明六社の議論

続いて、民撰議院設立建白書の是非をめぐる議論を見てみよう。

この民撰議院設立建白書とは、一八七四（明治七）年に前参議の板垣退助㉝や後藤

㉝板垣退助（一八三七〜一九一九） 幕末から明治期の政治家。元土佐藩士。新政府で参議となるが、征韓論で西郷隆盛とともに下野。自由民権運動の指導者となる。伯爵。

象二郎《しょうじろう》㉞、江藤新平㉟らが、当時の立法府に提出した議会開設を求める要望書である。

彼らは、この建白書において「有司専制」を批判する。前年の征韓論をめぐる政変に敗れて下野した彼らは、議会の開設を実現することによって薩長藩閥政府の専制政治を牽制しようとしたのである。そして、議会を開設すべき理由として、国家に税金を納めている者には、政府のやることを知る権利がある、と主張した。

こうした要求に対して、しょせん人民は烏合《うごう》の衆だから民撰議院を開設しても実りある議論などできないと揶揄《やゆ》する者もいるが、そうした中傷は傲慢で、人民をバカにしてはならない、と板垣らは反発している。

さて、この建白書に対して、森はそもそも議会を開設するだけムダだと、冷淡な見解を披露している。たとえ選挙によって選ばれた議員であっても、政府に楯突くわけにはいかないだろうから、ある種の「太鼓持ち」にならざるを得ないのではないかと皮肉っているあたり、国民を愚民ととらえる森のスタンスが透けて見える。ただし、森は議会開設に反対するわけではなく、あくまで時期尚早だという見解を示している。

また、西は建白書が「納税者の権利」を主張している点をとらえて、政治に参加する権利と納税の義務は別次元の問題であると論じた。納税によって生じるのは国家から保護を受ける権利であって、政治に参加する権利ではない、というのが、彼の見解である。とはいえ、西も森と同様、近代国家における議会の必要性そのものは否定し

㉞後藤象二郎（一八三八～一八九七）幕末から明治期の政治家。元土佐藩士。大政奉還運動を主導。新政府で参議となるが、征韓論で下野した。伯爵。

㉟江藤新平（一八三四～一八七四）幕末から明治初期の政治家。元佐賀藩士。新政府で司法卿、参議を歴任するが、征韓論で下野。佐賀で挙兵したが敗れ、処刑された。

ていないため、時期尚早論といえるだろう。

そうした見解は加藤や中村正直《まさなお》らにも共通するもので、明六社メンバーはおおむね時期尚早論だったといってよい。

それに対して、議会の開設に賛成したのは福澤や津田らで、彼らは議会が人民を文明へ導くとして、それを啓蒙のチャンスであると考えていた。

◎森有礼の「男女同権論」

最後に、森による「妻妾論《さいしょうろん》」をきっかけとして議論された男女同権論について見てみよう。

保守派から「西洋かぶれ」といわれていた森は、実は「契約結婚」を行なったことでも知られている。新婦との間に「婚姻契約書」なるものを交わして、互いが夫婦となることを誓約したのである。ちなみに、その際の立会人は福澤であった。

そうしたエピソードからもうかがわれるように、森は「夫婦の交《まじわり》は人倫の大本なり」という。そのうえで、夫婦の関係が正しければ、それを基礎とする国家のあり方もまた正しいはずだ、と説く。ここで、森のいう正しい夫婦関係とは、夫婦が互いの権利を尊重し、互いの義務を果たす関係のことで、夫は妻に扶助を要求する権利をもち、妻を支え保護する義務を負う。一方、妻は夫の保護を要求する権利をもち、夫を扶助する義務を負う。したがって、本来、夫婦（男女）は同等の権利をもっているとするのが、森の論旨である。

ところが、これまでの日本では、夫だけが手前勝手に妻を奴隷のごとく使役したり、気に入らなければ一方的に妻を離縁してきた。さらに、家の断絶を先祖に対する不孝とする考え方から、妻のほかに妾をもつことを認めてきたが、これも人倫にもとると、それまで公然と認められてきた一夫多妻の慣習も批判した。たとえば、妻に子ができず、妾腹の子を跡継ぎとすることがあるが、その場合、血のつながりがない妻を母と呼ばせ、生みの親である妾を乳母のごとく扱う。このような風習は、あまりに不自然だと憤っている。

◇福澤諭吉の「男女同数論」

こうした森の主張に対して、福澤は「男女同数論」を展開した。

有名な『学問のすすめ』の冒頭で「天は人の上に人を造らず人の下に人を造らず」と記し、その第八編では「男も人なり女も人なり」と述べた福澤は、欧米の平等思想、あるいは自然権思想（天賦人権論思想）を肯定はしている。したがって、江戸時代に広く読まれた女性の教訓書である『女大学』が「妻たるもの、夫に従順たれ」と教え込むような姿勢を批判するとともに、仏教における女性蔑視㊱も否定している。また、

㊱女性は生まれながらに業が深いから、悟ることはできないという考え方。

森と同様の趣旨で一夫多妻の慣習についても憤っている。

しかし、森の男女同権論に対しては慎重な態度を崩さなかった。『明六雑誌』三一号に福澤は「男女同数論」を寄せ、「男女同権論」はたいへん難しい内容であり、時期尚早ではないか、と述べて、現時点においては現実的ではないと断じているのである。ゆえに、福澤はその前段階として「男女同数論」を展開した。つまり、世界中において男性と女性の数はおおよそ等しいから、「男一人と女一人と相対して夫婦になるべき勘定なり」として、一夫一婦制は筋が通っている、というのである。

したがって、いずれ男女の権利についての研究が進んで男女同権論が定着するまでは、内緒でこっそりと妾を囲うべきだ、と述べている。隠すことは恥じることにつながり、恥じることは自分への戒めに通じるからである、といったことを書いているが、いつも論旨が明快な福澤にしては、やや歯切れが悪い印象がある。

一方、加藤は森と福澤の主張などによって、夫が妻を蔑視する「悪風」とみだりに妾を囲う「醜俗《しゅうぞく》」はしだいに廃れていくだろうとして、彼らの功績は大きいとしながら、欧米の習慣を表面上、取り入れただけの昨今の風潮は欧米の男女同権論を誤解したものであり、その本質は女権拡張であると指摘している。その具体例として、妻を上座に着かせて夫が下座を占める、訪問先では先方の夫人に挨拶をしてから主人に挨拶をする、婦人と同席する際には特別に言葉遣いに配慮したり、その許可を得てから喫煙する、といった例を挙げる。

欧米人は、昔からこうした習慣に浸りきってきたから、彼らがその不条理に気づかないのも無理はないが、そうした習慣をもたなかった東洋人が見れば、これらは「実に怪しむべき風習」だと指摘するのである。

また、津田は司法官僚だけあって、法制度の面から男女同権論を考察している。すなわち、国家の政治にかかわる諸権利は男子にのみ与えられてきたのであって、民法においても同様であるから、法律上「夫婦同権」ということは「絶えて無きことなり」というのである。

しかし、「風俗慣習」においては別で、男女に尊卑があろうはずがない。その点、女性の外出を喜ばず、まるで罪人のごとく家に閉じ込めてきた中国の風習を「極めて大悪風俗なり」と指摘する。そのうえで、そのことを論じることなく、欧米の男女同権論をことさらに強調する知識人の姿勢は、よく理解できないと疑問を呈している。

◇「一身独立して一国独立す」

以上、明六社に集った思想家たちの考え方を見てきたが、明治の啓蒙思想家を代表する福澤諭吉について、もう少し紹介しておこう。

福澤には『福翁《ふくおう》自伝』という読み物としても第一級の自叙伝があるが、そのなかに

「門閥制度は親の敵《かたき》で御座《ござ》る」という一節がある。学問がありながら、下級武士の家に生まれたがために貧しい暮らしを強いられた父の無念を思いやって、憤っているのである。そうした彼の叛骨心と合理的な精神は、少年のころより芽吹いていた。

一二、一三歳のころ、藩主の名を書き記した紙を踏んでしまい、兄に叱られたことがあった。平謝りに謝ったが、内心では不満に思った福澤は、神様の名を記した紙を踏んだらどうなるだろうと、人目のない場所で踏んでみたが、何も起こらない。よく大人たちが言う「神罰」など大嘘だと思った彼は、近所の稲荷社の正体を見てやろうと調べたところ、神体はただの石ころであった。それを捨てて、手近に拾った石を代わりに置いておいたら、そのことに気づかない人たちが祭りのときに石ころを拝んでいるから、その様子を見てひそかに笑っていた、という。

後年の福澤が、現実社会に役立つ実学を是とし、不合理な旧来の風習やしきたりを「蛮風」として一蹴したのも理解できる。

幕末、洋学を身につけた福澤は、軍事力を背景に欧米列強が開国を迫る時代状況のなかで、強烈な危機意識を感じていた。彼は、日本が近代国家として自立し、やがて欧米列強の仲間入りをするためには、まず一般庶民が独立自尊の精神をもたなければならないと考えた。盲目的な従順さを美徳とするのではなく、一人ひとりがみずから考え、判断し、行動する態度が庶民に根づいたとき、初めて日本という国家は独立し得ると考えたのである。これが「一身独立して一国独立す」のいわんとするところだ。

そうした考え方の延長線上には、「脱亜論」も位置づけられよう。一八八五（明治一八）年、新聞紙上に発表された「脱亜論」で、福澤は隣国だからという理由で清や李氏朝鮮と特別な関係を築く必要はなく、諸外国と同じようにつき合い、日本は独自に近代化の道を歩めばよい、という趣旨を説いている。福澤は、旧体制の維持しか考えようとせず、独立自尊の気風に乏しい両国に失望したのである。

◇自由民権運動と中江兆民

民撰議院設立建白書の提出から帝国議会開設まで十数年にわたって続いた自由民権運動は、少しずつ運動の内容を変えてきたが、初期の運動を支えていたのはイギリス流の民権思想とフランス流の民権思想であった。前者の影響を受けていたのが明六社で、いわば官民調和路線である。一方、ルソー（一七一二～一七七八）をはじめとする後者の思想に影響を受けた中江兆民《ちょうみん》（一八四七～一九〇一）や植木枝盛は、手厳しい政府批判を繰り広げ、主権在民や抵抗権を主張していた。

ルソーの『社会契約論』を翻訳して『民約訳解』として出版し、その思想を初めて日本に紹介した中江兆民は、「東洋のルソー」とも呼ばれる。兆民の著作である『三酔人経綸問答《さんすいじんけいりんもんどう》』をもとに、彼の思想を見てみよう。

同書は、それぞれに異なる思想をもつ三人の登場人物が天下の趨勢《すうせい》を論じるという構成の作品である。このなかで兆民は、為政者が人民に対して恩恵的に与えた権利を「恩賜《おんし》的民権」と呼び、人民がみずからの手で為政者から勝ち取った権利である「恢復《かいふく》的民権」と区別して、明治憲法に規定された人権は前者であると断じている。

しかし、ヨーロッパにおける人権は、すべて市民革命を通じて市民が為政者から奪い取ったものである。イギリスにおいては清教徒革命（ピューリタン革命）と名誉革命であり、アメリカにおいては独立革命、フランスではフランス革命である。

ところが、日本の場合は天皇が「臣民」に恵んでやった権利である。これを人権とは「ただ苦笑するのみ」というわけである。したがって、立憲君主制を確立したあと、恩賜的民権をうまく育てて、人民のなかに人権意識を育み、恢復的民権へと変えていかなければならない、と説く。

そうした理想に燃える兆民は、一八九〇（明治二三）年、第一回衆議院議員総選挙に立候補し、みごと当選する。しかし、党利党略で政治的駆け引きに終始する現実の議会政治に失望し、そうした議会を「無血虫《むけつちゅう》の陳列場」と痛罵して辞職してしまう。「無血虫」とは、「人間の温かみをもたない虫けら」といった意味である。

辞職後、兆民は民権運動の活動資金集めのため、さまざまな事業を手がけたが、ことごとく失敗した。そして、再び政界への復帰を画策するのだが、咽頭ガンで体調を崩し、余命一年半と告知される。その際、遺稿としてまとめられたのが『一年有半』という評論集である。そのなかで、兆民は日本に哲学がないとして、それはあたかも床の間に掛け軸がないようなものだと嘆いた。哲学をもたない人民は物事を深く考えることができず、すべてにおいて浅はかである。だから、日本の政治には主義がなく、政党間の対立も一時的なものに終わってしまうと指摘した。

二〇一六(平成二八)年から選挙権年齢が一八歳に引き下げられたことにともなって、文部科学省は学校教育において政治的教養を育むことを是とする方針に転換した。あらためて、議会制度の確立に向けて奔走した明治の運動家や思想家たちの思想を学び直してみるべきではないだろうか。

◇西村茂樹の『日本道徳論』

森有礼や福澤諭吉とともに明六社を創設したメンバーに、西村茂樹がいる。下野国(栃木県)佐野藩士の子に生まれた彼は、文部省官吏として教育制度の確立に尽力し、明治天皇に洋学を進講したこともある教養人で、のちに宮中顧問官や貴族院議員も務めた。しかし、何より彼を有名にしたのは、一八八七(明治二〇)年に発表した『日本道徳論』であろう。

そのなかで、西村は道徳を説く教えとして「支那(中国)の儒教」「欧州の哲学」「印度（インド）の仏教」「西国（西洋）の耶蘇教（キリスト教）」の四つを挙げ、前者二つを「世教《せきょう》」とし、後者二つを「世外教《せがいきょう》」として区別した。

世教とは、現実社会で身につけなければならない事柄を教えるもので、いわば世俗の道徳である。これに対して、世外教は現実社会では役に立ちそうもないような、いわば魂のゆくえに価値を置く道徳である。現代的な感覚で理解するなら、世教＝道徳、世外教＝信仰と置き換えてもよいだろう。

いずれにせよ、世教も世外教も外国からもたらされた教えではあるが、日本では長い間、仏教が優位を占めてきた。しかしながら、仏教はいまだに「下等人民」の信仰にとどまっている、という。一方、儒教は江戸時代に武士階級に広まって、その教育を受けない武士はいなかった。それゆえに武士は社会をリードする存在たり得たのだとして、儒教の優位を主張する。

ところが、明治維新以降、儒教は廃れてしまい、中等以上の人たちから道徳的価値基準が失われてしまった。その間にも、キリスト教や西洋哲学が日本に流れ込んできたが、全国に広がるまでにはいたっていない。

このような状況を鑑みつつ道徳の必要性を痛感していた西村は、世教（儒教と哲学）を積極的に取り入れて、日本における道徳の基本となすべきだと主張するのである。つまり、江戸時代の知識階級が学んだ儒教と西洋の合理精神を統合させるべきだというのだ。そして、世外教（仏教とキリスト教）は必要がないとして、切り捨てるべきだという。

明治維新から一〇年近くを経て、新たに誕生した国家と国民をどのように導いていくかという議論が交わされるなかで、西村のように徳育の欠如を指摘する人々は「忠孝」を徳目とする国民教育の必要性を主張するようになる。そのような「国民道徳運動」には、リベラルな自由民権派からも、保守的な国粋主義論者からも反論が出たが、なかでも最も対極に位置づけられる思想がキリスト教であった。

◇内村鑑三と不敬事件

キリスト教が、国民道徳推進派から非国家主義的であり、無差別博愛主義だとして攻撃対象とされるきっかけをつくったのは、内村鑑三であったといってよいだろう。上野国（群馬県）の高崎藩士の子に生まれた内村は、クラーク博士で有名な札幌農学校に入学し、「イエスを信ずる者の契約」に署名した。プロテスタント（ピューリタン）に帰依したのである。

卒業後は、開拓使や農商務省に勤めたが、やがて友人の勧めで渡米。ところが、内村はアメリカ社会の現状に失望する。ピューリタン信仰を実践する国とは思えないほど拝金主義が蔓延し、人種差別が横行する現実を知って、アメリカ社会に幻滅したのである。ちょうどそのころアメリカに滞在していた新島襄《にいじまじょう》（一八四三〜一八九〇）に勧められてアマースト大学に入学し、卒業後も神学校で教育を受けたが、やはり神学教育にも失望した内村は、渡米から四年後に帰国し、無教会主義の信仰に傾斜していくことになった。

その後、内村はいくつかの学校で教鞭をとり、一八九〇（明治二三）年、東京の第一高等中学校の嘱託教員になるのだが、その翌年、全国的に大問題となった不敬事件を起こしてしまう。これは、前年に発布された教育勅語の奉読式において、天皇の宸筆《しんぴつ》署名に対して内村が「奉拝（最敬礼）」をしなかったことが同僚や生徒たちから非難され、マスコミにも大々的に取り上げられて社会問題化した事件である。当時、舎監《しゃかん》という役職にあった内村は教頭に次ぐ校内ナンバースリーの立場であった。

のちに彼は、友人であるアメリカ人ベルへの手紙のなかで、このときの様子を次のように振り返っている。

「内心ためらいながらも、自分のキリスト教的良心のために無難な途《みち》をとり、列席の六十人の教授（凡《すべ》て未信者、私以外二人のクリスチャンの教授は欠席）及び一千人以上の生徒の注視をあびつゝ、自分の立場に立って敬礼しませんでした！　おそろしい瞬間でした。その瞬間、私は自分の行動が何をもたらしたのかを知りませんでした」

内村の不敬事件を受けて、東京帝国大学教授であった井上哲次郎《てつじろう》㊲は、一八九二（明

㊲井上哲次郎（一八五五〜一九四四）　哲学者。ドイツ観念論哲学を移入し、日本初の哲学教授となった。主著に『日本陽明学派之哲学』がある。

治二五）年、雑誌『教育時論』に「教育と宗教の衝突」と題した意見書を発表し、キリスト教を激しく非難した。そして、その意見書をきっかけにキリスト教徒との間で教育勅語と国体を争点とした論争が始まる。

◎井上哲次郎のキリスト教批判

井上は、そもそも教育勅語とは日本において当たり前に実践されてきた倫理をあらためて文章にまとめたものであると説く。その倫理とは、家庭内の「孝悌」に始まり、それが家庭内から村や郷へ敷衍され、結局のところは国を愛する倫理にいたる、という。

さらに、臣民の一人ひとりは何のために徳目を身につけるのかというと、それは国家のためであり、国家の危機に際してはその身を捧げるべきだと説く教育勅語の主意は「国家主義」である、という。

井上は、これに続いてキリスト教批判を展開する。『日本思想論争史』をもとに、その論旨をたどってみよう。

教育勅語が説く道徳は日本国におけるものだが、キリスト教の教えは日本人に限定されたものではなく、全人類を対象としている。そのため、神の名のもとにあらゆる人間を同等にして、人種や国家の区別すらなくしてしまう、と井上はいう。

また、教育勅語の教えは孔子や孟子の説く徳目と同じで、しかも現実主義である。しかしながら、キリスト教の教えは終末論を前提としていて、来世・未来にばかり重きを置く。それゆえに、キリスト教はいつも現世を否定することばかりを説く、と批判するのである。

さらに、キリスト教の「愛」に焦点をあてるならば、その信徒たちが説く愛とは隣人愛のことで、墨子が説く「兼愛」と同様、無差別で平等な愛のことである。老若男女、地位や身分にこだわらず、あらゆる人間関係を差別していない。ところが、儒教道徳においては、自分の父を敬うことなく他人の父を敬うことを「悖徳《はいとく》（背徳）」と呼ぶように、まずは自分の父を愛し敬い、次いで他人の父を愛し敬うという差別的な愛が説かれているのである。

以上のようにしてキリスト教批判を展開する井上に対して、まさか自分の行為がこれほどの大問題に発展するとは思ってもみなかった内村は、独自のキリスト教信仰へと沈潜していくことになる。内村の信仰とは、日本の武士道精神にキリスト教の自由と平等の精神を活かすものであった。それゆえに、彼自身は「武士道に接木《つぎき》されたキリスト教」と呼んでいる。

内村のキリスト教思想を特徴づけるならば、「二つのJ」と「無教会主義」に集約できるだろう。「二つのJ」の「J」とは、Jesus（イエス）とJAPANを指す。イエスを愛するように日本を愛し、キリスト教の自由と平等の精神を日本で根づかせようとするものであった。

また、内村の無教会主義は自身がかつて宣教師と激しく対立した経験から、特定の団体に参加しない「平民の宗教」を前提としている。それは、彼がアメリカ留学中に失望を禁じ得なかった同国社会の拝金主義と人種差別という反キリスト教的現実によるところが大きい。キリスト教にも、教義に対する理解の違いなどからさまざまな宗派があり、それらの間に対立が生じるのは、ある意味で仕方のないことであるからこそ、「すべての正直な信仰を許容する寛容」を大切にしようと考えたのである。

そして、華美な装飾が施された教会や異教徒を蔑視する保守的な神学思想を徹底的に排除して、神の言葉を記した「聖書」をよりどころに、「救いは神のもの」であり、「キリストこそわが教会」を信条に、個人の内面的な信仰を重視したのである。

◎「内なる光」と『武士道』

内村とともに札幌農学校で学んだキリスト教徒に、教育者の新渡戸稲造《にとべいなぞう》（一八六二～一九三三）がいる。新渡戸はキリスト教の洗礼を受けたあと、アメリカやドイツに留学して農学や経済学を学ぶのだが、教会や聖書にはあまり興味を示さず、プロテスタントの一派であるクエーカーの信仰に強く惹かれた。クエーカーというのは「キリスト友会」に対する俗称で、会員たちは「友会徒」を自称している。

彼らは、すべての人間はそれぞれ神から与えられた素晴らしいもの（内なる光）をもっていると考え、何らかの儀式を行なったり、他人から教えられなくても、自分の力で進むべき道を見出すことができる、と説く。そして、「内なる光」を発展させた「証言」というコンセプトを重視する点も他の宗派と異なる特徴となっており、証言には「平和」や「平等」「質素」「誠実」などがある。争いや神以外の存在への信仰を否定し、性別や民族の区別なく、生活に必要なもののみを所有する、といった信仰である。

そして、史上初の国際平和機構である国際連盟の事務次長を務めた新渡戸は、『武士道』の著者としても知られる。日本人の精神的道徳論を欧米社会に伝えるため英語で執筆された同書は、日本人が四季の変化が顕著な土壌に育まれ、かつての武士階級がもっていた価値観もそうした環境と相俟って醸成された、と説明している。

また、傲慢や自慢を嫌う日本人には謙譲の美徳があって、たとえば自分の妻を他人に紹介する際などには「愚妻」と言うが、そうした日本人に独特の機微は外国人には理解してもらえないだろう、と記している[38]。

◇社会主義思想と二つの「シャカイトウ」

日本における社会主義思想は、一九一七（大正六）年のロシア革命を境にして、そ

㊳新渡戸は二九歳でアメリカ人女性メアリーと結婚している。

れ以前を「空想的社会主義」、革命後を「科学的社会主義」と区別するのが一般的である。

前者は、カール・マルクスとフリードリヒ・エンゲルスがシャルル・フーリエやロバート・オウエンの思想を「空想的社会主義」と批判したことにちなむ。一方、後者はマルクスとエンゲルスが初期の社会主義思想と対比させて、彼らの思想を資本主義の次なる段階、すなわち社会主義（共産主義へいたる過渡的段階なのだが）へいたる科学的に構築された思想と位置づけたことによる。

日本では、一八八二（明治一五）年、奇しくも二つの「シャカイトウ」が結成されている。「東洋社会党」と「車会党」である。東洋社会党は、政治運動家の樽井藤吉《たるいとうきち》（一八五〇〜一九二二）らを発起人として結成された政党で、平等主義と「天物共有《てんぶつきょうゆう》（生産手段の共有という意味）」をスローガンに掲げ、農民に対して土地を平等に分配することを唱えた。

一方、車会党は東京の人力車夫たちが団結して結成され、同年に運行を開始した鉄道馬車㊴の撲滅を訴えた。鉄道馬車の登場によって、人力車の需要が減少する事態を防ごうとしたのである。しかし、中心人物が相次いで投獄されたり死亡したことから、三か月足らずで自然消滅してしまった。

㊴鉄道馬車　軌道上を走る乗り合い馬車のこと。一八八二（明治一五）年に東京・新橋と日本橋間に開通して以降、都市交通機関として普及した。馬車鉄道ともいう。

◇「貧困」をもたらした社会構造の変化

ところで、日本に社会主義思想が出現する明治一〇年代の状況は、どのようなものだったのだろうか。

一八七七（明治一〇）年に起こった西南戦争の戦費が重くのしかかり、新政府は財政赤字に陥っていた。しかも、戦費調達のために不換紙幣を大量に増発したことで、国内経済はインフレーション（物価上昇）に悩まされていた。

当時、国家財政の実質的な責任者だった大隈重信は、外債を発行して得た銀貨を市場に流通させることで不換紙幣を回収し、インフレを抑制しようと試みた。しかし、外国に対する負債を抱えることを懸念した伊藤博文や松方正義《まつかたまさよし》㊵らの反対にあって提案は否決され、間もなく起こった開拓使官有物払い下げ事件にともなう政変で、大隈は下野することになった。

大隈に代わって財政の責任者になった松方は、緊縮財政に転じることで不換紙幣の発行量を抑制したうえ、増税によって市場に出回った不換紙幣を回収した。デフレーション（物価下落）へ誘導することで、インフレの抑制に成功したのである。ところが、デフレによって諸物価は下がったものの、国内経済は不況に突入する。

このデフレ不況に直撃されたのが地方の農村で、米価をはじめとする農産物価格の下落が農村の窮乏を招いたのである。納税の負担に耐えられなくなった農民たちは土

㊵松方正義（一八三五～一九二四）明治・大正期の政治家。元薩摩藩士。内閣総理大臣、大蔵大臣などを歴任。日本銀行の設立や金本位制度の実施など、財政制度の基礎を築いた。公爵。

地を手放し、農村に住めなくなった彼らの多くが仕事を求めて都市部へ流れ込んだ。彼らが手放した土地は、ほとんど二束三文の値段で富裕層に買い叩かれたという。

このときに発生した農村から都市部への人口移動は、日本の歴史上、初めて大量の賃金労働者を生み出すことになった。同時に、日本における資本の本源的蓄積も生じることとなった。明治一〇年代の社会構造の変化が、「貧困」という社会問題を引き起こしたのである。

そのような状況を背景に、労働者の貧困と過酷な労働環境がクローズアップされ、労働運動の気運が高まっていく。その中心的な指導者となったのが、労働組合運動の先駆けとして知られる高野房太郎《たかのふさたろう》（一八六九〜一九〇四）や片山潜《せん》（一八五九〜一九三三）たちである。

高野は社会主義思想とは距離を置いていたが、片山や安部磯雄《いそお》（一八六五〜一九四九）、木下尚江《なおえ》（一八六九〜一九三七）などの運動家は、キリスト教的人道主義、すなわち隣人愛の精神から社会問題を解決しようと立ち上がり、やがて社会主義思想へと進んでいった。

一方、幸徳秋水や堺利彦（一八七一〜一九三三）といった思想家たちは、秋水の師である中江兆民の自由民権論を通じてルソーの社会契約論を学び、社会問題を解決するために社会主義思想への道を歩むことになる。

◇政府は労働問題にどう対処したのか

秋水は一六歳にして自由民権運動に参加し、高知中学を除名されている。一八歳で兆民の書生となり、二八歳のとき、黒岩涙香《るいこう》（一八六二～一九二〇）が創刊した『万朝報《よろずちょうほう》』の記者となった。その間、社会運動にマルクス主義の思想を移植したり、足尾銅山鉱毒事件の際、田中正造（一八四一～一九一三）の直訴状の文案を書いたほか、日露戦争に際しては内村鑑三と同様、非戦論の立場から反戦を訴え続けた㊶。

その後、三八歳のときに渡米し、無政府主義を学ぶ。帰国後は片山たちの議会主義運動を批判して、ゼネラル・ストライキ（ゼネスト）による「直接行動論」を提唱するようになった。秋水が標榜した「直接行動（ヂレクト・アクション）」とは、一般的に労働運動を意味する。議会を通じて法案を成立させ、それによって労働者の権利を保障したり、さまざまな労働問題を改善しようとするより、労働者が団結して労働組合をつくり、労働組合全体の利益を増進させることに力を注ぐべきだ、というのである。議員頼みの間接運動ではなく、労働者自身が行動すべきだというのが、秋水の主張であった。

しかし、一九一〇（明治四三）年、秋水は天皇暗殺計画に関与したとして逮捕され、処刑された。いわゆる「大逆事件」である。

このとき、秋水は獄中で無政府主義革命とは必ずしも天皇の暗殺を目的とするもの

㊶内村鑑三も不敬事件後、『万朝報』の記者となっている。そして、キリスト教信仰にもとづき非戦論を展開したが、『万朝報』が主戦論へ転向すると、記者を辞めた。

ではないとして世間の誤解を指摘したように、現在では秋水の罪は冤罪であったことが明らかにされている。しかし、大逆事件によって急進的な社会主義思想家たちは徹底的に排除されてしまった。これ以降、日本における労働運動や社会主義思想は冬の時代を迎えることになる。

ただし、労働問題に対して政府が手をこまねいていたわけではないことは、指摘しておかなければならない。労働法の嚆矢《こうし》となる「工場法」㊷を施行して、内容的には不十分ながら労働者の保護に取り組んでいるのである。

『日本之下層社会』（横山源之助）や『女工哀史』（細井和喜蔵）、『東京の下層社会』（紀田順一郎）といった当時の世相を伝えるルポルタージュ作品を読むと、貧困にあえぐ人々の暮らしが活写されている。低賃金で長時間労働に従事しなければならなかった工場労働者のなかには、若い女性や年少者もいて、労働災害や疾病など、さまざまな労働問題を抱えていた㊸。

◇ロマン主義と北村透谷

明治時代の文芸運動を支えた思想に「ロマン主義」がある。これは、もともと一八世紀後半のヨーロッパで始まった芸術分野における思想・運動で、形式や決まりごとを重視する「古典主義」を否定し、個人の自由な感情や豊かな表現力を尊重して自我

㊷工場法　一九一一（明治四四）年制定、一九一六（大正五）年施行。一二歳未満の者の就労禁止や一日一二時間を超える労働・深夜労働の禁止、月間二日以上の休日の確保などが定められた。

㊸こうした法令は、逆に当時の労働環境の過酷さを物語っている。一八九七（明治三〇）年、高野房太郎や片山潜らによって日本初の労働組合が結成されたのをきっかけとして、工場労働者を中心に全国に労働争議が多発した。これに対して、政府は一九〇〇（明治三三）年に「治安警察法」を制定してストライキを違法化するなど、労働運動の取締りに力を入れていくことになる。

や個性の解放をめざすものである。明治二〇年代、国家主義的な傾向を強める世相のなかで、そうした風潮への反発とともに、「個」を重視するヨーロッパ的な考え方の影響を受けて広まった。

その担い手として活躍した詩人・評論家に北村透谷《とうこく》（一八六八〜一八九四）がいる。彼は、初め三多摩地方の自由民権運動に参加していたが、同志から朝鮮革命活動資金を調達するために強盗を計画していることを打ち明けられ、参加を求められたが、そのことで自由民権運動に絶望し、離脱した。その後、一八八八（明治二一）年にキリスト教に入信。やがて、文学の世界に身を投じて島崎藤村（一八七二〜一九四三）らと同人誌で執筆したが、理想と現実とのギャップに悩み、しだいに精神に変調をきたして、一八九四（明治二七）年、二五歳で自殺してしまった。

透谷の思想は、二元論的世界観を前提としていた。そうした思想がうかがわれるのが、彼の「実世界」と「想世界」という表現である。

実世界とは、明治の日本という現実の社会であり、それは功利主義にもとづいて自由と幸福を求める世界である。そこでは、社会全体の幸福や快楽が拡大することを是としている。一方、想世界は人間の内面的・精神的な世界を指しており、自由と幸福を重んじるとともに、キリスト教徒らしく信仰と愛によって自由と幸福を実現しようとする理想の世界を意味している。透谷は、文学の立場（想世界）から現実社会（実世界）への批判を試みたのである。

そうした透谷の思想は、死の前年に月刊誌『国民之友』誌上で展開された評論家・歴史家の山路愛山《あいざん》（一八六五〜一九一七）との間の文学論争でも展開された。愛山は「文章とは事業なり」と主張してはばからず、ある意味で拝金的な文学の有用性を説くのだが、透谷はあくまで文学がもつ高い精神性が社会に対して有益なのであって、世俗的な功利主義とは一線を画すものであると反論した。

また、一八九三（明治二六）年に発表した論文『内部生命論』でも、透谷は具体的な生命より内面的生命（想世界）を重視するとともに、信仰と愛による自己と他者の確立と統合を理想としている。

◎夏目漱石の晩年の境地「則天去私」

さて、個人や自我という視点から個人主義の何たるかを思索した文学者に、夏目漱石（一八六七〜一九一六）がいる。文明開化論や晩年の境地である「則天去私《そくてんきょし》」に焦点をあてて、漱石の思想を見てみよう。

漱石は、文明開化には「内発的開化」と「外発的開化」があるという。前者は、あたかも蕾《つぼみ》が自然に花開くようにじっくりと年月をかけて発展するものであって、西洋の開化がこれにあたる。

一方、後者は日本のように外からの力によって無理やり開化させられるもので、西洋の開化とはずいぶん勝手が違うと指摘している。そうした無理押しに押された開化を強いられたことで、日本人は自分らしさを失い、虚無感に襲われ、不安感にさいなまれていると批判する。日本が経験したような外発的開化は、いわば他人本位の開化であって、旧来の生き方や考え方を捨て、他人の意見に流される浮き草のような不自然なものだというのである。

漱石は、自己の内面的な要求に素直に従う生き方を「自己本位」と呼び、自己本位の文明開化を是とした。他人の意見に流されるのではなく、自分で考えて判断し、行動する生き方こそ、本来あるべき姿であるという。

ただし、それはエゴイズム（利己主義）とは違う。自分と同じく他者もまた自己本位であることを前提とするものであって、そうした他者への配慮に倫理的な人間関係のあり方がひそんでいるわけである。

そして、自己本位のあり方をベースにして、漱石は「個人主義」を唱えるにいたる。他者を省みつつ、自己の欲求に素直に従う自己本位は、個性を発揮して自分らしい生き方を貫きながら、自分と同様に個性を発揮する他者をも受け入れるという自他尊重の精神が、漱石のいう個人主義である。

このように、近代的な自我の確立を自己本位にもとづく個人主義に見出した漱石は、その晩年、「則天去私」の境地にいたった。この言葉は漱石の造語で、「天に則《のっと》り、私《わたくし》を去る」という意味である。つまり、小さな自我にこだわることなく、自然の流れに身をゆだねて運命を静かに受け入れるという、ある意味で東洋的な境地を理想としたのである。

◎森鷗外の「諦念」と「かのように」

一方、漱石と並び称される明治の文豪、森鷗外（一八六二～一九二二）はロマン主義文学を出発点としながら、のちに自然主義文学を批判するにいたっている。その文学的特徴は、「諦念（レジクナチオン）」と「かのように」というキーワードで読み解くことができる。

近代的な自我に目覚めた個人は、不条理な社会との間に葛藤を抱えることになるが、鷗外はそこで個人と社会を対立させるのではなく、自分の置かれた立場を甘受することによって心の安定をはかろうとする。文学者でありながら、陸軍軍医として長州閥が牛耳る権力闘争の世界に身を置き、その最高位である軍医総監にまで上り詰めた鷗外も、レジクナチオンに心の平安を求めたのだろうか。

そして、そうした諦めの境地の先に「かのように」の思想がある。これは、理不尽な現実社会を受け入れ、あたかも「〇〇であるかのように」振る舞うことをいう。たとい天皇が一人の人間であると思っていても、それを口に出すことなく、あたかも現人神《あらひとがみ》である「かのように」振る舞って、受け流せばよいというわけである。

鷗外は、さまざまな理不尽を露呈させる明治の社会に対して、そもそも社会とはそういうものだと諦めながら受け入れた。そのうえで、「かのように」の思想によって、現実にはありもしないことやおかしな幻想を、あたかもそうである「かのように」見なすことで、この現実社会は成り立っているのだ、と説いたのである。

第五項

大正時代の思想

大正時代の幕開けを迎えた内閣は、立憲政友会総裁の西園寺公望《さいおんじきんもち》㊹による第二次内閣であった。日露戦争の戦費負担が重くのしかかるなかで発足した第二次西園寺内閣は、緊縮財政と行財政改革を使命としたが、陸軍が要求する「二個師団増設問題」に苦しめられていた。一九一〇（明治四三）年の韓国併合と翌年の辛亥《しんがい》革命に対応するため、陸軍が朝鮮に配備する二個師団の増設を強硬に要求していたのである。

しかし、行財政改革を優先する西園寺内閣が陸軍の要求を拒否すると、陸軍は上原勇作陸軍大臣を辞任させ、後任の陸軍大臣を出さず、西園寺内閣を総辞職に追い込んでしまった。軍部は、陸海軍大臣の補任資格を現役の大将・中将に限定する「軍部大臣現役武官制」を盾に取ったのである。

この制度があるかぎり、大臣を推薦しないことによって、陸軍と海軍は気に入らない内閣を潰すことができる。これでは内閣制度の意味がないと野党と世論は反発し、閥族打破・憲政擁護をスローガンに掲げた政治運動の気運が盛り上がった。

㊹西園寺公望（一八四九〜一九四〇）　明治から昭和期の政治家。公家出身。内閣総理大臣をはじめ、数々の重職を歴任。松方正義の死去後は最後の元老として政界に影響を与えた。公爵。

そうしたなかで成立した後継の第三次桂太郎㊺内閣は、宮中へ働きかけて詔勅《しょうちょく》により事態の収拾をはかったり、議会を停会して内閣不信任案の撤回を求めるなど、ますます世論の政治不信を招いた。そして、暴徒化した民衆が議会を取り囲むにいたって、桂内閣は二か月あまりで退陣に追い込まれた。

これら一連の政治運動を「第一次憲政擁護運動」という。その中心となったのは、立憲国民党の犬養毅《つよし》㊻や立憲政友会の尾崎行雄（一八五八〜一九五四）たちであった。

ちなみに、「第二次憲政擁護運動」も大正年間の出来事で（一九二四・大正一三年）、清浦奎吾《きようらけいご》内閣が陸海軍大臣を除く全閣僚を貴族院議員で占めたことに対して批判が高まり（衆議院議員と異なり、貴族院議員は国民の選挙を経ていないため）、清浦内閣は五か月で総辞職することとなった。

㊺桂太郎（一八四七〜一九一三）明治・大正期の軍人・政治家。元長州藩士。内閣総理大臣を三回、務めた。公爵。

㊻犬養毅（一八五五〜一九三二）大正・昭和期の政治家。第一回総選挙以来、一八回連続当選。つねに少数党に与して藩閥政府に対抗し、尾崎行雄とともに「憲政の神様」と呼ばれた。一九三二（昭和六）年に内閣総理大臣。五・一五事件で暗殺された。

◎関東大震災と社会主義者たち

また、大正時代に起こった大事件には一九二三（大正一二）年の「関東大震災」がある。この混乱のなかでは、「甘粕事件《あまかす》」や「亀戸事件《かめいど》」といった陰惨な事件も起こっている。

甘粕事件とは、関東大震災の直後、当時、憲兵大尉だった甘粕正彦（一八九一〜一九四五）によって社会思想家の大杉栄と内縁の妻の伊藤野枝《のえ》、そして大杉の甥で六歳だった橘宗一《そういち》が殺害された事件である。

亀戸事件も、関東大震災の直後、社会主義者の川合義虎ら一〇名が東京の亀戸警察署に拘留され、習志野騎兵第一三連隊（千葉県）の兵士によって刺殺された事件である。いずれの事件も、大震災により発せられた戒厳令《かいげんれい》㊼に乗じて起こった公権力による殺害事件であり、これ以降、社会主義者に対する迫害が続くことになる。

その一方で、そうした迫害に対する社会主義者たちの反発が背景にあると見られる事件も起こった。「虎ノ門事件」である。これは、関東大震災の約四か月後の一九二三年暮れ、東京・虎ノ門外で摂政の皇太子（のちの昭和天皇）が社会主義者の難波大助に狙撃された事件である。皇太子は無事だったが、犯人の難波は大逆罪により死刑に処され、当時の第二次山本権兵衛内閣は責任を取って総辞職した。その後継が前述の清浦奎吾内閣で、関東大震災後の混乱が続くなか、第二次憲政擁護運動が起こるのである。

そうした動きを受けて、一九二五（大正一四）年五月、「普通選挙法」が公布された。これにより、それまで一定の納税額以上の成年男子にしか与えられていなかった選挙権が、満二五歳以上の全成年男子に与えられることになり、有権者数は四倍に拡大した。

ただし、ほぼ同時期に、国体や私有財産制を否定する社会主義運動を取り締まる目

㊼戒厳令　行政権や司法権を停止して統治を軍にゆだねる非常法のこと。現行憲法に、その規定はない。

的で「治安維持法」も公布されている。普通選挙が実施されて有権者が増えれば、それだけ多様な思想をもつ議員の誕生も予想され、取締りの強化が必要であると判断されたのである。

加えて、同年一月にソ連との間で「日ソ基本条約」が締結されていたことも、治安維持法の制定を後押ししていた。この条約により社会主義国家と国交を正常化させたことで、人的交流が再開され、革命思想が日本に流入してくることも考えられたからである。

以上、概観してきたような動きを背景として、大正時代には「大正デモクラシー」と呼ばれる自由主義的な思想・風潮が広まっていった。

◇吉野作造の民本主義

一九一六（大正五）年、東京帝国大学教授の吉野作造㊽は『憲政の本義を説いて其《その》有終の美を済《な》すの途《みち》を論ず』を著し、日本の立憲君主制におけるデモクラシーのあり方を説いている。タイトルにある「憲政」は憲法に遵拠する政治のことだが、そもそもなぜ憲法にもとづいて政治を行なわなければならないのだろうか。なぜ、憲法は他の法律より格上の扱いを受けるのだろうか。

これに対して、吉野は憲法が「民権の保護」を規定しているからであるという。近

㊽吉野作造（一八七八～一九三三）　政治学者・思想家。民本主義を唱え、大正デモクラシーの指導的役割を担った。

代憲法とは、（1）人民の権利の保障、（2）三権分立主義、（3）民撰議員制度、の三項目を含むものでなければならず、その点では明治憲法も近代憲法の資格はある。そして、これら三項目によって国民の自由と権利が保護される政治を立憲政治という。吉野は、明治憲法がもつこういった近代的な側面、つまり立憲政治をうまく活用すれば、国家主義的な傾向を修正することができると考えた。

それでは、吉野のいうデモクラシーとは、どのような意味なのだろうか。吉野は、デモクラシーという言葉は単に民主主義と訳されているが、そうした使い方は必ずしも正確ではない、という。というのも、デモクラシーには二通りの解釈があるからで、一つは「国家の主権は人民にあり」というものであり、もう一つは「国家の主権の活動の目的は人民にあり」というものである。

前者の場合、天皇の主権を否定する危険思想になる。しかし、後者は天皇の主権を否定しない。君主制であろうが、共和制であろうが、主権者が一般民衆の利福を向上させ、その意向をよくくみ取るために主権を行使する政治体制を意味しているからである。

したがって、デモクラシーを単に民主主義と訳するのは不正確で都合が悪いため、前者を民主主義というなら、後者は「民本主義」と称するべきだ、というのが吉野の主張である。もっとも、この民本主義という言葉は吉野の造語ではなく、『万朝報』

社主の黒岩涙香によるもので、憲法学者の上杉慎吉（一八七八～一九二九）らも使っていたといわれている。

いずれにせよ、吉野が「主権在民」を意味する民主主義とは明確に区別した民本主義は、立憲君主制を採用する日本の政治体制を否定するものではなく、天皇がもつ主権が立憲政治を通じて人民の幸福のために行使される政治体制を意味していたのである。言い換えれば、国家の主権とは藩閥や軍閥、あるいは天皇のために行使されるべきものではないというのである。

しかしながら、吉野の主張した民本主義は天皇主権こそ否定していないものの、本来、主権は君主にあるべきなのか、それとも人民にあるべきなのかといった重要な議論を巧妙に避けている。主権の運用について終始するだけで、結局、主権在民を否定してはいないのである。その点を厳しく追及したのが、前出の上杉慎吉たちであった。天皇主権説の上杉は、主権の所在について議論をしないという立場は、天皇の存在の形骸化を招くとして、吉野の民本主義を批判した。

また、社会主義者の山川均（一八八〇～一九五八）も、主権が誰にあるべきかを議論しない民本主義はデモクラシーにあらず、として吉野を批判した。吉野の民本主義は、右からも左からも批判されたわけである。

◇美濃部達吉の天皇機関説

民本主義を唱えた吉野作造と同様、大正デモクラシーの理論的支柱の一翼を担った学者に東京帝国大学教授の美濃部達吉㊾がいる。美濃部が唱えたのは「天皇機関説」として知られる学説で、この学説により美濃部は国家と主権と天皇の関係をつまびらかにした。

いうまでもなく、主権とは統治権のことだが、美濃部は統治権とは法人としての国家にあって、その法人の最高機関が天皇であると論じた。つまり、天皇が主権を行使するのは、あくまで法人たる国家の一機関としての立場からであると明確に示したのである。この学説は、ドイツにおける立憲君主制のイデオロギーであった「国家法人説」にもとづくもので、君主の主権を否定するものではなく、大正時代においては学界の通説とされていた。

ところが、昭和に入って事態は一変した。一九三五（昭和一〇）年の貴族院本会議において、陸軍出身の男爵議員菊池武夫（一八七五～一九五五）が国体に背く学説であるとして天皇機関説を攻撃し、同じく貴族院議員だった美濃部を批判したのである。菊池の批判を受けて美濃部は釈明の演説を行ない、議会における批判はいったん収まったが、軍部や右翼は引き続き美濃部と彼の学説を攻撃し、そうした声に野党であった政友会が同調して、問題は拡大することとなった。

㊾美濃部達吉（一八七三～一九四八）憲法学者。天皇機関説を唱えたが、不敬罪で告訴され、著書も発行禁止処分を受けた。戦後の東京都知事・美濃部亮吉は長男。

結局、美濃部の著書は発行禁止処分とされ、美濃部自身も貴族院議員の辞職に追い込まれ、暴漢に銃撃されて重傷を負った。

第六項

昭和時代の思想

昭和時代初期から第二次世界大戦の終結にいたる過程はすでに述べたので、ここからは戦後の焼け野原から世界有数の先進国へと成長していった高度経済成長期を中心に、昭和時代の思想をたどってみたい。

日本の戦後における高度経済成長は、その経済状況によって前期と後期に大別したり、第一次高度経済成長期・転換期・第二次高度経済成長期と三期に分ける説もある。ここでは三期に分けて見てみよう。

◎第一次高度経済成長期（一九五五〜六一）

高度経済成長のスタートは、神武景気（一九五五〜五七）と呼ばれる空前の好況から始まった。日本という国が始まって以来の好景気という意味で、初代神武天皇にちなんで、こう呼ばれている。

神武景気の原動力となったのは、民間の設備投資ブームであった。設備投資によっ

■ 高度経済成長期略年表

1950（昭和25）			朝鮮戦争
1955（昭和30）	第一次高度経済成長期	神武景気	
1957（昭和32）			
1958（昭和33）		なべ底不況	
1959（昭和34）		岩戸景気	皇太子（今上天皇）ご成婚
1960（昭和35）			国民所得倍増計画
1961（昭和36）			
1962（昭和37）	転換期	オリンピック景気	
1964（昭和39）		証券不況	東京オリンピック
1965（昭和40）			
1966（昭和41）	第二次高度経済成長期	いざなぎ景気	
1967（昭和42）			GDP世界第2位
1970（昭和45）			公害国会
1971（昭和46）			ニクソンショック

てモノづくりの現場に性能のよい機械が導入され、生産されるモノが増えて企業が成長し、企業の成長によって所得が増え、増えた所得で国民がモノを買い、さらに企業が設備投資をするという好循環で経済が拡大していった。このとき、家電や家具といった耐久消費財が爆発的に売れたのだが、なかでも「冷蔵庫」「洗濯機」「白黒テレビ」は戦後の貧しい生活から抜け出すための必需品とされ、「三種の神器」と呼ばれた。

ところが、一九五八（昭和三三）年、成長にブレーキがかけられた。ブレーキをかけたのは、日本銀行（日銀）である。国際収支のうち、とくに経常収支が赤字になったことで、これ以上、急激な高度成長が続くと、国内に流通している貨幣量が減少してしまうと判断し、日銀が金融引き締め策に転じたのである。

では、なぜ経常収支が赤字に転落したのだろうか。

当時、工作機械や原材料、製造技術など、民間の設備投資の大半はアメリカからの輸入に頼っていた。設備投資ブームによって輸入が増えれば、アメリカに貨幣が流出してしまう。そうなると、当然、国内に流通する貨幣量は減る。流通する貨幣量が減れば、物価が上昇し、インフレになるおそれが出てくる。それゆえ、日銀は高度経済成長にブレーキをかけざるを得なかったのである。このような国際収支による経済成長の限界を「国際収支の天井」という。この結果、神武景気は終息し、いったん不況（なべ底不況）が訪れた。

ただし、なべ底不況も長続きすることはなく、日銀が公定歩合を引き下げたことで、再び設備投資が活発化する。そうして経済が高度成長の軌道に乗るなかで、一九六〇（昭和三五）年、池田勇人内閣が「国民所得倍増計画」を打ち出した。これは、翌年からの一〇年間で名目国民総生産（GNP）を倍増させることを目標に掲げた経済計画である。政府の後押しにより、官民一体となった経済発展が神武景気を上回ったことから、初代神武天皇を遡って「天照大神が天岩戸《あまのいわと》に隠れて以来」という意味で、このときの好景気を岩戸景気（一九五九～六一）という。

以上、神武景気・なべ底不況・岩戸景気の時期を第一次高度経済成長期という。そのポイントは、このときの経済成長が内需拡大と民間の設備投資に支えられていた点にある。好景気によって所得が増え、国民に中流意識が広がっていくなかで、「三種の神器」に象徴されるように国内の需要が高まった。その需要を満たすために民間企業は設備投資に努め、大量生産・大量消費の時代がやってきたのである。

◇転換期（一九六二～六五）

岩戸景気と呼ばれる景気上昇局面が四二か月間にわたって続いたあと、じわじわと物価が上がって一時的に不況が訪れたが、その不況は一年も続かず、再び好景気に突入した。このときの好況の牽引役は一九六四（昭和三九）年に予定されていた東京オリンピックであり、それに続く東海道新幹線や首都高速道路、競技施設などの建設需要をはじめ、テレビやラジオ、旅行などの需要も高まった。そのため、オリンピック景気（一九六二〜六四）と呼ばれる。

しかし、東京オリンピックが閉幕して需要が落ち着くと、一転して不況に突入する。企業の大型倒産が相次ぎ、証券会社が軒並み赤字に転落して、一部では取り付け騒ぎも起きたことから、このときの不況を証券不況（一九六四〜六五）という。対策を誤れば恐慌にもなりかねない危機だったが、証券会社への日銀特融㊿と戦後初となる赤字国債の発行を決定した政府の対策が奏功し、恐慌の危機は未然に防がれた。

岩戸景気後の短い不況からオリンピック景気を経て、証券不況にいたる時期の日本経済は、経済成長の構造を大きく転換させていた。第一次高度経済成長期は内需と設備投資によって成長が支えられていたが、この時期以降、政府による公共事業の発注と輸出（外需）が成長の原動力になるのである。そうした意味で、一九六二〜六五年の日本経済は転換期ととらえられている。

㊿日銀特融　経営不振に陥った金融機関に対して日銀が行なう無担保の特別融資。

◎第二次高度経済成長期（一九六六〜七〇）

証券不況を乗り切った日本経済は、神武景気・岩戸景気・オリンピック景気に続く四回目の好景気を経験する。一九六五年暮れから七〇年夏まで、およそ五七か月間にわたって続く好況は、いざなぎ景気と呼ばれる。神武天皇も天照大神も超えたという意味で、天照大神の父であるイザナギノミコト（伊邪那岐命）にちなんだのである。

いざなぎ景気を支えていたのは、前述したように、公共事業と輸出である。第一次高度経済成長期を牽引した内需は、国民の多くが冷蔵庫や洗濯機、白黒テレビを手に入れたことで、ある程度満たされ、これ以降、企業は外国に目を向けだしたと考えてよい。設備投資を重ねて大量にモノを生産し、国民の要求に応えてきた民間企業は、内需の減少によって生じた余力を海外市場に振り向けたのである。このころになると、モノづくりの技術を蓄積した日本企業は、その製品の品質を大幅に向上させていた。しかも、まだ日本人労働者の人件費は低かったため、低価格で高品質な製品を輸出することができ、海外市場を席巻していくのである。

長く続いた好景気によって国民所得も増加し、三種の神器は「エアコン（クーラー）」「自家用車」「カラーテレビ」に置き換わっていた[51]。池田総理が目標とした国民所得の倍増計画は、一〇年を待たずして一九六七（昭和四二）年には達成され、翌年には国民総生産が西ドイツ（当時）を抜き、アメリカに次ぐ世界第二位となっている。

こうして経済的に先進国の仲間入りを果たした時期を第二次高度経済成長期という。

[51] 「エアコン（クーラー：cooler）」「自家用車（car）」「カラーテレビ（color television）」の頭文字をとって「3C」と呼ばれる。

◇なぜ高度経済成長は終わってしまったのか

第二次世界大戦に敗れ、焦土のなかから復興をめざした日本経済は、一九五五（昭和三〇）年から七〇（同四五）年にいたる長い経済成長を経て、再び世界有数の経済大国に成長した。「東洋の奇跡」ともいわれるこの時期、実質経済成長率は平均年一〇パーセントにも達し、「一億総中流」といわれるほど国民の間に広く富が行き渡って、多くの国民が生活水準の向上を実感した。高度経済成長が日本人の思想や習慣に与えた影響は、実に大きかったのである。

では、それほど長く続いた高度経済成長は、なぜ終わってしまったのだろうか。その理由として、大きく次の四点が挙げられる。

（1）第一次オイルショック
（2）ニクソンショック
（3）公害問題
（4）重化学工業化の達成

以下、順を追って見ていこう。

日本国民の多くが高度経済成長を謳歌するなかで、一九六〇年代、そのひずみともいうべき副作用が公害問題であった。一九七〇（昭和四五）年に開会した臨時国会は、その関係法令の整備を目的としたことから、「公害国会」と呼ばれる。そこで打ち出されたのが、従来のような経済成長より福祉の充実を優先させるべきだという方針であった。そして、汚染者負担の原則（ＰＰＰ）が採用されることになった。これは、公害を防止するための費用や公害被害を受けた者に対する損害賠償を、その原因物質を垂れ流した汚染者が負担しなければならないとする原則のことである。

これにより、企業は製品の生産にともなう周辺環境への影響についても責任を負わなければならなくなり、公害を未然に防止するための設備なども導入しなければならなくなった。当然、そのコスト負担は製品価格に転嫁せざるを得ず、それまで第二次高度経済成長期を支えてきた輸出産業は競争力を失って、経済成長は鈍化した。

そこへ追い打ちをかけたのが、一九七一（昭和四六）年八月のニクソンショックであった。アメリカのニクソン大統領が、突如、金とドルの交換停止を宣言したのである。それまで、アメリカの連邦政府は三五ドルを金一オンス（約二八・三五グラム）と交換していた。世界で唯一の兌換紙幣として、ドルは国際基軸通貨とされてきたのだが、この宣言によってドルに対する不安が世界中に広がり、世界経済に大打撃を与えたのである。各国は対ドル固定相場制を維持できなくなり、日本も一ドル＝三六〇円の固定相場制から変動相場制へと移行することになった。

そうして世界経済が混乱するなか、一九七三（昭和四八）年、第一次オイルショックが起こった。原油の生産国が生産量の削減を打ち出すことにより、原油価格は高騰し、またも世界経済が大混乱に陥ったのである。この直接の原因は、同年一〇月に勃発した第四次中東戦争であった。この戦争の当事者である石油輸出国機構（ＯＰＥＣ）の加盟国が、敵対するイスラエルを支援する西側諸国への経済制裁として原油の卸売価格の引き上げと生産量の削減を決定したのである。これにより原油価格は四倍に跳ね上がり、消費者物価も二〇パーセント以上も高騰した。このときのインフレは、原材料価格などの上昇によって引き起こされたため「コストインフレ」と呼ばれる。

当時の総理大臣は、田中角栄（一九一八〜一九九三）である。よく知られているように、「日本列島改造論」を政策に掲げた田中は新幹線や高速道路などの公共事業に予算を投入して経済を下支えしていたが、ニクソンショックと第一次オイルショックによって需要が急激に落ち込んだことにより貨幣の流通量が増大して、「狂乱物価」[52]と呼ばれるインフレが発生したのである。このように、貨幣の流通量が適正な水準を上回る状態を「過剰流動性」という。ここにいたって高度経済成長は完全に過去のものとなり、一九七四（昭和四九）年、日本経済は戦後初のマイナス成長に転落した。

第一次オイルショックの苦い経験から、先進各国はエネルギー確保のための対策を考えるようになった。一九七四（昭和四九）年、経済協力開発機構（ＯＥＣＤ）に国

[52]狂乱物価　異常な物価高騰のこと。その異常さへの批判を込めて、当時の福田赳夫大蔵大臣が名づけたとされる。

際エネルギー機関（IEA）を設置して、九〇日分の石油備蓄を課すようにしたのが、その一例である。日本の場合、石油自給率はわずかに〇・二パーセントであるため、ほぼすべてを輸入に頼らざるを得ない。したがって、石油備蓄量が九〇日分では心許なく、一五〇日分の備蓄をめざした（現在は、約一九七日分）。

さらに、イギリスが北海油田を新たに開発するなど、各国は独自のエネルギー確保に努めたほか、代替エネルギーや省エネ技術の開発に注力するようになった。その甲斐あってか、一九七九（昭和五四）年のイラン革命にともなって起こった第二次オイルショックの際は、日本経済はマイナス成長に陥ることなく、危機を乗り越えることができた。とはいえ、第二次オイルショックが招いた世界的な不況の影響は大きく、日本経済は八三（昭和五八）年ごろまで不況から脱することができなかった。

◎日米貿易摩擦から「プラザ合意」へ

第二次オイルショック後の不況を経て、次に日本経済が直面した問題は、貿易によって生じた外国との経済的・政治的軋轢であった。その典型が、いわゆる「日米貿易摩擦」である。もっとも、すでに一九六〇年代には繊維製品をめぐって日米間に摩擦が起きており、その後も鉄鋼や家電、自動車、半導体などが次々とやり玉に上がった。

そもそも、貿易によって国際間に摩擦が生じるのは、輸出と輸入に極端な差が生じて、どちらか一方の貿易収支が大幅な赤字に陥ったり、外国製品の流入によって国内産業が打撃を被った場合が多い。資源の少ない日本は、海外から原材料を輸入して、国内で製品化し、それを輸出する「加工貿易」が宿命づけられているといっても過言ではない。しかも、二回のオイルショックを経験して、日本の産業は石油や鉄鋼に過度に依存しないハイテク製品の開発に力を入れてきた。そうして国際競争力をつけた輸出産業が、日本経済を牽引してきたのである。

その結果、日本製品は海外市場を席巻した。アメリカの社会学者エズラ・ヴォーゲルが、その著書『ジャパン・アズ・ナンバーワン』で日本的経営を高く評価したのは、一九七九（昭和五四）年のことである。しかし、膨大な対日貿易赤字を抱え込んだアメリカは、日本の貿易黒字に対して強く反発した。アメリカは日本製品を買ってあげているのに、日本がアメリカ製品を買おうとしないのはアンフェアだ、というわけである。

そこで、貿易不均衡を是正すべきだとするアメリカが目をつけたのが、為替相場であった。一九八一年に就任したレーガン大統領によって打ち出された経済政策によって、当時、為替相場は円安・ドル高に導かれていた。インフレを抑制するため、アメリカが高金利政策をとっていたのである。その政策によってアメリカ国内のインフレは抑えられたが、対日貿易赤字をはじめ、アメリカの国際収支は大幅な赤字に陥った。

ソ連との軍拡競争などによる財政赤字と貿易赤字は「双子の赤字」といわれた。このレーガン政権の経済政策を「レーガノミクス」という。

そのまま円安ドル高が続けば、日本の輸出競争力は維持され、アメリカは貿易赤字を重ねるだけである。そこで、アメリカは一転して為替相場を円高・ドル安へと誘導しようとした。円が高くなれば日本の貿易黒字が圧縮され、ドル安によってアメリカ製品の競争力が高まるからである。一九八五（昭和六〇）年九月、アメリカ・ニューヨークのプラザホテルに西側先進五か国（日・米・英・仏・西独＝G5）の大蔵大臣・中央銀行総裁が集まり、会議が開かれた。この会議で、為替相場の円高・ドル安基調への誘導が決定され、以後、一ドル＝二四〇円前後で推移していた為替相場は一ドル＝一二〇円前後になった。この会議におけるG5の決定を「プラザ合意」という。

単純に考えれば、この円高・ドル安誘導によって日本の対米貿易黒字は半減することになる。貿易摩擦の解消が期待されたが、結果として、日本の貿易黒字は圧縮されなかった。それどころか、プラザ合意ののちも貿易黒字は拡大し続けたのである。品質がよければ、少々、値段が高くても買いたいと思うのが消費者心理というものだろう。日本製品に対する信頼が、日本の貿易黒字を下支えしていたものと思われる。

◎バブル景気と「失われた二〇年」

プラザ合意以降の日本経済は、その後、一時的な円高不況を経て、バブル景気（一九八六〜九一）と呼ばれた空前の好景気につながっていくのだが、それと同時に進行した産業構造の転換も見逃すことはできない。日本に比べて人件費の安価な中国や東南アジアに、工場などの生産拠点を移転する企業が増えたのである。移転先のアジア諸国は、一九七〇年代以降、急速に工業化をなし遂げた「アジアニーズ（新興工業経済地域）」と呼ばれる国々で、日本からの投資はそれらの国々の経済発展に貢献したが、モノづくりの拠点を海外へ移転させたことで、のちに日本は国内の雇用不足やモノづくり技術の国外流出など、新たな問題を抱えることになる。

とはいえ、プラザ合意後、五一か月も続いたバブル景気は日本経済だけでなく、その後の社会のあり方にも大きな影響をおよぼす一種の社会現象になったが、そもそもなぜそれほどの好景気が発生したのだろうか。

その要因と考えられているのは、プラザ合意後の円高不況対策として政府が主導した積極財政と日銀による金融緩和である。つまり、景気を刺激するために税金を投入して公共事業を拡大する一方、金利を引き下げて貨幣の流通量を増やしたのだ。このとき、市場には大量の資金が出回ることになったが、従来の好況期のように、民間企業が金融機関からの融資によって設備投資を行なうのであれば、健全な経済成長につながったのかもしれないが、当時、大企業の多くが新株を発行することで資金を調達する「エクイティファイナンス」を行ない、いわゆる銀行離れが起こっていた。銀行に資金がだぶついてしまったのである。

そうなると、銀行としては新たな投資先を見つけなければならない。そこで目をつけられたのが、クレジットカード会社や信販会社、消費者金融といったノンバンクと呼ばれる企業である。ノンバンクは、銀行に比べて融資の基準が甘いため、多少、担保物件に不安がある借り手でも融資することができた。銀行は、自行の系列のノンバンクへ資金を流し、ノンバンクからは投機を目的とする借り手に資金が貸し出された。

ここで注目すべきなのが、「土地神話」である。そのころはまだ、土地の価格は絶対に下がらないと信じられていた。土地さえ買っておけば、将来、必ず値段が上がると、多くの人が信じて疑わなかったのである。実際、土地の価格は上がり続けていたから、行き場を失いかけていた市場の資金は土地へ流れ、さらに株式や貴金属、骨董品、絵画といった資産も争って買い求められ、ここにバブルといわれる好景気が暴走を始めるのである。

結局、このバブル景気を弾けさせたのは、一九九〇（平成二）年三月に大蔵省（当時）が出した「総量規制」と呼ばれる通達であった。この金融引き締め策によって日本経済は一気に収縮し、その後、「失われた二〇年」と呼ばれる長期不況に突入することになる。

以上、駆け足で戦後の経済を中心に時代の推移を眺めてきたが、あらためて戦後の日本はひたすら経済発展を追い求めてきたことを実感する人も少なくないのではないだろうか。そうした傾向は現在進行形で続いており、平成日本のあゆみはそのまま「失われた二〇年」と呼ばれる大不況を脱するための苦しみに重なるようだ。

しかし、国民の多くが損得勘定にとらわれ、何をするにもまず費用対効果を考えるような社会は、やはりどこかいびつであるといわざるを得ない。日本人をはじめ、世界の人々を豊かにするための手段にすぎなかった経済活動が、いつしか目的となって、人々は経済発展を実現するための道具と位置づけられてはいないだろうか。

なぜ、そういった社会になったのか。人々は何を考えてきたのだろうか。続いて、明治から平成にかけての思想をたどってみよう。

◎欧化政策への反発と国家主義思想

国家主義思想は明治期にも昭和期にも見られたが、当然のことながら、時代背景が違えば思想の内容も異なる。まずは明治期の国家主義思想を見てみよう。

明治維新は復古主義と排外主義を思想的な背景として成立したが、明治一〇年代以降、政府は欧米の生活様式や制度などを積極的に取り入れようとした。欧化主義や欧化政策と呼ばれるものである。要するに、ヨーロッパやアメリカを手本とした国づくりをしようとしたのだ。

政府がそうした方針を打ち出したのは、幕末に列強との間で締結した不平等条約の改正を実現するためだった。日本が欧米並みの「文明国」になったことを認めさせ、欧米と対等な立場で条約を結ぶ資格があることを主張したかったのである。その舞台装置として建設されたのが、一八八三（明治一六）年に完成した「鹿鳴館《ろくめいかん》」㊿③である。ここに欧米の外交官や賓客を招いて舞踏会やさまざまな祝宴を催し、洋装に身を包んだ日本人が西洋式の食事などで彼らを饗応《きょうおう》するという趣向であった。

しかし、俗に鹿鳴館外交と呼ばれるそうしたアイデアは、むしろ欧米人の目には滑稽な猿真似としか映らなかったといわれる。また、日本の民衆からも、その貴族趣味や財政難を顧みない奢侈が反感を招いた。その結果、明治二〇年代になると、政府の欧化主義への反動として国粋主義思想が台頭することになる。国粋主義とは、国家に絶対的な優位性を認める国家主義の一種で、自国の伝統や文化に独自性を見出し、それを他国に優越するものととらえて、その維持と発展をはかろうとする思想である。いわば日本人らしさを重視して、それを後世に伝えようとするもので、国粋保存主義ともいわれる。

国粋主義の立場から政府の欧化主義や鹿鳴館外交を批判した知識人に、三宅雪嶺《せつれい》（一

㊿③鹿鳴館　外務卿の井上馨が主導して建設された。のち、華族会館となり、一九四一（昭和一六）年に取り壊された。

八六〇～一九四五）や陸羯南《くがかつなん》（一八五七～一九〇七）がいる。のちに雑誌『日本人』を主宰した三宅も、のちに新聞『日本』を創刊した陸も、発行停止処分を恐れず政府を厳しく批判した。しかし、三宅や陸は決して偏狭な排外主義から政府の欧化政策にかみついたわけではなかった。彼らは常に世界を見据えながら、そのなかで日本はどうあるべきなのか、列強の圧迫を跳ね返すために日本はどのような国をめざすべきか、といった視点で国粋主義を主張したのである。そうしたところは、昭和期の国家主義（国粋主義）思想と明らかに異なる。

　昭和期に世論をリードした国家主義思想も、国家に優位性を認めているのは明治期の国粋主義と同じだが、国家と民衆との関係に視点を据えている点で、似て非なるものといえる。昭和期の国家主義思想は、国家に最高の価値を認めたうえで、民衆は国家のために存在するととらえる。つまり、国民の幸福のために国家があると考えるのではなく、国家が国民に優先するのである。

　そうした意味で、昭和期の国家主義は「超国家主義（ウルトラナショナリズム）」と呼ばれる。その特徴は露骨な排外主義にあり、国民に対しては個人の自由を否定し、国家への無条件の追従を要求した。「大東亜共栄圏」[54]「八紘一宇《はっこういちう》」[55]といったスローガンは、そのような思想を背景として生み出されたと見られている。実際、第二次世界大戦への参戦前夜に「金属類回収令」が発せられて、鍋や釜といった調理器具から装

[54]大東亜共栄圏　第二次世界大戦時の日本の対アジア政策構想。欧米による植民地支配から解放された東アジア諸国と日本による広域経済圏を意味する。一九四〇（昭和一五）年発足の第二次近衛文麿内閣が「基本国策要綱」に掲げて以降、終戦まで掲げられた。

[55]八紘一宇　全世界を一つの家にすること。「大東亜共栄圏」と同じく、第二次近衛内閣の「基本国策要綱」に由来し、以後、国家的スローガンとして掲げられた。

身具、銅像、梵鐘などが供出されたが、これはまさに超国家主義思想の現われだろう。

◇「昭和維新」の理論的指導者・北一輝

ただし、昭和期の国家主義運動のなかには、そうした超国家主義とは一線を画しつつ、国家社会主義の立場から国家改造を主張する流れもあった。その理論的指導者となったのが、思想家の北一輝《きたいっき》（一八八三〜一九三七）である。

北は、美濃部達吉の天皇機関説を必ずしも否定してはいない。天皇の大権によって国家を運営していくべきだという意味では天皇機関説と通じる部分があるのだが、天皇を絶対視する点において、大きな違いがある。北は、絶対的な存在である天皇と国民の直接的な結合こそ明治維新の際に掲げられた理想であり、天皇と国民が一体化した国家をめざすべきだと主張する。

ところが、現実には天皇と国民の間には断絶があって、その断絶をもたらしている元凶は元老や重臣、華族、財閥、政党であるという。したがって、そうした障壁を取り除くために、天皇の主導のもとでクーデターを起こさなければならない、という主張が、一九二三（大正一二）年に発表した著書『日本改造法案大綱』に述べられている。この著書で北が掲げた「国民ノ天皇」という表現は（「天皇ノ国民」ではない）、他の国家主義思想との違いを物語っている。

北の思想は、いわゆる青年将校たちに大きな影響をおよぼした。そして、その影響が実際の行動となって現われたのが、一九三六（昭和一一）年の二・二六事件である。同事件で陸軍の青年将校たちは「君側《くんそく》の奸《かん》」を襲撃し、「昭和維新」を理想に掲げたが、そこには北の思想が濃厚に反映されている。事件後、青年将校たちの理論的指導者として逮捕され、軍法会議にかけられた北は、死刑判決を受け、銃殺刑に処せられた。

◎西田幾多郎と『善の研究』

日本の近代哲学を代表する思想家として真っ先に名前が挙がるのは、西田幾多郎《きたろう》（一八七〇～一九四五）であろう。西田といえば生粋の哲学者といった印象があるが、さにあらず。彼の処女作にして代表作となった『善の研究』が出版されたのは一九一一（明治四四）年のことで、すでに西田は四二歳になっていたのである。

とはいえ、それまでの西田は著作こそなかったものの、郷里の中学校や第四高等学校などで教壇に立ちながら、その独自の思索を深めていた。また、高等学校の同級生だった仏教学者の鈴木大拙《だいせつ》（一八七〇～一九六六）の影響で、禅の修行と研究に打ち込んだことも、西田の思想を特徴づけていった。

『善の研究』出版の前年に京都帝国大学助教授に就任し、その後、教授に昇進した西田は、一九二八（昭和三）年に定年で退官するまで同大学を拠点に研究を続けた。

そのころの西田は、銀閣寺近くの「哲学の道」を散策しながら思索を深めたといわれる。そうした彼に師事した哲学者には、三木清（一八九七〜一九四五）や西谷啓治《にしたにけいじ》（一九〇〇〜一九九〇）、高坂正顕《こうさかまさあき》（一九〇〇〜一九六九）などがいて、彼らは「京都学派」と呼ばれた。

さて、西田の思想についてだが、「西田哲学」といわれる彼の思想体系は、参禅体験を基礎とした東洋思想と西洋哲学を融合させた独自の哲学と評価されている。彼は、西洋哲学に特徴的な思考に対する造詣が深く、それをよく理解したが、東洋思想を背景として、西洋哲学の二元論的思考に対しては批判の目を向けた。「有と無」や「自と他」「主と客」「心と身」といった二元論の克服をめざしたのである。

西洋哲学では、何かを認識している私と、私によって認識されている実在を区別する。これが「主客分離」を前提とした西洋哲学に特徴的な認識論なのだが、西田は主観と客観、すなわち何ものかを見ている私と、私によって見られているもの、見るものと見られるものとの関係が成立する以前の考察が欠けていると指摘する。

見るもの（主）と見られるもの（客）が分かれる前の段階とは、思慮分別のない状態、つまり主客未分の状態である。この主客未分の経験を「純粋経験」という。

たとえば、美しい女性に出会った男性は、心を奪われ、ボーッとすることがある。美しい音楽を聴いて、うっとりしてわれを忘れることがある。何かに集中して時間が経つのも忘れるほど没頭することもある。そういった経験が純粋経験であり、主客未分の状態なのだ。この刹那的な経験のあと、ふとわれに返って「ああ、美しい女性だ」「なんていい音楽なんだ」と、見ている私と、見られているものとの関係が生じる。

しかも、この主客未分の純粋経験は「知情意」の未分も意味する。「知」とは知性のことで、善悪や是非を分別する客観的な働きである。「情」とは感情のことで、物事とかかわることで生じる快不快を感じる主観的な意識である。また、「意」は意志のことで、何ごとかを選択して実行する主体的な能力を意味する。純粋経験にあっては、これら「知情意」がいまだ一体で分化していない状態なのである。見るものと見られるものとの関係が成立して、初めて知性や感情や意志が働くからである。

「自己」とは、何かを認識している私のことではなく、知情意を統括している私のことであり、これを「人格」と呼んでいる。つまり、是非の判断をしている私、快不快を感じている私、何ごとかを選択してなそうとしている私を自己（人格）と呼ぶのである。

本当の自己とは人格であり、人格は知情意を統一するものであるから、自己＝人格が本来もっている能力を実現したり、発展させたり、完成させることが「善」である、という。西田が『善の研究』で取り上げた「善」とは、そういう意味である。

◇人間を「間柄的存在」と呼んだ和辻哲郎

東洋思想と西洋哲学を融合させた哲学者として西田と並び称されるのが、和辻哲郎（一八八九〜一九六〇）である。和辻は東京帝国大学在学中、谷崎潤一郎（一八八六〜一九六五）らと同人誌に参加して文学を志したが、しだいに文学から遠ざかり、ドイツの哲学者ニーチェやデンマークの哲学者キルケゴールなどの研究を通じて日本における実存哲学研究の先駆けとなった。

和辻の思想のポイントは、「人間の学」「間柄的存在」「風土の三類型」であろう。

彼は、倫理学を「人間の学」と位置づける。西洋の近世思想では、社会や人間関係を考察するとき、まずもって個人や自我を前提とする。つまり、あれこれ考えたり、感じたりする「私」という存在は確実に存在しているのであり、この私を自覚し、私が理性という能力を働かせて真偽を判断する。そのような私を自我・自己・個人と称するのである。

この自我にとって、社会や他者は相対立する存在でしかなく、しかも社会や他者という存在は絶えず自我を抑圧・抑制するとともに、その自由を否定する存在として現われる。したがって、個と全体とか私と他者とか、私と社会といった具合に、西洋の近世思想はつねに二項対立的に物事をとらえてしまうのだと和辻は指摘する。西洋の近世思想に特徴的な自我中心の考え、すなわち独我論とか個人主義と呼ばれるものを彼は厳しく批判するのである。

和辻の倫理学は、単に個人のみを問題としたり、社会や他者のみを問題とするものではない。人間という個人は、個人でありながら、つねに社会的存在でもあるわけだ。人間は、個人と社会、個別的なものと全体的なものといった具合に、矛盾する二つのあり方にかかわりながら存在しているのである。

そして、矛盾する関係のなかで存在する人間は、つねに人と人との間柄、すなわち関係性のなかで人たり得るのであって、他者や社会から孤立した個人がポツンと存在して、人間たり得ているのではない、という。

そうしたことから、和辻は人間を「間柄的存在」と呼び、人と人との関係の決まりごと（理法）を倫理と位置づけて、倫理や間柄が成立する場を共同体のなかに見出すとともに、自身の倫理学を「人間の学」と称する。

◎和辻が展開した「風土の三類型」

さらに、和辻は自身の留学体験をベースに『風土』を著し、風土の三類型を展開している。ドイツの哲学者ハイデガー（一八八九～一九七六）の『存在と時間』は時間性と空間性が分析されているのだが、そのほとんどは存在者が存在する意味であるところの時間性の分析に費やされている。したがって、空間性に関する分析が極端に少ない。ここをとらえて、和辻はハイデガーの空間分析の不十分さを指摘するとともに、むしろ人間の空間的特殊性が重要なのではないかとの思いで『風土』を著した。

一般的に、風土といえば気候や地形、風景などを意味し、自然科学が研究対象とするものである。しかしながら、風土はつねに自然科学の研究対象にとどまるものではない、と和辻はいう。風土とは、人間精神に刻み込まれた自己了解の仕方であり、気候や地形といった自然環境と人間生活が一体となったものなのである。

たとえば、寒さというのは、その土地の特殊性とともに了解されている風土である。霜柱が立ち、草木に霜が降り、クルマが真っ白になっている。吐く息も白いなか、ダウンジャケットを着込んで弁当を片手に出勤する。そういった自然環境と生活様式が一体となって、われわれは寒さを感じる。これが、人間精神に刻み込まれた寒さに関する自己了解の仕方であり、これこそが風土なのである。

そういった特殊性をマクロな視点でとらえると、風土は三つに分類できるとして、和辻は「モンスーン型」「沙漠型」「牧場型」に分類する。

モンスーン型とは、東アジアや東南アジアに特徴的な高温多湿の風土で、季節風による恵みの雨が降り、植物が豊かに育つ一方で、自然は台風や洪水のような猛威も振るうため、そこで育つ人間には受容的で忍従的な性格、「しめやかな激情」といったものが精神構造として刻み込まれるという。猛威を振るう自然に対して抵抗したり、

■ 風土の三類型

モンスーン型	沙漠型	牧場型
＝	＝	＝
東アジア・東南アジア	西アジア・内陸アジア・アフリカ	ヨーロッパ
＝	＝	＝
受容的・忍従的な性格	戦闘的・対抗的な性格	合理的・計画的な思考

それをコントロールすることはムダであって、人間はそれを受け入れ、ひたすら耐えるしかない。しかし、そこに生きる人間の内には、しめやかな（ひっそりと静まりかえった）心が、突如として激しく荒れ狂う激情を宿しているというのである。和辻にあっては、日本の風土も、このモンスーン型に分類されている。

一方、沙漠型の風土とは、西アジアや内陸アジア、アフリカ大陸などに特徴的なもので、乾燥した不毛の大地がそこに息づく人々に死に対する恐怖を刻み込み、自然は人間と敵対する存在として現われる。基本的には放牧生活を軸として、強い意志によって他の部族と戦うという戦闘的で対抗的な性格を育む。また、部族や組織内にあっては上に従う従順な姿勢を見せ、一神教が生まれる土壌となる、という。

そして、牧場型はヨーロッパに特徴的なもので、夏の乾燥と冬の雨が繰り返され、乾燥と湿潤がほどよく調和している。そこで育つ人間精神は、自然の法則性に合わせ

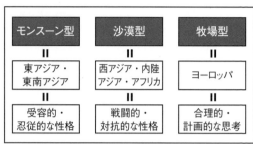

た農業や牧場を営みつつ、合理的で計画的な思考が刻み込まれるという。彼らにとって、自然とは敵対するものでも、猛威を振るうものでもなく、人間が自分たちに都合のよいように役立てるもので、自然を支配する姿勢が身につくという。

このように、風土という空間性を自己了解の仕方として分析した和辻は、さらに風土の分析を続け、アメリカ的風土やステップ的風土などを加えていく。

◇九鬼周造と『「いき」の構造』

和辻らとともにハイデガーの哲学を受容した最初の世代に、九鬼周造《くきしゅうぞう》（一八八八〜一九四一）がいる。彼は、代表作の『「いき」の構造』（一九三〇年）で西洋哲学の手法を用いて江戸時代の美意識を分析している。

九鬼は、のちに男爵となる文部官僚の四男に生まれたが、彼を生んで間もなく、母は美術史家の岡倉天心《てんしん》（一八六三〜一九一三）と恋仲となり、両親は離婚している。東京帝国大学で哲学を学んだ九鬼は、卒業後、ヨーロッパに留学し、フランスの哲学者ベルクソン（一八五九〜一九四一）やハイデガーに哲学を学んだ。帰国後は、京都帝国大学で哲学史や現象学を講義した。

京都・祇園の芸妓を妻に迎えた彼には、祇園から人力車で大学に通ったとか微醺《びくん》を帯びて教壇に立ったなど、その独特の美意識や人柄を感じさせるエピソードが少なくない。主著である『「いき」の構造』において、九鬼は江戸時代の美意識を「粋」に見出し、現象学の手法を用いて「粋」を分析した。

九鬼いわく、「粋」は「媚態《びたい》」「意気地《いきじ》」「諦め」の三要素から成り立っている。

媚態とは、艶めかしさのことである。たとえば、日本女性の着物の着こなしとして「抜き衣紋《えもん》」があるが、首の後ろの襟を引き下げることによって襟足が見える。そこに媚態がある、と九鬼は指摘し、「粋」の例に挙げている。

また、異性との恋愛において、相手との距離をできるかぎり縮めつつ、その距離が極限に達する寸前のギリギリの状態でとどめるのが「媚態の要」であるという。

一方、意気地の典型として、九鬼はいわゆる江戸っ子の気概を挙げる。命を惜しまない町火消しや、寒くても白足袋に半被《はっぴ》だけの鳶《とび》といった「男伊達」である。「武士は食わねど高楊枝」「宵越しの銭を持たぬ」といった江戸者の誇りに、九鬼はある種の気品を見出す。また、女性についても吉原の遊女を例に挙げて、たとえ金持ちでも野暮な遊びしかできないような客をはねつける心意気を「粋」だという。

そして、諦めについては「運命に対する知見に基づいて執着を離脱した無関心」と指摘する。そうした恬淡《てんたん》を「粋」と見る文化的背景には、世の無常を説く仏教の人生観がある、というのが九鬼の見立てである。

西田や和辻、あるいは九鬼にせよ、彼らは西洋哲学を学んだのち、独自の視点に立って思索にふけり、ある境地に到達した真の哲学者といえる。欧米に対する劣等感からか、彼らの思想をありがたがって、それを日本に紹介するだけで先駆者を気取るような輸入者とは、明らかに違う。

◇民俗学者の草分け・柳田国男と「近代化」

昭和に入ると、民俗学がブームになった。その先駆けは、すでに大正期から躍動していたのだが、さらにその源流をたどれば江戸時代の本草学や国学にもたどり着く。ここでは、鹿野政直氏の『近代日本思想案内』をひも解きながら、その流れを概観してみよう。

「民俗学」という言葉は、一八四六年にイギリスの古代学者トムズが提唱した「フォークロア（Fork-lore）」と称する学問の訳語である。この学問は、民間伝承や神話、習俗、迷信の類とその遺物など、「民間の遺物」を対象とするものである。一八四九年にトムズが『Notes and Queries（ノーツ・アンド・クエリーズ）』という学術雑誌を創刊するなど、彼の提唱によって瞬く間にヨーロッパに広がり、人々の関心を集めるようになった。

ヨーロッパにおけるそうした最新の学問事情に注目し、親交のあった柳田国男《やなぎたくにお》（一八七五〜一九六二）に知らせたのが南方熊楠《みなかたくまぐす》（一八六七〜一九四一）である。一九一一（明治四四）年六月一二日付けの柳田宛書簡で、熊楠は日本においてもフォークロア研究者団体を設立したり、日本版『ノーツ・アンド・クエリーズ』のような雑誌が発行できたらおもしろい、と記している。そうした熊楠に賛同した柳田によって、一九一三（大正二）年、民俗探求雑誌『郷土研究』が創刊されている。

日本における民俗学者の草分けとされる柳田の問題意識は、「近代化」というキーワードから読み解くことができる。明治維新以来の近代化は、日本に何をもたらしたのか。近代化の進展によって、日本人はどのように変わってしまったのか。柳田の思想に底流するのは、そうした問題意識であった。それは「日本人とは何か」という根源的な問題意識にも通じていくだろう。

柳田は、近代化の負の側面ともいうべき陰の部分にも目を向けて、近代化によって人々の暮らしは、むしろ窮乏するようになったといっている。『時代ト農政』（一九一〇年）所収の「日本に於ける産業組合の思想」という一九〇七（明治四〇）年に行なわれた講演録のなかで、江戸時代までの貧乏と近代化以降の貧乏とは、その内容が違うと指摘しているのである。

それによると、昔の貧乏はたいてい放蕩など、みずから招いたものであったり、台風や干魃といった自然災害の結果として稀に起こるものだったが、近代化以降は一生懸命、真面目に働いてもお金が足りない、という貧乏が生じている。もちろん、近代化以降も凶作が根絶されたわけではないが、科学の発達によって、ある程度は凶作を予防することもできるようになった。にもかかわらず、働いても働いても足りないという「小欠乏」が蓄積して、やがて「防ぐに術の無い苦しい窮乏」になる、と指摘している。そして、柳田はそうした貧乏は「金銭経済時代」の特色である、という。

彼のいう金銭経済とは、労働力や土地などの商品化、貨幣を媒介とする市場経済といった意味である。つまり、柳田は資本主義経済の弊害を指摘しているのである。そういった指摘を社会主義思想やマルクス主義の立場からでなく、人々の暮らしからひも解いていくあたりは、いかにも民俗学者らしいアプローチといえよう。また、いわゆるワーキングプアや貧困率といった現代的な社会問題を予言するかのような指摘ととらえることもでき、あらためて柳田の先見性を実感させられる。

その後、柳田は『後狩詞記《のちのかりことばのき》』を著し、宮崎県東臼杵《うすき》郡椎葉村《しいばそん》の猪狩について記している。そのなかで柳田は、同村の狩猟伝承を伝える絵に描かれている農民たちが狩猟を見物する様子が、まるで涅槃像のようであったり、武士たちがいかにも華やかな行装で描かれていたりする点に心を動かされたとして、かつて狩猟は一種の祭りであったことを指摘している。

そして、祭りのようであった狩猟の楽しみは、鉄砲の登場によって消えてしまったという。狩猟が一部の紳士たちの嗜みとなり果て、つまらないものになったと嘆くのである㊻。

柳田は、明治政府の近代化政策の一つである欧化主義によって、日本の「文明化」が急速に進んだことを理解していた。また、資本主義経済によって日本人の暮らしが向上したことも知っていた。だからこそ、そのままでは日本人の生活様式や伝統文化が消えてしまうのではないか、という危機感を感じていたのである。

しかも、歴史学が研究対象とするような文献や遺跡といった明確な史料が残されていない文化は、時代とともに忘れ去られ、消えていく運命にある。それゆえに、民間に素朴なかたちで伝承されてきた昔話や言い伝え、習俗、民芸、芸能、信仰など、文字として残されていないものを記録する学問の必要性を説いたのである。それこそ、民俗学であった。

柳田は、農民や漁民、きこりをはじめとする山人など、民俗学が研究対象とした庶民を「常民《じょうみん》」と名づけて、彼らの生活様式にこそ、欧化主義に侵食されていない近代化以前の日本人の日常が残されていると考えた。歴史と文化を担ってきた常民たちの生活様式や伝承、信仰などを丹念に拾い集めることで、日本人の原意識や日本文化の根源的なあり方を浮かび上がらせることができると考えたのである。

㊻この他、狩猟にまつわる生活様式や言葉などを収集して考察を加えている。たとえば、「鎌手」「鎌先」という言葉は、それぞれ「右」「左」を意味するという。鎌を持つほうの手（右）と、鎌の先が指し示す方向（左）という意味である。

◇祖霊信仰をめぐる柳田と折口の異なる見解

このような問題意識をもつ柳田や、柳田とともに民俗学の基礎を築いた折口信夫[57]らは、賀茂真淵や本居宣長といった江戸時代の国学者たちにならって、自分たちの学問を「新国学」と称した。ただし、師匠と弟子の関係にあった柳田と折口は民俗学における同志でもあったが、ときには互いに異なる見解を主張して譲らず、議論を戦わせることもあった。

たとえば、柳田は『先祖の話』（一九四六年）のなかで日本人の祖霊信仰をまとめているが、そこでは村落の血縁関係にあった者が、その死後、祖霊や神といった存在になると記している。死者の霊は生まれ育った地にとどまり、子孫の追慕や祭祀によって現世での穢れが浄化され、祖先の霊と一体になる、というのである。それが祖霊である。

祖霊は山に住み、春になれば田の神、秋がめぐれば山の神となって、子孫たちに恵みを与える。さらに、正月や盆、祭りといった年中行事に際しては祖霊が子孫の家を訪れて子孫たちと交流する、というのが、祖霊や神に関する柳田のとらえ方である。

一方、折口は村落に住んでいる人々は必ずしも血縁関係にあるわけではないため、祖霊や神といった存在も村落の血縁関係にあるとはかぎらない、としている。そして、沖縄に「来訪神《らいほうしん》」信仰というものがあることを知った折口は、来訪神こそ日本人の神

[57]折口信夫（一八八七〜一九五三）　歌人・民俗学者・国語学者。国文学に民俗学的研究を導入した。号は釈迢空。

■ 祀る神と祀られる神

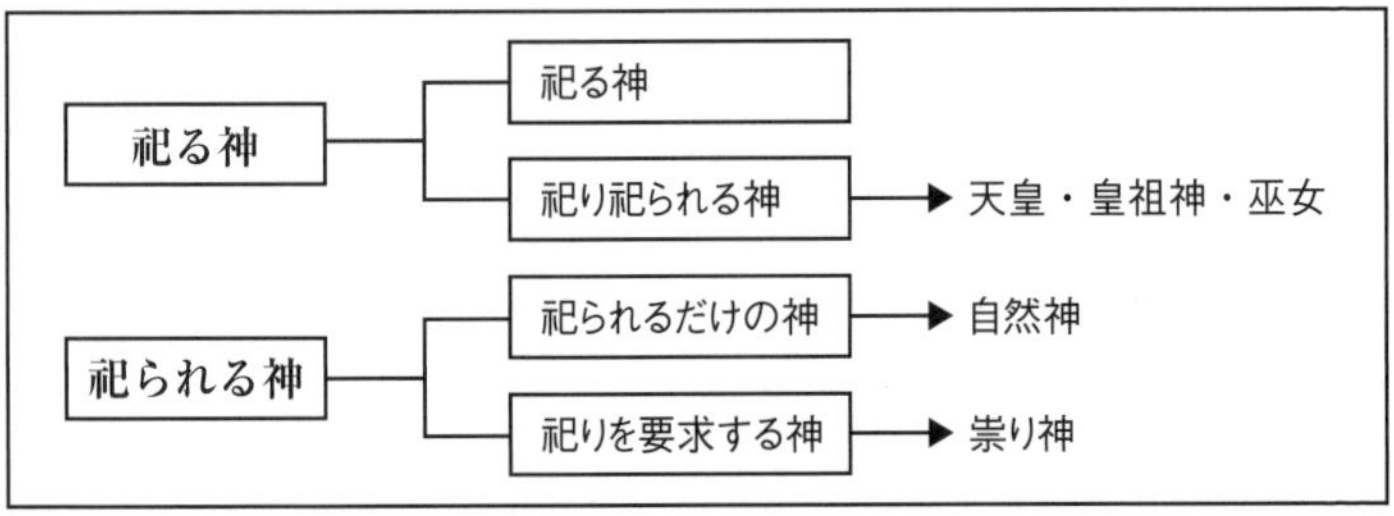

というイメージの原型ではないか、と主張した。来訪神とは、沖縄に伝わるニライカナイ（海の中にある異界）から穀物のタネがやってくるという言い伝えにちなんだものだが、ニライカナイから不意に現われては人々に恵みをもたらし、再び不意に去っていく。そうした神（来訪神）を信仰しているのである。

折口は、この来訪神を「まれびと」と呼んだ。そして、日本神話に登場する不老不死にして豊かな国である「常世国」から、人々に豊穣をもたらす神（まれびと）が現世に現われて、再び去っていくという信仰に、日本人の神に対するイメージのプロトタイプ（原型）を見出すのである。

ちなみに、日本の神に関する考察は、和辻哲郎にも見られる。

和辻は、「記紀」に登場する神々を分析して、「祀る神」と「祀られる神」を大別した。そして、「祀る神」も単なる「祀る神」と「祀り祀られる神」とに分類されるとして、現人神としての天皇や皇祖神、「特定の神に対する媒介者」としての巫女も後者にあたるとしている。

「祀られる神」についても単に「祀られるだけの神」と「祀りを要求する神」に分類して、前者として「記紀」に名前だけ登場する神や自然神（風、雨など）、後者としては祟り神を挙げている。

以上のように、柳田、折口、和辻といった識者たちでさえ（だからこそ）、祖霊や神に対するとらえ方や理解の仕方はさまざまで、決して統一されているわけではない。しかし、日本人がそれらにどう向き合ってきたかを考えるうえで示唆に富む視座を提供してくれているのはたしかだろう。

◇驚異的な記憶力をもつ稀代の才人・南方熊楠

さて、ここでは民俗学者として取り上げることになるが、南方熊楠は粘菌学者や博物学者としてもよく知られている。多方面に足跡を残した稀代の才人といっていいだろう。

そうした活躍の原動力となったのは、彼の驚異的な記憶力であろう。友人宅で見せてもらった何冊もの書籍を記憶して、帰宅後、記憶だけを頼りに筆写したといった伝説的な逸話が少なくない。また、熊楠は数々の奇行でも有名で、地元和歌山の野山に入って昆虫や植物の採集に熱中すると二、三日も自宅に帰らなかったといわれ、ふんどし姿で野山を駆け回ったことから「てんぎゃん（紀州弁で天狗）」とあだ名されたという。

また、牛のように胃の内容物を自在に口へ戻すことができるという特異な体質であったため、「反芻《はんすう》」ともあだ名されたといわれる。

まさに奇人といっていいが、熊楠の学才はさまざまな著名人との親交をもたらし、柳田国男との交流やイギリス留学中に知り合った中華民国の孫文（一八六六〜一九二五）との親交が知られている。また、生物学者でもあった昭和天皇が和歌山へ行幸した際には、神島《かしま》沖の軍艦上で進講の大役を果たした。それから三三年後、再び神島を望む地に行幸した昭和天皇は、「雨にけふる神島を見て紀伊の国の生みし南方熊楠を思ふ」と詠んでいる㊽。

◇自然保護運動の先駆けとなった神社合祀令への反対運動

学問研究の分野における熊楠の業績は後世、高く評価されたが、その一方で自然環境保護運動の先駆者としても注目されている。その一例が、神社合祀令に対する反対運動である。

神社合祀令とは、神社経営の安定をはかるために神社の整理統合を進めようとした

㊽一九二九（昭和四）年の昭和天皇への進講の際、熊楠は粘菌標本をキャラメルの空箱に入れて献上している。

法令で、明治維新直後の一八七二（明治五）年と一九〇六（明治三九）年の二回にわたって出された。熊楠が反対運動に乗り出したのは、二回目の法令が出された翌年のことである。

熊楠が神社合祀に反対した理由は、神社が廃止されることによって、その周囲を取り囲む「鎮守の森」が失われ、地域の生態系が破壊されることを恐れたためであった。また、鎮守の森が生態系のコアであるだけでなく、各地で古くから維持されてきた神社は住民たちの交流の場であり、地域の文化や習俗、祭りなどを継承する場でもある。熊楠は、神社合祀令が環境破壊につながることとともに、地域のコミュニティをも破壊することを憂えたのであった。

かんしゃく持ちであった熊楠は、他の研究を中断して反対運動にのめり込むほど激怒したといわれる。柳田国男ら親交のあった有力者たちに訴えたほか、連日、新聞に反対意見を投稿するなど、各方面に働きかけ、合祀賛成派の役人に面会を求めて阻止された際には、軽犯罪に問われて短期間だが投獄されてもいる。

そのような熊楠のひたむきさが賛同者を増やし、一九一〇（明治四三）年以降は、強制的に神社を撤去するようなことは見られなくなった。しかし、一村一社という当初の政府方針の影響は大きく、二回にわたる合祀令によって、全国の神社の約三五パーセントが廃止されたという。

◇ファシズムを招いた「自由からの逃走」

日本史の時代区分でいえば、現代とは第二次世界大戦の終結時から今日までを指す。日本の長い歴史から見れば、わずかな期間にすぎないが、その間に日本人が経験した変化はあまりにも急激で、日本という国はほぼ一変してしまったといってよいだろう。生活様式が転換し、価値観は多様化した。人々の働き方が変わり、人口は首都圏に集中し、家族のあり方も複雑化した。日本列島に生きる人々は、暗闇のなかで出口を求めて迷走しているように思える。

それは、現代日本の思想においても同様である。

第二次世界大戦を突き進む日本は、軍国主義を特徴とする国であった。対して、軍部の独善性や植民地主義にもとづく対外侵略を「大日本主義の幻想」などで痛烈に批判したのが石橋湛山《たんざん》㉟である。湛山は、領土の拡張によって国家の繁栄をめざす風潮を「大日本主義」と名づけて批判し、その対義語としての「小日本主義」を主張した。小日本主義とは、軍備縮小と植民地の放棄を訴えるものである。

また、政治史家の丸山眞男《まさお》（一九一四～一九九六）は、第二次世界大戦終結の翌年に論文「超国家主義の論理と心理」を発表し、日本人の無責任体質とファシズムの問題を取り上げている。天皇制を支えた精神的構造を権威主義に見出し、これを批判した。自律した自我をもつ個人が主体的に政治にかかわるところに、近代の民主主義の

㉟石橋湛山（一八八四～一九七三）　ジャーナリスト・政治家。東洋経済新報社の記者として活躍。政治家に転身し、一九五六（昭和三一）年、内閣総理大臣。

確立があると説いたのである。

そのことは、ドイツの心理学者フロムが『自由からの逃走』において分析した権威主義的パーソナリティを想起させる。フロムも、なぜナチが生み出されたのか、その心理的メカニズムに社会心理学の立場からアプローチしているのである。

中世ヨーロッパの人々は、制度的には封建制という社会システムに縛られており、内面的にはキリスト教によって支配されていた。しかし、彼らに自由はないものの、そのシステムのなかでは安定した生活と精神的状況を保障されていたという。

ところが、市民革命を通じて封建制が瓦解し、近代市民社会が登場すると、人々は地縁結合された村から切り離され、文字どおり、自由になった。しかしながら、自由を手に入れたのと引き替えに人々は孤独になり、不安定な存在になってしまった。孤独に耐えきれなくなった人々は、自由から逃走し、みずから進んで自由を手放した。そして、権威主義的パーソナリティや「偽の自己」をつくり上げて、やがてナチが生み出されていったと分析している。彼の思索は、人々が孤独と不安を抱くことなく、自由を担保するには自発性が必要であり、その自発性には愛が不可欠であると説くにいたる。

日本においてもドイツにおいても、ファシズムへの総括はなされているが、そのありようと徹底度には温度差がある。この温度差が、戦後の日本思想を迷走させた原点ではないだろうか。

◇吉本隆明『共同幻想論』と「ニューアカ」

また、戦後日本の思想をリードして各方面に大きな影響を与えた「戦後思想の巨人」に吉本隆明《たかあき》（一九二四〜二〇一二）がいる。吉本は、軍国主義に同調した文学者の責任を追及したり、国家権力を厳しく批判した一方で、左翼組織に対しても論争を仕掛けている。一九六〇（昭和三五）年の安保闘争に際しては、国会構内での抗議集会に参加し、警察官ともみ合いになって逮捕されてもいる。

彼の著書として名高いのは、やはり『共同幻想論』（一九六八年）であろう。いわゆる全共闘世代の若者たちが熱狂して読んだといわれるが、その難解さも指摘される同書で主に展開されたのは、国家論である。国家とは共同の幻想であると説きつつ、政治や思想、芸術もまた、すべて人間の心が生み出した幻想領域であるとした。そして、幻想領域を「自己幻想」「対幻想」「共同幻想」に分類する視点に、吉本の思想の独創性が指摘されている。

戦後の思想は一貫して戦後民主主義が席巻してきたが、一九八〇年代を境にして、状況は大きく変わった。そのあたりの事情を哲学者の仲正昌樹は『集中講義！　日本の現代思想』にまとめている。それによると、批評家の浅田彰《あきら》が一九八三（昭和五八）

年に『構造と力』を発表してフランスにおける現代思想の動向を紹介したのだが、仲正氏はそのあたりから現代思想の潮流が変わってきたのではないかと分析している。そうした変化の背景には、戦後の思想を支配したマルクス主義の影響と求心力が減退して「一億総中流」意識が広まるなかで、新しい思考の枠組みを求める風潮があったのではないか、と指摘している。また、日本全体がバブル景気に突入していくなかで、そうした時代にふさわしい新たな思想を待ち望む独特な雰囲気があったであろう。

そうした意味で、一九八〇年代は日本思想の転換期ととらえることができ、実際、このとき浅田を旗手とする「ニューアカ（ニューアカデミズム）」ブームが巻き起こった。ニューアカと称されたのは当時、気鋭の学者たちで⑥⓪、その専門分野はさまざまだったが、彼らは従来の学者たちのような論文形式にとらわれず、自由な表現形態を特徴としていた。

ただし、人々は彼らが語る言葉とその内容について、明確な概念規定をともなったかたちでは理解していなかったとされる。いわば、一種のムードとして理解されるにとどまったのである。そのため、ニューアカの言語は大衆化されるとともに、一部のマニア（オタク）に共通する言語体系を形成して、閉ざされた「思想村」をつくってしまったといえよう。

⑥⓪浅田のほか、思想家・中沢新一や経済人類学者の栗本慎一郎、評論家・柄谷行人、フランス文学者・蓮見重彦などがいる。

■主要参考文献

今井淳・小澤富夫編『日本思想論争史』ぺりかん社、1979年
岩佐正校注『神皇正統記』岩波文庫、1975年
大濱徹也『講談日本通史』同成社、2005年
大日方純夫『はじめて学ぶ日本近代史〈上・下〉』大月書店、2002・2003年
梶原正昭・山下宏明校注『平家物語〈全４巻〉』岩波文庫、2000年
金子大栄校注『歎異抄』岩波文庫、1981年
鹿野政直『近代日本思想案内』岩波文庫別冊14、1999年
苅部直・片岡龍編『日本思想ハンドブック』新書館、2008年
紀田順一郎『東京の下層社会』ちくま学芸文庫、2000年
九鬼周造『「いき」の構造』岩波文庫、1979年
源信／石田瑞麿訳『往生要集〈上・下〉』岩波文庫、2003年
笹山晴生編『詳説日本史史料集』山川出版社、2007年
佐藤弘夫編集委員代表『概説 日本思想史』ミネルヴァ書房、2005年
清水正之『日本思想全史』ちくま新書、2014年
『世界の宗教と経典　総解説』自由国民社、1998年
『日本古代史と遺跡の謎』自由国民社、1998年
『日本の古典名著　総解説』自由国民社、1994年
『仏教経典の世界　総解説』自由国民社、1997年
世阿弥／野上豊一郎・西尾実校訂『風姿花伝』岩波文庫、1958年
『現代思想』「ブックガイド日本思想」青土社、2005年
武光誠『一冊でつかむ日本史』平凡社、2006年
多田元『図解古事記・日本書紀〈普及版〉』西東社、2009年
仲正昌樹『集中講義！　日本の現代思想』NHKブックス、2006年
西田幾多郎『善の研究』岩波文庫、1979年
新渡戸稲造／矢内原忠雄訳『武士道』岩波文庫、1938年
橋爪大三郎『世界がわかる宗教社会学入門 』ちくま文庫、2006年
三浦佑之『あらすじで読み解く古事記神話』文藝春秋、2012年
三浦佑之『口語訳 古事記 完全版』文藝春秋、2002年 / 文春文庫〈神代篇〉〈人代篇〉、各2006年
三浦佑之『古事記講義』文藝春秋、2003年 / 文春文庫、2007年
三浦佑之『古事記を読みなおす』ちくま新書、2010年
村山修一『日本陰陽道史話』平凡社、2001年
本居宣長／子安宣邦校注『排蘆小舟・石上私淑言』岩波文庫、2003年
横山源之助『日本の下層社会』岩波文庫、1985年
頼山陽／頼成一・頼惟勤訳『日本外史〈上・中・下〉』岩波文庫、1976年

稲田義行（せだ　よしゆき）

1968年、茨城県生まれ。立正大学大学院文学研究科修士課程修了。専攻は哲学。M.ハイデガーとその周辺を中心に研究。現在、茨城県立高等学校教諭。主に公民を教える。東洋思想や西洋思想に造詣が深く、その解説のわかりやすさには定評がある。著書に『現代に息づく陰陽五行　増補改訂版』『超雑学　読んだら話したくなる　幸運を招く陰陽五行』（以上、日本実業出版社）、『癒しと救いの五行大義――現代の占技占術を支配する「陰陽五行の秘本」を読み解く』（現代書林）、『これならわかる倫理』（山川出版社）などがある。

神話《しんわ》から現代《げんだい》まで　一気《いっき》にたどる日本思想《にほんしそう》

2017年3月1日　初版発行

著　者　稲田義行

発行者　吉田啓二

発行所　株式会社日本実業出版社　東京都新宿区市谷本村町3－29 〒162-0845
大阪市北区西天満6－8－1 〒530-0047

編集部　☎03-3268-5651
営業部　☎03-3268-5161　振　替　00170-1-25349
http://www.njg.co.jp/

印刷・製本／三晃印刷

この本の内容についてのお問合せは、書面かFAX（03－3268－0832）にてお願い致します。
落丁・乱丁本は、送料小社負担にて、お取り替え致します。

ISBN 978-4-534-05479-1　Printed in JAPAN